改訂版

多国籍企業の 理論と戦略

佐久間 信夫・小林 守
SAKUMA Nobuo/KOBAYASHI Mamoru
【編著】

学 文 社

執　筆　者

*佐久間　信夫　松蔭大学経営文化学部教授（第1・9・14章）

村田　　大学　大原大学院大学会計研究科准教授（第2・16章）

井上　　善博　神戸学院大学経済学部経済学科教授（第3・8章）

藤田　　則貴　西武文理大学サービス経営学部健康福祉マネジメント学科
　　　　　　　専任講師（第4章）

中村　　公一　駒沢大学経営学部経営学科教授（第5・6章）

文　　　載皓　常葉大学経営学部経営学科准教授（第7・11章）

佐野　　光彦　神戸学院大学総合リハビリテーション学部社会リハビリテー
　　　　　　　ション学科教授（第10章）

*小林　　　守　専修大学大学院商学研究科教授（第12章）

ビシュワ・ラズ・カンデル　名古屋外国語大学世界共生学部世界共生学科教授（第13章）

中野　　　宏　大原大学院大学会計研究科教授（第15章）

（＊は編者，執筆順）

はしがき

　本書は2016年に刊行された『多国籍企業の理論と戦略』の改訂版である。初版から8年が経過したが，その間に多国籍企業を取り巻くビジネス環境は大きく変化した。1989年までの米ソ冷戦構造に代わり，米中対立構造が強まる中でイギリスのEU離脱やロシアのウクライナ侵攻，イスラエルのパレスチナ侵攻，そしてインドを中心とするグローバル・サウス諸国の台頭など，多国籍企業のビジネス活動に大きなインパクトを与える変化が続発した。

　ロシアのウクライナ侵攻は，それに対する欧米諸国のロシア制裁を惹起し，その結果，エネルギー価格上昇や企業のサプライチェーンの寸断，ロシアからの日・米・欧資本の撤退，NATOの軍事同盟強化などをもたらした。

　米中対立の激化は，アメリカとその同盟国の中国からの投資の撤退，貿易取引の縮小，先端技術の輸出規制などの結果をもたらした。アメリカとその同盟国は，中国を回避するサプライチェーンの再構築に走った。台湾を武力で統一することを公言する中国に対して，有事の際に半導体を確保することを目的に，台湾のTSMCがアメリカと日本に工場の建設を開始したこともその一例である。

　2020年から突然世界を襲った，新型コロナウイルスによるパンデミックは，国際社会と国際経済に深刻な打撃を与えた。外出禁止などの強制的な措置により，一部の地域では社会生活が麻痺し，経済活動が停滞した。国境を超えた人の移動が厳しく制限されたため，航空産業や観光産業が壊滅的といっていいほどの打撃を受けただけでなく，物流が滞り，企業の生産活動も一部で停止状態に陥った。

　地球温暖化による台風やハリケーン，洪水，干ばつ，山火事などの自然災害も，以前より大規模化・深刻化し，企業活動にも甚大な影響を与えるようになった。

　近年の多国籍企業は，こうした世界情勢における地政学的リスクのほか，パンデミックや大規模自然災害などの緊急事態に対応する事業継続計画の策定も求められるようになってきている。多国籍企業を取り巻くさまざまなリスクは以前より格段に大きくなっており，企業はその対応を迫られているのである。

　本書は，今日のこのような激変する自然・社会・経済環境の中で活動する多国籍企業の理論的側面と現実的側面をわかりやすく解説している。読者には，今日の多国籍企業を，この2つの側面から理解していただければ幸いである。

　2024年3月25日

編　　者

目　次

iv

多国籍企業の概念と多国籍企業発展モデル

第1節 多国籍企業組織の研究

　企業が国際化を進めると，企業組織も変革していく必要がある。一般に，ある組織構造を採用して企業がその組織の運営に習熟してくると，その組織の利点とともに欠点が認識されることになり，この組織を改善する方向で次の経営組織構造が採用されるようになる。多国籍企業は当初1960年代のアメリカで発展したため，多国籍企業の組織展開に関する研究もアメリカ企業が中心であった。本章では，多国籍企業の概念について検討した後，多国籍企業の組織発展論の代表的研究として知られる，ストップフォード＝ウェルズとバーノンの学説についてみていくことにする。

第2節 多国籍企業の定義

　複数の国に生産拠点や販売拠点をもつ企業は多国籍企業（multinational corporation）と呼ばれている。多国籍企業という言葉は1960年に D. リリエンタール（Lilienthal, D.）によって初めて使われ，1963年にビジネス・ウィーク誌（*Business Week*）で紹介されたことにより広まったといわれる（竹内，1993：25）。日本語では多国籍企業と表記されることがもっとも多いが，英語ではMultinational に代わって International, World, Transnational, Global などの語が用いられることも多いし，また Corporation に代わって Firm, Company, Enterprise などの語も用いられる。したがって日本語の多国籍企業ないし国際企業に相当するものは英語においては少なくとも上記の組み合わせの数だ

け存在することになる。

　多国籍企業の定義もこれまできわめて多様に行われてきた[1]。国連は多国籍企業を「2ヵ国以上で財やサービスの生産や販売に従事」している企業と定義しているし，アメリカ国務省は，「資産（工場，鉱山，販売事務所）を2ヵ国以上の国で有するすべての企業」と定義している。また，ハーバード大学の多国籍企業プロジェクト・チームは，アメリカ企業の海外子会社に対する管理体制が，6ヵ国への進出を境に分権管理から集権管理に移行する事実に着目し，多国籍企業を「6ヵ国以上に子会社をもつ企業」と定義している。

　これに対しロルフ（Rolfe, 1970）は，企業の海外事業活動の数量よりも比率を重視し，「売上，投資，生産，資産のいずれかが全体の25％以上ある企業」と定義している。また，バーノン（Vernon, 1971）によれば「多国籍企業とは共通の所有者によって結合され，売上高1億ドル以上を有しており，共通の経営戦略をもって対処し，少なくとも6ヵ国以上で活動しており，さら

図表 1-1　多国籍企業化の定義

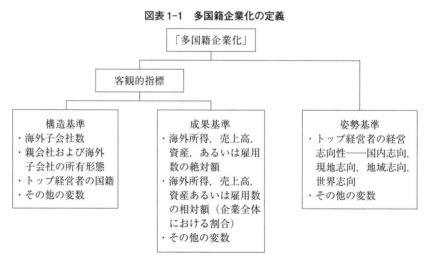

出所）Heenan and Perlmutter（1979：15-17 ＝邦訳書：17）

に少なくとも総資産の20％以上が海外子会社のそれで占められている企業である」。

　多国籍企業の定義は，これまで多くの研究者や国際機関等によって行われてきたが，パールミュッター（Perlmutter, H. V.）らはそれらの定義を3つに分類している（Heenan and Perlmutter, 1979：15-17；邦訳書：16-17）。彼らはまず，多国籍企業を海外子会社の数や海外売上高に基づいて，したがって定量的な基準から定義するものと，トップ経営者の姿勢に基づいて，したがって定性的な基準から定義するものに分類する。彼らは定量的な基準を「客観的指標」と呼び，これをさらに企業の組織構造についての定量的基準と企業の成果についての定量的基準とに分けている。パールミュッターらは，定量的な基準が多国籍化の進捗度測定の尺度として妥当であるかどうかは議論の余地があるとしている。すなわち，たとえば事業活動が7ヵ国に及んでいる企業が10ヵ国に及ぶ企業よりも多国籍化が遅れているとは断定できない。そこで彼が企業の多国籍化の度合いを測定するために，上記の客観的指標よりも重視するのが意思決定における経営者の姿勢という定性的基準である。多国籍企業の組織は本国親会社の経営視野（managerial perspective）の投影であり，この経営者の態度・信念は多国籍企業の発展段階を示す以下の4つのパターンにステレオタイプ化される[2]。

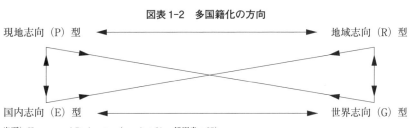

図表1-2　多国籍化の方向

現地志向（P）型　　　　　　　　　　　　　　　　　　地域志向（R）型

国内志向（E）型　　　　　　　　　　　　　　　　　　世界志向（G）型

出所）Heenan and Perlmutter（op. cit.：21 ＝邦訳書：25）

4

(1) 本国志向 (ethnocentric)

意思決定権限は本国の本社に集中し，海外子会社の重要ポストには本国の本社の人材が派遣される。海外子会社はほとんど重要な意思決定権限をもたないから，本社の命令・助言を仰ぐことになる。本国人の方が外国人に比べ，より優れた知識や能力をもち，また信頼できると考える傾向がある。本国志向は外国人に対する偏見からではなく，外国人および外国の環境に対する経験，知識の欠如から生じることが多い。

(2) 現地志向 (polycentric)

各国の文化は国によって大きく異なっており，外国人には理解しがたいものであるから，現地事業が収益をあげている限り，本社は介入すべきでないという姿勢のことである。現地志向的な組織においては，現地子会社の主要ポストはほとんど現地人によって占められ，雇用契約や人材開発も彼ら自身が担当するなど，現地人管理の面では現地子会社にかなりの自立性が与えられている。親会社の人材は現地に派遣せず，親会社は持株会社的姿勢を保ち，本国人によって構成されている。

(3) 地域志向 (regiocentric)

ヨーロッパ，北米，南米，アジアなどは地理的に近いだけでなく，歴史や文化にも多くの共通性が見られるが，地域志向はこのような地域ベースで管理者を採用，訓練，評価，配置していこうとすることである。意思決定権限は地域統括本社に集中しており，地域内子会社間のコミュニケーションは活発に行われる。近年のEU統合やNAFTA，AFTAなども企業管理の地域志向を促進させている。

(4) 世界志向 (geocentric)

意思決定に際し，世界的なシステム・アプローチを用い，各地域を統合し

ようとするのが世界志向的な姿勢である。親会社と子会社は，自らを有機的な世界統一体の一部と考える。経営幹部は，真の多国籍企業に特有の能力とは世界ベースで資源配分の最適化を図ることであるという姿勢を主要な意思決定に取り入れる。

　パールミュッターらは，企業の多国籍化の度合いが高まるに従い，これら4つの経営者の姿勢は本国志向 (E)，現地志向 (P)，地域志向 (R)，世界志向 (G) と発展していくであろうと考える (Heenan and Perlmutter, 1979：21；邦訳書：22)。これは EPRG プロファイルと呼ばれるものである。

　このように，多国籍企業の定義において，経営者の姿勢という定性的な基準を重視すべきであるとするパールミュッターらの主張は，企業の多国籍化の発展モデルの提示であるとも考えられる。パールミュッターらによれば，現実の企業は常に必ずしもこの EPRG の順で多国籍化を進めていくとは限らない。世界的視野をもつ最高経営幹部が就任し，多国籍化が高度に推進されたような場合には，本国志向から直接世界志向へ進展することもあれば，たとえばこのような最高経営幹部が退職したというような場合には世界志向から地域志向，現地志向，あるいは国内志向へと逆行する場合もありうる。

第3節 ┃ ストップフォード＝ウェルズの多国籍企業発展モデル

　アメリカ企業の多国籍化は 1950 年代に急速に進展し，何段階かの組織変革を経て発展した。アメリカ多国籍企業 170 社について実証研究を行ったストップフォード＝ウェルズ (Stopford, J. M. and Wells, L. T.) は組織構造の発展には基本的パターンがあることを発見した。

　ストップフォード＝ウェルズは企業の組織構造が段階的に発展すると主張する。企業は特定の発展段階で特定の組織構造に習熟し，そこで知識や技能を蓄積し，それを修正・応用することにより高次の段階に進むのである。彼らは組織構造の発展過程を国内企業の発展過程と多国籍企業の発展過程とに分ける。国内企業の組織構造は，組織内に職能の水平的分業が見られない構

造（ステージ1），職能部門構造（ステージ2），事業部構造（ステージ3）の段階
を経て発展する。他方，多国籍企業の組織構造は，海外に自立的子会社を有
する組織構造（フェーズ1），国際事業部を有する組織構造（フェーズ2），グ
ローバル組織構造（フェーズ3）の順に発展する。ストップフォード＝ウェル
ズの主張する国内企業の発展過程と多国籍企業の発展過程との関係は，山崎
清にしたがって図表1-3のように説明することができる。すなわち，一般に
ステージ2の企業が海外進出をする場合にはその組織構造はフェーズ1に変
革され，ステージ3の企業が海外進出を企てる場合には組織構造はフェーズ
2に変革される。

　多国籍企業の組織構造の発展過程はフェーズ1からフェーズ3までである
が，それには国内企業の組織発展の経験もいかされているので，国内企業の
組織発展からみていくことにしよう。ストップフォード＝ウェルズは国内企
業の経営組織が3つのステージ（段階）を経て発展することを説いている。ス
テージ1には所有型経営者によって運営される規模の小さな企業があてはま
る。この組織構造をとる企業では管理職能のほとんどが下部に委譲されず，社
長によって担当される。しかし，企業規模が拡大するとともに管理職能も増

図表1-3　多国籍企業組織構造の発展過程

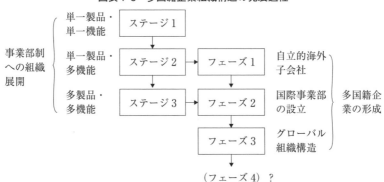

出所）ストップフォード＝ウェルズ著，山崎清訳（1976）「訳者のことば」『多国籍企業の組織と所有政策』ダ
イヤモンド社：3

大し，社長一人によってこの職能を遂行することはしだいに困難となる。

　そこでステージ2においては職能部門が設立される。営業部，製造部，経理部などが設置され，職能の水平的分業が行われるのである。ステージ2構造は各職能部門と社長室を中心に構成されており，各職能部門には部門の長とその下の中間管理者が任命される。各部門間の調整は社長によって行われる。

　一般に，集権的組織においては上位の管理者に過大な負担がかかるという欠陥のあることが指摘されているが，ストップフォード＝ウェルズも彼らのいうところの「職能部門構造」に同様の欠陥を見出している。それゆえ「職能部門構造」ないしステージ2構造は活動の安定した単一系列の製品を扱う企業に適している。しかし，その場合にも上述の欠陥により，企業規模が大きくなると上位の管理者は日常的業務に忙殺されることになり，戦略的問題を扱うことはきわめて困難となる。

　製鉄業や製紙業などの素材産業においてステージ2構造の大規模なものが見られるが，これらの業種では対象とする市場と関連技術の変化の速度が緩やかである。職能部門構造のような中央集権型ネットワークは，安定的環境の下で行われる日常的業務に対してもっとも効率的である，ということが各種のコミュニケーションネットワークの動態に関する研究から明らかになっている (Stopford and Wells, Jr., 1972：14；邦訳書：20)。

　ストップフォード＝ウェルズの掲げるステージ3構造は事業部構造 (divisional structure) である。彼らは「事業部構造」ないしステージ3構造の特徴を「職能部門構造」ないしステージ2構造との対比から次のように説明する (Stopford and Wells, Jr., 1972：16；邦訳書：24)。

　第1の特徴は，ステージ3構造内の事業部は，ステージ2構造の職能部門序列に類似していることである。ただし，財務部門だけは事業部組織から本社に移されここで統括されている。第2の特徴は，各事業部はプロフィット・センターであり，その収支は，企業全体の収支とは別に評価されうるようになっていることである。第3の特徴は，社長の果たすべき役割は，戦略の決

定と，各事業部間の均衡の維持にあり，職能部門の日常的調整は2次的なものになっていることである。第4の特徴は，各事業部の事業活動の境界は，製品の相違に基づいており，ステージ2構造でのように職能活動の相違によるものではないことである。第5の特徴は，ステージ3構造には若干のスタッフ・グループが設けられており，もっぱら情報を流したり，事業部間の相互作用を監視したり，助言したりしていることである。このグループは，現業部門の短期的管理にはまったく関与していない。

　また，事業部制組織においてはその分権的側面と同時に集権的側面が指摘されているのであるが，ストップフォード＝ウェルズはこれを各事業部の自律性維持と本部による事業部統制との関係としてとらえる。両者は互いに，トレード・オフの関係にあり，本部と各事業部との3種類の結合関係 (linkages) によってこのトレード・オフ関係の均衡が保たれている (Stopford and Wells, Jr., 1972：17；邦訳書：25-26)。本部と事業部の3種類の結合関係は次のように説明されている。

　第1に，本部の統制機能によって本部と事業部との結合関係が維持される。本部は各事業部の業績を監視し，目標が達せられなかった場合には活動の修正を求める。また，本部から各事業部への資金割当手続も統制機能を果たしている。各事業部に割り当てられる資金は経営戦略に基づいて増やされたり減らされたりするのであるが，戦略的資金割当決定に際しては，本部スタッフ・グループのうち財務グループと統制グループによって必要なデータの大部分が作成されるため，資金割当手続を介した統制においてはこの2つのグループが大きな影響力をもっている。

　第2に，計画立案過程 (planning process) を介して事業部間の結合関係が維持される。企業の戦略計画は各事業部と財務グループが提供する情報に基づいて策定されるのであるが，この計画立案過程で事業部間のコミュニケーションが促進される。さらに，各事業部は全社的経営戦略に基づいて協調的な行動をとることが要請されるので，「各事業部の行動は，全社的経営戦略の枠組み

と，他事業部の行動の双方から制約をうける」。

　第3に，本部の他のスタッフ・グループによっても事業部間の結合関係が維持される。

　「このグループは，事業部間の直接相互作用を調整する。この直接相互作用は，全社的システム内に限られる場合もあろう。たとえば事業部門間で半製品を転移する場合がこれである。これに対しこの直接相互作用が社外にわたる場合もあろう。たとえば同一の販売チャネルを通して複数事業部の製品を販売する場合がこれである。また全事業部間に共通な問題の一部を，スタッフ・グループは担当する。たとえば，法律問題や全社的広報は一般に本社担当である。これは，整合性のある行動をとることの利益の方が，事業部の自主性を抑えることの損失を相殺してなおあまりあるという仮定に基づいている (Stopford and Wells, Jr., 1972：17；邦訳書：26)。」

　一般に，事業部制組織には，第1に最高管理者が執行的な仕事から解放されるため，彼らが本来なさなければならない仕事に専念することができること，第2に，事業部の幹部職員は将来の最高管理者としての訓練をうけることができること，第3に，権限が管理階層の下部に委譲されるため，従業員のモラールを向上させる効果があることなどの長所が認められている。これらに対して事業部制組織の短所は，第1に，各事業部間に過度の競争意識が生じ，事業部間に対立・抗争が生じやすいこと，第2に，人員や資源が各部門で重複し，組織に無駄が生ずることなどである。

　アメリカ大企業についての実証研究から，ストップフォード＝ウェルズは企業の組織構造が一連の段階を経て発展するという結論を導き出した。企業はある組織構造を導入し，それに習熟するとその組織構造の長所と短所を見極めうるようになり，やがてこれを修正・応用して新たな組織構造の導入に向かうのである。企業組織の段階的発展において，事業部制組織のもつ意義はきわめて大きい。各事業部は将来のトップ・マネジメント養成の絶好の場となり，組織変革や戦略の問題を扱うことのできる人材を安定的に供給する

ことができるからである。事業部制組織の採用によって，企業は有能な人的資源を蓄積し，将来の組織展開に備えることができるようになる。

　ストップフォード＝ウェルズによる組織構造の段階的発展説は，企業の海外進出を説明するものとしてよく知られている。ストップフォード＝ウェルズは多国籍企業の発展過程をフェーズ1からフェーズ3に至る段階的過程として提示しているのであるが，この一連の過程は多国籍企業の集権化を志向する組織展開であると考えることができる。

　企業の海外進出はまず海外に子会社を設立する（フェーズ1）ことに始まるのであるが，その際に本社から派遣される海外子会社のマネジャーには大幅な権限の委譲が行われる。その結果，海外子会社は比較的自立的に運営されることになる。当初，本社の経営者は海外事業に関する知識を十分にもたないため，海外子会社を統制する能力を欠如しているだけでなく，海外子会社も当面，小規模なものに留まるため，本社への送金以外にはあまり関心が払われない。海外子会社のマネジャーに大きな権限が与えられるのはこのような理由によるものである。

　しかし，海外子会社が成長し，また海外事業活動の比重が増大するとともに本社経営者の海外子会社への関心もしだいに高まり，やがて国際事業部が設立される（フェーズ2）ことになる。ストップフォード＝ウェルズの調査によれば，彼らの調査対象会社の60％以上が4つの海外子会社をもった段階で国際事業部の設置に踏み切っている。国際事業部が設立されると，海外子会社のマネジャーは本社国際事業部担当のゼネラル・マネジャーによって指揮・監督されることになる。国際事業部の役割は海外子会社間の活動の調整，振替価格の決定，海外子会社への資金供給などであり，国際事業部はこれらの活動を通じて海外子会社への統制をしだいに強化していく。生産や資金調達，子会社間の取引などを各子会社の自立性に任せておくよりも，これらの諸活動を本社で統制した方が全社的な利益が大きくなることが少なくないからである。

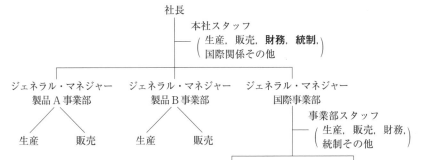

図表 1-4　国際事業部を伴うステージ 3 構造

注）ゴシック活字の職能は現業責任を示す。それ以外の職能は助言と調整の役割。
出所）Stopford and Wells Jr., (1972 : 23＝邦訳書 : 34)

　しかし，国際事業部への権限の集中には自ら限界がある。一般に，海外で
生産される製品は国内製品事業部でも生産されており，海外子会社は製造技
術や新技術の開発などの情報を国内製品事業部に依存するのであるが，他方
国内製品事業部長たちの関心は，もっぱら彼ら自身の事業部門の業績にあり，
海外子会社への協力は何ら彼らの担当する国内事業部門の業績に結びつくも
のではないから，いきおいこのような協力に関しては冷淡にならざるをえな
い。しかも，国内各製品事業部が国際事業部を介して海外子会社に影響力を
行使するこのような組織構造においては，国際事業は各製品事業部間の権力
抗争の場となることが多いのである。海外事業の比重がさらに高まり，また
製品多角化がいっそう進行すると，国際事業部によって海外事業活動を統制
してゆくことはしだいに困難になる。

　このような状況の下で，組織の再編成が要請されることとなるのであるが，
それは国内製品事業部長が自らの業績と結びつかない海外事業活動に対して
実質的に大きな影響力をもつこと，および各製品別事業部間の対立・抗争が

国際事業部に持ち込まれることの弊害を排除する方向で進めなければならない。ここに企業は国内事業部と国際事業部との区別を排し，全世界的な視野に立って生産と販売の調整を行うことのできるグローバル組織構造（フェーズ3）の採用に踏み切ることとなるのである。「グローバル企業への移行の決定的な時点は，最高経営者が，戦略的計画立案と，主要な政策決定は本社で行わなければならず，これによって全社的利益に立つ世界的な視点を維持することができると認識する時点」であり，海外事業活動，国内事業活動を問わず，この移行によって「戦略的計画立案」と「重要な政策決定」の権限は本社に集中されることになる (Stopford and Wells, Jr., 1972：25；邦訳書：38)。スットプフォード＝ウェルズの調査した巨大企業170社のうち1968年までにグローバル組織構造を採用した企業は81社であった。

　グローバル組織構造には製品系列別構造，地域別構造，製品・地域の混合構造の3つの類型のあることが指摘されている。製品系列別構造は製品別事業部に全世界的な責任を負わせるものであり，その限りでは従来の国内製品別事業部と異なるのはその活動範囲のみであるが，活動の広域化に対処するため，とくに本社スタッフのなかに地域スペシャリストが配置され，担当地域における全製品系列を一括してその調整にあたることが注意されなければならない。製品系列別構造は製品系列が高度に多角化している場合や，生産に高度の技術を必要とするため各生産拠点間の技術交流が不可欠な場合などに用いられる。地域別構造は製品多角化の度合いが低い場合や，多角化されてはいるが，それよりも製品の地域的特性の方が優先されなければならない場合などに用いられる。製品・地域の混合構造は，一部の製品系列に関しては製品別事業部制組織を採用し，他の製品系列に関しては地域別事業部制組織を採用するという，1企業に2種の事業部制組織が併存する形態である。

　ところで，ここにグローバル組織構造として示された3種類の組織はいずれも命令一元化の原則に基づいて編成されている。したがって，同一事業部内の縦の情報伝達は迅速に行われる。しかし，横の情報伝達，つまり事業部

間のコミュニケーションには高い障壁があるため事業部の異なる海外子会社間の活動の調整は難しい。そこでこのような困難を解決するための組織としてストップフォード＝ウェルズは「グリッド構造」をあげ，これを多国籍企業組織構造の第4の発展段階，すなわちフェーズ4として位置づけようとする[3]。彼らはこの組織構造が今後多くの多国籍企業に導入される可能性のあることを認めながらも「先駆的企業が，まだ試行的段階にあるために，この『グリッド構造』の正確な特質はなお明らかではない」と述べている（Stopford and Wells, Jr., 1972：27；邦訳書：40-41）。しかし，彼らが多国籍企業発展の第4段階としての可能性をたんに示唆するために留めた「グリッド構造」は，その後多くの企業に採用され，その名称も今日では一般に「マトリックス組織」（Matrix Organization）として知られている。

第4節 ┃ バーノンの多国籍企業発展モデル

　企業の国際化の発展段階をプロダクト・ライフ・サイクル（product life cycle）の発展段階からモデル化したのがバーノンである。IBMやフォード自動車など，アメリカ企業の行動分析から得られたバーノンのプロダクト・ライフ・サイクル・モデルは，新製品の段階，成熟製品の段階，標準製品の段階の3段階から成る[4]。

　バーノンのモデルもまた高い製品開発力をもつアメリカ製造業と大きな購買力をもつアメリカ市場を前提としている。アメリカ市場に新製品が導入（第1段階）されると，当初は価格が高く購買者もごく一部の層に限られている。製品の宣伝や生産性の向上による価格の引き下げにより製品はアメリカ市場にしだいに普及していくが，アメリカにおける生産が国内消費を上回っているため，製品の一部は先進国に輸出される。アメリカ企業は技術優位をテコに輸出を増大させる。

　製品がアメリカ市場に広く行き渡り，ほとんどの階層に購買層が広がる成熟製品の段階（第2段階）になると，市場成長率は鈍化から横ばい状態となる。

これまで輸出先であった先進国においても需要が増大するが，輸入に対する障壁や規制が設けられるようになるため，アメリカ企業はこれまでの先進国における市場優位を維持・拡大するために，先進諸国に海外生産拠点を設けるようになる。生産拠点はアメリカから先進諸国に移転し，アメリカはやがて製品の輸入国に転換していく。

第3段階の標準製品の段階においては多くの企業の参入により，市場での競争は激しくなる。競争上の優位性は技術から生産費に変わってくる。先進諸国の企業が価格の面でアメリカより優位性をもつようになるとアメリカ企業はこの製品の生産を停止するようになり，アメリカはこの製品の輸入国へと変わっていく。

先進国企業の輸出はアメリカに対してだけでなく，発展途上国に対しても行われるようになる。先進国から発展途上国への輸出が増大すると，ちょうどアメリカと先進国との間で起こったような一連のプロセスが再現されることになり，この製品の生産拠点は先進国から発展途上国へと移っていくことになる。このようにアメリカ企業は先進国から途上国へと生産拠点を移しながら，また先進国企業は発展途上国へ生産拠点を移しながら，熾烈な競争を繰り広げつつ，多国籍化を進めていくことになる。

これらの多国籍企業の発展段階モデルは，一般的に，特定の時代のアメリカ企業にはよく当てはまるが，最近の多国籍企業の動向や，日本やヨーロッパの多国籍化過程の説明には説得力に欠けるとの批判がなされてきた。バーノンのプロダクト・ライフ・サイクル・モデルに対しても，① アメリカではなく，日本やヨーロッパから生産開始される製品もあること，② 導入期段階から直接現地生産される新製品もあること，③ かつての日本企業や NIEs の多国籍企業のように技術優位をもたないでも中位技術や適性技術で多国籍化していく例もあること，などこのモデルの適性性についての指摘も多くなされている[5]（中村，1991：14-15）。

日本企業の多国籍化がアメリカの伝統的な多国籍企業論が提示したような

図表 1-5　バーノンのプロダクト・ライフ・サイクルのモデル

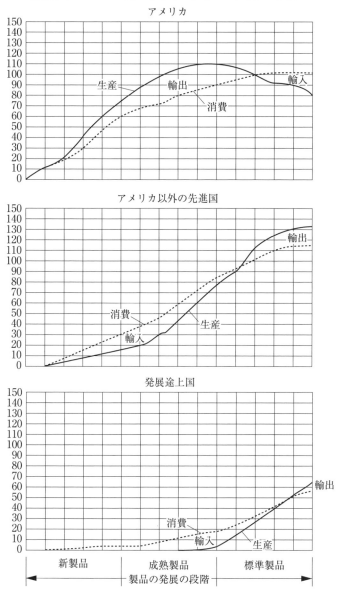

アメリカ

アメリカ以外の先進国

発展途上国

新製品　　　　成熟製品　　　　標準製品

製品の発展の段階

出所）Vernon, R. (1966) "International Investment and International Trade in the Product Cycle", *Quarterly Journal of Economics*, LXXX, No. 2, May：199.

発展段階説とは異なる発展過程を経てきたと主張する研究者は多い。たとえば中垣昇は，日本企業の多国籍化のパターンは，まず輸出先である先進国に販売拠点を設置し，発展途上国に製造拠点・販売拠点を設け，そして次に先進国に海外生産拠点を設置するというものであったと主張する。その結果，当初の日本企業の多国籍化過程の特徴を次の7点に要約している。

1. アジアなど発展途上国に集中している
2. 小規模な投資が多い
3. 労働集約的な最終生産工程の海外移転が中心
4. 標準化技術をベースにするものが多い
5. 現地市場をねらうものが多い
6. 合弁企業が多い
7. 新たに企業をつくる（既存企業の買収ではない）ことによって，海外進出するケースが多い

さらに1970年代後半から80年代の円高の時期には，日本企業は先進国に海外生産拠点を設けることにより，新しい日本的展開パターンが展開されたが，この段階では，次のような特徴をもつと主張している。

1. 先進国向けの生産投資の増大
2. 投資の大規模化
3. 既存企業の買収による海外進出の増加
4. 海外における多国籍化の進展
5. 先端技術をベースにする海外進出

90年代以降の日本企業は，円高のもとでの価格競争力の低下を回避するために，とりわけ中国への進出がきわだった。中国は労働コストが安価であるばかりでなく，近年技術水準が急速に向上したため，中国企業と日本企業の関係は，垂直的分業から水平的分業へと移行しつつある。また，その後中国では所得水準が向上したために，生産拠点としての魅力だけでなく，市場としての魅力が大きくなった。さらに，中国では2010年頃を境に，賃金水準が

急上昇したため，中国の生産拠点は労働コストの優位性を失い，中国に進出した企業だけでなく，中国企業もタイやベトナムなど労働コストのより安価な国に生産拠点を分散する，チャイナプラスワンと呼ばれる現象が起きている。

第5節 ┃ アメリカ以外の多国籍企業

　多国籍企業の定義には定量的な基準によるものだけでなく，定性的な基準によるものもあり，多国籍化の度合いを測定するためには，両方の基準が考慮されなければならないであろう。

　また，多国籍企業の組織展開についての研究は当初，アメリカ企業を対象にしたものであったため，アメリカ多国籍企業の組織展開論ともいうべきものであった。その後，日本や NIEs においても多国籍企業は大きな発展を遂げ，1990 年代以降はブリックス（BRICs）諸国においても巨大な多国籍企業が出現することになった。アジアの巨大多国籍企業は，財閥経営の型を取るものが多く，中国やロシアでは国有企業の民営化の結果生まれたものが多いため，政府支配の様相を色濃く残している。これらの多国籍企業はアメリカ多国籍企業の発展パターンとは異なるため，あらためて検討する必要がある。

　　注）
　1)　以下の定義については，次を参照のこと。内田（1993：4）。
　2)　Heenan and Perlmutter（1979：17-20）；邦訳書（1990：18-21），および巻末の監訳者解題。
　3)　ここにおいても，彼らは組織変革のひとつの重大な契機を情報伝達の問題に求めている。
　4)　バーノン・モデルについては次を参照のこと。中垣（1991：53-56）；中村（1991：12-15）。
　5)　中垣昇もこれらの伝統的な多国籍企業論についての多くの問題点を指摘している。次を参照のこと。中垣（1991：59-60）。
　6)　以下の中垣の所論については，中垣（1991：60-61）。

◆引用・参考文献

竹内昭夫（1993）『新・国際経営学』同文舘出版

中垣昇（1991）『日本企業の国際化戦略』中央経済社

中村久人（1991）『経営管理のグローバル化』同文舘出版

Heenan, D. A. and H. V. Perlmutter（1979 = 1990）*Multinational Organization Development*, Addison-Wesly Publishing Company.（江夏健一・奥村皓一監修，国際ビジネス研究センター訳『グローバル組織開発』文眞堂）

Rolfe, S. E.（1970）The International Corporation in Perspective, in Rolfe, S. and W. Damm（eds.），*The Multinational Corporation in the World Economy*, Praeger.

Stopford, J. M. and L. T. Wells Jr.（1972 = 1976）*Managing the Multinational Enterprise*, Prentice Hall Press.（山崎清訳『多国籍企業の組織と所有政策』ダイヤモンド社）

Vernon, R.（1971 = 1973）*Sovereignty at Bay: The Multinational Spread of U.S. Enterprise*, Basic Books.（霍見芳浩訳『多国籍企業の新展開』ダイヤモンド社）

多国籍企業の主要理論

　本章のテーマは,「多国籍企業の主要理論」であるが, 多国籍企業の組織や管理に関する理論は, その他の章で取り上げられている。そこで, 本章では, 企業の海外進出についての代表的な理論として知られる3つの理論を検討する。

第1節 ハイマーの産業組織論的アプローチ

(1) 産業組織論的アプローチの特徴

　産業組織論的アプローチは, 経済学の研究領域のひとつである産業組織論の理論や枠組みを応用して, 企業の海外進出の本質の解明を試みる研究である。産業組織論は, ① 企業と産業を分析の基本単位とし, ② 特定の産業を市場の構造 (企業の競争環境)─市場の行動 (企業の行動)─市場の成果 (市場の成長や技術の進歩など) という枠組みで分析するといった特徴がある。そして, 産業組織論が主な問題として取り上げるのは, 不完全市場の下での寡占や独占の形成の問題である。

　不完全市場とは, 制度や政策などの手助けがなければ, 本来備わっている機能を果たすことができない市場のことである。たとえば, 市場には本来多数の生産者 (企業) が製品を生産し, その製品の価格も市場価格 (需要と供給が均衡する価格) で決まるメカニズムが備わっている。だが, 現実には, 企業の合併や優位性の保持などにより, 市場が限られた企業しかいない寡占ないし独占状態に陥るケースはしばしば起こる。そして, このような市場では, 製品は市場価格ではなく企業側によって決められた, 不当に高い価格で販売されるリスクが高い。そのため, 各国では, 通常, 独占禁止法や公正取引委員

会といった制度・機関等が整備され，市場の公正な競争の監視が行われている。

　産業組織論的アプローチの代表的論者として，ハイマー（Hymer, S. H.）やキンドルバーガー（Kindleberger, C. P.）がいる（池本，1984：40）。なかでも，ハイマーが1960年に提出した博士論文のなかで展開した理論は，その登場により，1960年代から70年代の直接投資の理論は産業組織論的アプローチが主流となるほどの大きな影響を及ぼしたといわれる（長谷川，1998：56）。本節では，ハイマー理論について検討していく。

(2) 直接投資の動機と対外事業活動

　一般に，投資は ① 経営参画を目的とする直接投資と ② 利殖を目的とする証券投資（間接投資ともいう）の2種類に大別される。ハイマーは，両者の違いを，直接投資では投資家による支配が行われるのに対して，証券投資ではそれが行われないことにあると指摘する（Hymer, 1976：1-2；邦訳書，2-3）[2]。

　ハイマーが研究を行った当時は，直接投資も含めたあらゆる国際資本移動は，利子率の低い国から利子率の高い国へと行われるとする見解が支配的であった[3]。たとえば，投資家は，利子率の低い国で借り入れた資金を利子率の高い国で運用すれば（国債や社債の購入など），その利子率の差額分だけの利益をえることができる。しかしながら，ハイマーは，利子率の高い国での借入れの多さや利子率の低い国への直接投資の多さといった事実をあげ，利子率の高低だけでは直接投資の動機を十分に説明することはできないとする（Hymer, 1976：10-23；邦訳書：10-19）。

　さらに，ハイマーは，直接投資のなかでも，資産運用の安全性の確保ではなく，海外市場への進出を目的とした投資を対外事業活動（international operations）と呼び区別する（Hymer, 1976：23-26；邦訳書：19-22）。彼は，対外事業活動の下での支配の主な動機として，① 競争の排除と ② 優位性の確保の2つをあげる。企業が海外市場への進出を計画する場合，現地企業との競争

に勝利するための方法を考える必要がある。競争の排除とは，現地企業への出資などにより現地市場での競争相手を減らすことである。また，優位性の具体的な内容については後述するが，これは，企業が他社との競争においてより有利な状況に立つための源泉のことである。

　なお，ハイマーは，多様化 (diversification) のために外国企業を支配することもあるとする (Hymer, 1976：33；邦訳書：28)。この用語そのものは「多角化」と訳されることが多い。だが，ハイマーの場合には，事業の多角化よりも，リスク分散投資による投資先の多様化という意味合いが強いため (Hymer, 1976：40-41, 94-95；邦訳書：34-35, 73-74)，本章でも訳書に従い「多様化」と訳した。そして，ハイマーは複数の分野への投資自体は支配をせずとも可能であることから，多様化は，競争の排除や優位性の確保と比べれば大きな理由ではないとする (Hymer, 1976：33, 95；邦訳書：28, 74)。

　また，一般に支配は議決権の所有を通じた経営への影響力の保持などとして知られているが，ハイマーは，「支配」の用語を定義していない。とはいえ，彼のあげる対外事業活動の形態をみる限りでは，彼は支配とこれをともなう対外事業活動を，出資関係だけにとらわれない技術提携や共謀 (collusion) なども包摂する広義の概念としてとらえていた。すなわち，彼は，対外事業活動の形態として，「分工場，完全所有子会社，過半数所有子会社，ジョイント・ベンチャー，少数株式保有，ライセンス契約，暗黙の共謀 (Hymer, 1976：65；邦訳書：52)」をあげている。

(3) 優位性の内容と性質

　ハイマーは，企業の海外進出の動機を，① 競争の排除，② 優位性の確保，③ 多様化に分類したが，これら 3 つのなかでも，多くの論者によって引用されてきたのが，彼の優位性についての考察である。

　ハイマーは，企業の優位性には複数の種類があるものの，以下の 3 つのうちのいずれかの状態にある企業は優位性を保持しているとする (Hymer, 1976：

41-42；邦訳書：35-37）。

1. 他社よりも低いコストで生産要素を獲得できること
2. より効率的な生産機能の知識を保持していること，またはそうした生産機能を支配していること
3. より優れた流通設備または差別化された製品を有していること

すなわち，ある企業が他社よりも，安く原材料を調達することができたり，効率的な生産設備や流通設備を有していたり，ブランド力の高い製品を有していたりした場合には，その企業は競争上の優位性を保持しているといえる。

そして，ハイマーは，以下のような理由から，外国企業が進出先市場で有する優位性は，現地企業がもつ優位性に比べて低いものになりやすいとする（Hymer, 1976：34-36；邦訳書：29-31）。

1. 国境を越えたコミュニケーションにかかるコストの高さ
2. 現地企業と比べた現地での情報収集コストの高さ
3. 現地の政府，消費者，供給業者による差別
4. 為替リスクの存在

地理的に離れ制度も異なる国家間での情報や意思決定の伝達・共有には，一国内でこれを行うよりも，金銭的にも時間的にも大きなコストがかかる。また，外国企業は現地企業よりも法律や言語，政治，経済についての情報が不足しているのが一般的であり，それらの情報収集や理解においてより多くのコストがかかる。さらに，現地の政府による自国産業の保護政策の実施のほか，現地の消費者と供給業者の間での外国企業に対する不信感や嫌悪感の浸透といったリスクもある。これらに加えて，国内産業の輸出競争力の確保のために現地通貨の切り下げが実施された場合には，進出先で得た収益を自国の通貨に交換・換算する外国企業は不利益を被る可能性が高い。

(4) 企業の対外事業活動

ハイマーは，対外事業活動が行われる主な場合として，以下の2つをあげ

る（Hymer, 1976：91-96；邦訳書：71-75）。まず，第1は，複数の国の企業同士が同じ市場で販売したり，相互に取引したりする場合である。この場合，内密に価格協定を結んで市場価格より高い価格で製品を販売するなど，企業同士が結託すれば，互いに大きな利益をあげることができる。つまり，現地企業との競争の排除である。

次に，第2は，単一ないし少数の企業がより多数の他社に対して優位性を有している場合である。これに関連して，企業が海外進出するのは，現地での劣位よりも現地での優位性が高いからであるという命題は，後にハイマー命題，もしくはハイマー＝キンドルバーガー命題として知られることになる[5]。キンドルバーガーは，ハイマーが提示した直接投資の必要条件を，以下のようにより簡潔なものとして示すことに大きく貢献したといわれる。すなわち，① 直接投資の収益が国内生産の収益を超え，② 直接投資の収益が現地企業の収益を超える時に，企業は海外直接投資を行うということである（板木, 1985b：533-534）。

ただし，ハイマーは，優位性がある企業が必ずしも海外進出を行うとは限らないとする（Hymer, 1976：46；邦訳書：39）。国内市場で優位性を有する寡占企業が，輸出やライセンシング契約ではなく対外事業活動を選択するのは，輸出やライセンシング契約よりも対外事業活動の方が得られる利潤が大きい場合であるとされる。その他にも，技術の流出の懸念や優位性の認識なども，選択を左右する要因であると考えられる（Hymer, 1976：46-54；邦訳書：39-46）。

第2節 ┃ バックレイ＝カソンの内部化理論

(1) 内部化理論の特徴

内部化理論は，1970年代半ば以降，産業組織論的アプローチに代わり注目を浴びた理論である。内部化理論もまた，産業組織論と同じく経済学の理論のひとつであり，その理論を応用して，多国籍企業の成立と成長の説明が試みられた[6]。経済学における内部化理論の大きな特徴のひとつは，市場での取

引には，買い手と売り手間の利害対立や把握している情報の不一致，また取引にかかる時間や取引の解消のリスクといった取引コスト（transaction cost）がかかることを前提に理論が構築されている点があげられる。

内部化（internalization）とは，「企業がもつ製品や技術，情報を，市場で他の企業に貸与したり販売するのではなく，市場に代替する場を企業内部にみずから創りだす行為（長谷川，1998：56）」のことである。市場とは取引が行われる場であり，そこには売り手と買い手が存在する。このことから，内部化とは，直接投資によって，取引相手である他社を自社に取り込むことであるといえる。

もっとも，内部化には取引コストの低減といったプラスの側面と同時に，投資コストや規模の拡大による管理コストの増大といったマイナスの側面もある。内部化理論では，内部化をする方がそれをしないよりも有益である限りにおいて，内部化が進められるとされる。そして，内部化が国境を越えて進められる場合には，企業の多国籍化が進められることになる。

今日，内部化の概念は，多国籍企業の諸現象を分析する上でもっとも有力な手段であるというのが，共通の理解となっている（長谷川，1998：57）。本節では，多国籍企業の成立と成長を説明する，内部化理論の応用理論を確立した研究として知られる，バックレイ＝カソンの1976年の研究について検討する。

(2) 企業の活動，中間財市場，および内部化の関係

バックレイ＝カソン（Buckley, P. J. & Casson, M. C., 1991：33；邦訳書：35）[7] は，彼らの理論は，以下の3つの仮定に基づいているとする。

1. 企業は不完全市場の世界で利潤を最大化すること
2. 不完全な中間財市場には内部化の誘因が存在し，内部化が行われることで市場によって結び付けられていた諸活動は共通の所有と管理の下に置かれること
3. 国境を越えての内部化が多国籍企業を生み出すこと

　これらの仮定については，概ね前項で検討した通りである。なお，財には，すべての産品のもととなる素材のほかに，最終的に企業・消費者に購入・消費される最終財と，最終財が完成するまでに生産・取引される中間財がある。この中間財には，加工品や部品といった有形のものだけでなく，特許や専門技術といった無形のものも含まれる。

　バックレイ＝カソン（1991）は，「マーケティング，R & D，労働者の研修，経営チームの設立，資金調達，金融資産の管理（Buckley & Casson, 1991：33；邦訳書：35)」といった企業のあらゆる活動は，中間財によって結び付けられているとする（図表2-1）。すなわち，企業の活動は中間財の取引による移動をともなうものであり，この取引を社内で管理することで取引コストを低減させ，企業の活動の効率化を図ることが内部化の主たる動機のひとつであるとされる。

(3) 内部化の動機：内部化のベネフィットとコスト

　バックレイ＝カソン（1991）は，内部化によるベネフィット（恩恵）は，不完全市場での取引を回避することによってもたらされるとする。企業は，① 将来の予測が困難な中で取引を安定させたい，② 市場価格に関係なく，より安い価格で資源を仕入れ，より高い価格で製品を販売したい，③ 競争相手との対立を回避したい，④ 自分たちの技術や特許が過小評価されることを防ぎたい，⑤ 進出先国の政府による干渉を回避したい，といった動機から内部化を行う（Buckley & Casson, 1991：37-39；邦訳書：39-41）。これらの動機は，多数の売り手と買い手が存在し，すべての情報があまねく共有されている完全市場では，生じえないものである。

　なお，⑤ の政府による干渉には，税徴収も含まれるが，内部化によりこれを回避する手法として「トランスファー・プライシング」がある（Buckley & Casson, 1991：44；邦訳書：47）。トランスファー・プライシングは，振替価格操作または移転価格操作とも呼ばれる。トランスファー・プライシングとは，

26

図表2-1　企業の諸活動の相互依存性

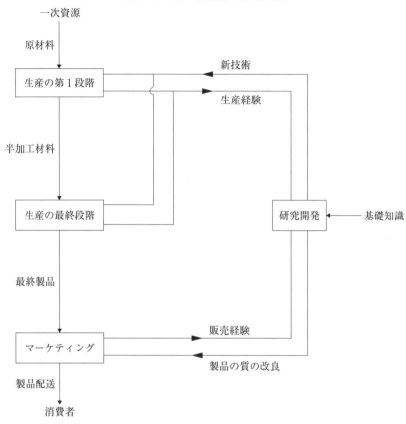

出所）Buckley & Casson（1991：34 ＝ 邦訳書：37）

　節税などを目的に実施される，多国籍企業の本社・子会社間または子会社間
での取引において特有の価格操作のことである。たとえば，法人税の高い国
に設置された拠点の価格を低く設定して利益を縮小し，法人税の低い国に設
置された拠点の価格を高く設定することで，世界全体で徴収される法人税の
総額を低く抑えることができる。[8]

　一方で，バックレイ＝カソン（1991）は，内部化のコストについては，① 資
源コスト（resource costs），② コミュニケーション・コスト（communication

costs），③政治的干渉（political interference）の3つを具体的に検討している（Buckley & Casson, 1991：41-43；邦訳書：44-47）。

　まず，第1の資源コストとは，諸活動の規模を調節する上でかかるコストである。図表2-1でたとえれば，半加工材料の過剰生産を防ぐためには，その生産量を最終製品の生産量を踏まえて調節することが求められる。もっとも，過剰生産分を他社に販売したり，資源の不足分を他社から調達したりすることで，コストを抑えることができる。このことから，資源コストは，「内部化の意思決定に対して大きな影響は及ぼしそうにはない」（Buckley & Casson, 1991：42；邦訳書：45）とされる。

　次に，第2のコミュニケーション・コストは，コミュニケーションにかかるコストである。バックレイ＝カソン（1991）は，①情報フローの増大，②機密（confidentiality）の必要性（情報漏れの防止），③比較的費用が高額である現場への訪問・査察の重要性故に，内部化は，これを行う以前よりも，事業全体でかかるコミュニケーション・コストをはるかに増大させるとする（Buckley & Casson, 1991：42；邦訳書：45）。また，このコミュニケーション・コストは，企業が内部化した地域間の距離のほか，言語，通貨，政治，文化といった違いによってさらに高まることになる。

　そして，第3の政治的干渉は，国際的な内部化特有の外国企業に対する差別の問題であり，例として，進出先国の政府による現地産業保護政策や接収の脅威などがある。

　なお，これまで検討してきた内部化のベネフィットとコストは，経営能力（the ability of the management）に依存しているとされる（Buckley & Casson, 1991：43-44；邦訳書：47）。すなわち，内部化の遂行とその後の管理の成果は，優秀な経営者とそうではない経営者の下では大きく変化するということである。

　バックレイ＝カソン（1991）は，上述したベネフィットとコストを踏まえれば，内部化の誘因は以下の4つの要因の相互作用に依存するとする（Buckley & Casson, 1991：34, 44-45；邦訳書：36, 48）。これらの要因は，内部化の実施の

28

意思決定において考慮されるものである（Buckley & Casson, 1991：33-34；邦訳書：36）。

まず，第1は，産業特殊的要因（industry-specific factors）であり，これは製品の性質，市場構造，企業の諸活動間の最適規模の関係である。たとえば，先述したように，最終製品を製造する川下企業にとって，最終製品の製造に必要な部品等を生産する川上企業を内部化することは，加工品や部品の安定供給などの実現につながる要因である。また，製品に関する機密情報を社外に漏らさないためという点でも，内部化は重要な選択肢のひとつといえるだろう。

次に，第2は，地域特殊的要因（region-specific factors）であり，これは取引に関わる地域間の距離や社会的性質の差異である。たとえば，先述したように，地域間の距離の遠さや，言語，通貨，政治，文化などの違いは，内部化後のコミュニケーション・コストを増大させることになる。内部化によってコミュニケーション・コストが増大する見込みが高いと，それだけ内部化の魅力は低下することになる。

そして，第3は，国家特殊的要因（nation-specific factors）であり，これは取引に関わる国家間の政治的関係や会計的関係である。たとえば，先述した，現地政府による国内産業保護政策や接収の脅威といった政治的干渉は，その国の政府と本国政府との外交関係に大きく依存することになる。

最後に，第4は，企業特殊的要因（firm-specific factors）であり，これは経営能力を反映したものである。先述したように，内部化の遂行とその後の管理の成果は，その責任者である経営者や中間管理者たちの能力の高さによって大きく左右されることになる。たとえば，M＆Aの遂行前には，独占禁止法への抵触といった法律上のリスクの把握や買収先企業の資産価値の査定（デューディリジェンス（due diligence））などが的確に行われなければならない。また，交渉を有利に進めるための交渉技術も求められる。

加えて，経営者には，M＆Aによって獲得した他社の経営資源を，自社の

経営資源として有効に活用していく能力が求められる。その一例として，M
＆Aの当事者企業間の従業員たちは，別の企業の従業員と上手く協調できる
か，リストラされるのではないか，といった不安を抱えているケースが少な
くない。経営者には，これらの不安に直面する従業員たちをまとめ上げ，彼
らの業務へのモチベーションを高めていく，リーダーシップの発揮が求めら
れる。

第3節 ┃ ダニングの折衷理論

(1) ダニングの折衷理論の概要

　これまで検討してきた産業組織論的アプローチと内部化理論も含め，1970
年代までの企業の海外進出を説明する従来の理論は，「各研究者の意図に基づ
いて行われたもので，統一性を欠き，各研究の間の関連性も明らかでなかっ
た（山口，1999：48）。」このようななかで，ダニング（Dunning, 1979）は，① 産
業組織論的アプローチ，② 内部化理論，③ 立地論[9]の3つの研究成果を総合し
た折衷理論（eclectic theory）を提唱した（図表2-2）。

　折衷とは，異なる考え方のよい所をとって，1つに合わせ，まとめ上げる
ことである。ダニングの折衷理論では，上述した3つの理論の要素をそれぞ
れ取り入れた3つの条件がひとつのモデルとしてまとめられ，これら3つの
条件を参照することで，あらゆる形態の国際生産活動が説明できるとされる
（Dunning, 1979：275）。なお，これらの各条件のイニシャルから，ダニングの
折衷理論は，「OLIパラダイム」とも呼ばれる[10]。

　第1の条件は，企業特殊的優位（ownership specific advantages）である。こ
れは，産業組織論的アプローチによって主に解明されてきた，外国企業が現
地企業に対して有する優位性である。企業特殊的優位は，① 複数の国に進出
していなくても，すなわち多国籍企業化しなくても発生するもの，② 既存企
業の子会社プラントが新設企業に対してもつもの，③ 多国籍企業化によって
発生するものの3つに大別される。

30

図表 2-2　ダニングの折衷理論

---

1. 企業特殊的優位（ある国の企業が他の国の企業に対してもつ）
   - a. MNE 化しなくても発生するもの：主として，規模と確立された地位，製品または工程の多様化，分業と特化の優位を利用する能力，独占力，よりよい資源とその利用
     所有権としての技術，商標（特許その他の法律によって保護）
     生産管理・組織・マーケティングのシステム，R & D 能力，人的資本の「蓄積」と経験
     労働，天然資源，金融，情報などの投入物に対する排他的または有利なアクセス
     （規模や需要独占の諸力によって）有利な条件で投入物を入手する能力
     製品市場への排他的または有利なアクセス
     政府保護（たとえば市場参入の統制など）
   - b. 既存企業の子会社プラントが新設企業に対してもつもの
     有利な価格で親会社の能力（管理，経営，R & D，マーケティングなど）へのアクセス
     結合供給（生産のみならず購買，マーケティング，金融などの措置に対する）の経済性
   - c. MNE 化によって発生するもの：MNE 化がより広い機会を提供するかたちで上記の優位を強化
     情報，投入物，市場に関するよりよい知識および／またはより有利な条件でのアクセス
     要素賦存，市場および政府介入の面にみられる国際的相違を利用する能力
     異なる通過圏内で，たとえば，リスクを分散化する能力

2. 内部化インセンティブ上の優位（すなわち，市場失敗の防止または活用するためにもつ）
   取引および交渉コストの回避
   所有権の行使にともなうコストの回避
   買手の不確実性〔売られる投入物（たとえば技術など）の性質と価値の面での〕価格差別化を市場が許さない場合
   売手が製品の品質を確保する必要性
   相互依存的活動にともなう経済性を享受するため（上記 1 の b を参照のこと）先物市場の欠除を補うため
   政府介入（数量制限，関税，価格差別，税率の国別差別など）を回避・利用するため
   投入物（技術を含む）の供給や販売条件をコントロールするため
   市場のはけ口（競争によって利用されているものを含む）をコントロールするため
   競争（または反競争）戦略として，子会社間での相互補助，収奪的価格づけを行使するため

3. 立地特殊的変数
   〔以下は投資本国に有利に作用する場合もあれば，受入国に有利に作用することもある〕
   投入物および市場の空間的分布
   労働，エネルギー，原料，部品，半製品などの投入物の価格，品質および生産性
   輸送費，通信費
   政府介入
   輸入統制（関税障壁を含む），税率，インセンティブ，投資環境，政治的安定など
   インフラストラクチャー〔商業，法律，輸送〕
   心理的距離〔言語，文化，取引，習慣などの相違〕
   R & D 生産およびマーケティングの経済性（たとえば，規模の経済性が生産を集中させる程度）

初出）Dunning（1979：276）
筆者補注）MNE 化とは多国籍企業（multinational enterprise）化のこと。
出所）江夏（1984：46）

　まず，技術や特許，ブランド，経営管理システム，優秀な人材などは多国
籍企業以外の企業でも獲得することは可能である。また，これらの優位性を
既に備えた企業が現地に子会社を設立した場合には，その子会社は親会社が
もつ優位性を最大限に活用することができる。そのため，この子会社は，そ
れをもたない新設企業に対して大きな優位性をもつことができる。なお，多
国籍企業がもつ製造，流通，販売体制をグローバルに効率化・最適化する能
力は，企業が複数の国に拠点を有する多国籍企業になることによってはじめ
て獲得できる優位性である。これらの能力を，国内だけで事業を営む企業や
海外進出を開始したばかりの企業が有することは難しい。

　次に，第2の条件は，内部化インセンティブ上の優位 (internalization incen-
tive advantages) である。これは，内部化理論により主に解明されてきた，内
部化の動機となる一連の諸要因からなる。内部化によって，不確実性の回避，
取引時間の短縮，品質管理の効率化，調達や供給のスピーディな調整，トラ
ンスファー・プライシングなどのメリットをどれだけ得ることができるかが
大切である。

　そして，第3の条件は，立地特殊的変数 (location specific variables) である。
これは，立地論によって主に解明されてきた諸要因である。たとえば，外資
に対する現地政府の姿勢，治安状況，各種制度の有無，各種手続の煩雑さ，
外資に対する現地の人々の印象，賃金水準，言葉や慣習の違い，部品や組立
て等を行う各拠点間の距離，インフラストラクチャー（交通，エネルギー供給，
上下水道，通信設備など）の整備状況などは，現地での企業の活動の成否を左
右する。

　なお，この第3の条件だけが変数となっているのは，企業特殊的優位と内
部化インセンティブ上の優位とは異なり，投資を行う国や企業だけでなく，投
資先の国や企業にも有利に機能する場合があるからであると思われる。

　山口隆英 (1999) は，ダニングの折衷理論の基本仮説を，以下のようにまと
めている。「企業が外国企業以上の優位性を所有し，その優位性を他企業に販

売するよりも自社で利用することに利益があり，そして，企業がもつ優位性が受け入れ国の優位性と結びつくことで利益につながる場合，企業は海外直接投資を行い，国際生産を開始する。」(山口，1999：50-51) すなわち，企業は，3つの条件の全ての面で現地生産が合理的であるとの判断に至った時に，現地へ直接投資を行い，現地生産を開始するとされる。

(2) 3つの条件と国家特殊的特性の関係

ダニングは，海外直接投資を説明する3つの条件に影響を及ぼす要因として，国家特殊的特性 (country-specific characteristics) があるとする。国家特殊的特性は，政治，経済，法制度，文化などの面での国家に関する特性であり，いわば立地特殊的変数の内容を構成するものともいえる。すなわち，図表2-2で示した立地特殊的変数では，進出先国の選定に影響を及ぼす項目が示されているが，各項目の具体的内容は国家特殊的特性によって規定される。立地特殊的変数 (諸要因) と国家特殊的特性の関係について示した図表2-3で挙げられている税制を例とした場合，法人税の高さは立地特殊的変数であるが，法人税が実際に高いか否かは国家特殊的特性に該当するといえる。

そして，国家特殊的特性は，企業特殊的優位と内部化インセンティブ上の優位とも密接にかかわっている。たとえば，政府による企業のR&D活動への支援政策は，企業の技術上の優位性の向上にプラスの影響を及ぼすと考えられる。また，内部化は，内部化によるベネフィットがコストを上回った時に行われるが，前節で示したように，政治的干渉は内部化のベネフィットともコストともなりうる。たとえば，法人税の低さは内部化の誘因となりうる一方，政府による接収のリスクは内部化の回避を促す要因であるといえる。

本章では，① ハイマーの産業組織論的アプローチの理論，② バックレイ＝カソンの内部化理論，③ ダニングの折衷理論について検討した。3つの理論とも，企業の海外進出，あるいは多国籍化のメカニズムの説明を試みた理論

図表 2-3　国家特殊的特性が作用する立地特殊的要因

立地特殊的諸要因	左の諸要因に作用を及ぼす国家特殊的特性
1.　生産コスト 　　労働コスト／生産性 　　規模の経済性が実現される 　　その程度 　　生産工程の性質	先進国と発展途上の受入国間にみられる明白かつ大きな相違。 市場規模。本国における要素の分布／市場。
2.　移動コスト 　　輸送コスト 　　心理的距離	本国と受入国間の距離が大，それゆえ主要市場から極度に遠隔地にある国々には障害となりうる。 文化，習慣，言語などが異なる場合，生産事業単位を設立しようとする際の障壁も大きくなるようである。 　　(Luostarinen 1978) cf.　西欧における日米企業。
3.　政府介入 　　関税障壁 　　税制 　　外国への進出に対する一般的環境 　　FDI に対するインセンティブ，諸 　　政策	本来的に国家特殊的特性であるようだ。たとえば非 EEC 投資家にとっての EEC 関税など。 諸国家間でさまざまである。二重課税協定などにも影響される。 関係諸国間の政治的，経済的およびその他の結束状況。 諸受入国間および時には本国とのさまざまな協定によって相当異なる。また各本国間で対外投資に対する態度も変わりうる。
4.　リスク要因 　　(a) 対外投資に対する一般的性向 　　(b) 地理的分布	本国およびすべての外国の環境。 cf.　特定の本国が投資をもっともしがちな受入国のリスク

初出）Dunning (1979) op. cit. : 287
筆者補注）図表内の (Luostarinen 1978) の文献は，以下の通り。
　　　Luostarinen, R. (1978) "The Impact of Physical, Cultural and Economic Distance on the Geo-graphical Structure of the Internationalization Pattern of the Firm", *FIBO Working Paper*, No. 1978/2, Helsinki School of Economics.
出所）江夏，前掲書：48 を一部修正

である。ハイマーは，証券投資とは異なり，国家間の利子などの差額とそこから生じる差益だけでは，直接投資のメカニズムを十分に説明することはできないとの問題意識から，「優位性」というキーワードに着目し，海外直接投資のメカニズムの解明を試みた。他方，バックレイ＝カソンは，「内部化」というキーワードに着目し，国境を越えた内部化のメリットとデメリットという視点から，企業の多国籍化のメカニズムの解明を試みた。

　「優位性」も「内部化」も，企業の海外進出のメカニズムを説明するキーワードであることに間違いはなく，それぞれの観点から企業の多国籍化メカニズムの解明が進展した。こうした中で，ダニングは，先行研究の多角的な

議論を折衷して一本化することで，企業の海外進出を左右する様々な要素を包括的に吟味し，企業の多国籍化のメカニズムを説明できる理論の構築を目指したのである。

　本章で検討した理論はいずれも，利潤追求，すなわち経済合理性の観点から説明する理論であるが，その内容を見ても，利潤追求の効率は，国家間の違い，そして政治や文化といった次元の要素にも左右されることは明白である。つまり，事業環境は多様であり，この多様性と向き合うことなくして，利潤を追求することは難しい。多国籍企業の戦略において利潤追求は欠かせないが，その具体的な経営課題を理解するには，それが経済のみならず，政治，文化などの要素も混ざり合った複雑なものであることを理解しなければならない。

注)

1)　産業組織論については，宮沢（1972）と柳川（2001）を主に参照した。
2)　ただし，訳は必ずしも訳書にしたがっているわけではない。以下同じ。
3)　今日においては，利子率の他に，株式の配当や売却益の高さなども，証券投資の重要な誘因として知られている。
4)　たとえば，レコフは，買収を，50％超の株式の取得もしくは経営を支配できるだけの株式の取得と定義している。レコフ「データの見方」https://madb.recofdata.co.jp/help/（2016年2月23日閲覧）
5)　ハイマー＝キンドルバーガー命題については板木（1985a, b）を参照のこと。
6)　本項の内部化理論の内容については，とくに注のない限りは，主に以下を参照のこと（長谷川，1998；山口，1999）。
7)　ただし，訳は必ずしも訳書にしたがっているわけではない。以下同じ。なお，本書では，訳書のある第2版を用いたが，第2版では「第2版への序言」が追加されただけで，本文には初版との違いはない（邦訳書：xxii）。
8)　トランスファー・プライシングについては池田（2005：251）を参照のこと。
9)　この研究は，進出先の選定理由の説明を試みる研究であり，産業組織論的アプローチと同じく，1950〜60年代にかけて盛んに行われた（Dunning, 1979：272-273）。
10)　参考までに，山口（2012：9）や上田（2006：68）などがある。

◆引用・参考文献

池田芳彦（2005）「トランスファー・プライス」佐久間信夫編集代表『増補版 現
　代経営用語の基礎知識』学文社：251

池本清（1984）「第 3 章 海外直接投資理論の新潮流― 1970 年代後半の直接投資決
　定因理論の展開を中心に―」多国籍企業研究会編『多国籍企業論の系譜と展
　望』文眞堂：36-53

板木雅彦（1985a）「多国籍企業と内部化理論― S. ハイマーから折衷理論にいたる
　理論的系譜とその検討―（上）」『經濟論叢』（京都大学）136(2)：153-174

板木雅彦（1985b）「多国籍企業と内部化理論― S. ハイマーから折衷理論にいたる
　理論的系譜とその検討―（下）」『經濟論叢』（京都大学）136(5-6)：522-536

上田慧（2006）「第 3 章　多国籍企業の理論」奥村皓一・夏目啓二・上田慧編著
　『テキスト多国籍企業論』ミネルヴァ書房：56-83

江夏健一（1984）『多国籍企業要論』文眞堂

奥村皓一・夏目啓二・上田慧編著（2006）『テキスト多国籍企業論』ミネルヴァ書
　房

多国籍企業研究会編（1984）『多国籍企業論の系譜と展望』文眞堂

長谷川信次（1998）『多国籍企業の内部化理論と戦略提携』同文舘出版

林倬史・古井仁編著（2012）『多国籍企業とグローバルビジネス』税務経理協会

宮沢健一（1972）「産業経済論の領域と方法」『一橋論叢』67(4)：461-483

柳川隆（2001）「産業組織論の分析枠組：新産業組織論と構造―行動―成果パラ
　ダイム」『神戸大學經濟學研究年報』47：125-142

山口隆英（1999）「多国籍企業の成長に関する理論的課題：多国籍企業理論の視点
　からの展望」『商學論集』（福島大学）68(1)：33-59

山口隆英（2012）「第 1 章 多国籍企業論の再検討―現代多国籍企業の組織能力の
　視点から―」林倬史・古井仁編著『多国籍企業とグローバルビジネス』税務経
　理協会：3-29

Buckley, P. J. & Casson, M. C. (1991 = 1993) *The Future of the Multinational
　Enterprise* (*2nd edition*), The Macmillan Press. (清水隆雄訳『多国籍企業の
　将来〔第 2 版〕』文眞堂)

Dunning, J. H. (1979) "Explaining Changing Patterns of International Produc-
　tion : In Defence of the Eclectic Theory", *Oxford Bulletin of Economics &
　Statistics*, 41(4) : 269-295.

Hymer, S. H. (1976 = 1979) *The International Operations of National Firms : A
　Study of Direct Foreign Investment*, The MIT Press. (宮崎義一編訳『多国籍
　企業論』岩波書店)

海外直接投資の歴史と現状

第1節 | 海外直接投資と多国籍企業

(1) 海外直接投資の目的

　多国籍化という用語は，単に活動拠点が多国に分散しているという意味だけではなく，企業が「国を基盤とした個々の単位の利潤ではなく，集団全体としての利潤を極大化することを目的としている」という意味で用いられている。[1]

　複数国に拠点をもつことは，多国籍企業全体の利潤を最大化するための手段である。この手段を活用するために，多国籍企業は次の諸点を備えている。[2]

1. 投資できる資本の潤沢さ，及び，本国と海外の金融市場で，有利な条件で資本を調達できること。
2. 経験を積んだ経営能力のある人材を保持しており，彼らを必要に応じて世界中に展開できること。
3. 企業の利益に貢献できる大規模で効率的な販売機構を備えていること。
4. あらゆる種類の技術戦略とマーケティング戦略を機能させることができる，研究開発施設（技術力）を備えていること。

　海外直接投資によって，上記4つの優位性が世界的に展開されるようになる。その結果，多国籍企業は進出先企業よりも有利に事業を展開できると考えられている。つまり，多国籍企業は，世界的な規模での利潤最大化を求めて，上記4つの利点を活かしている企業であるといえる。

　本章では，このような経済的な目標を達成しようとする，多国籍企業の海

外直接投資の歴史と現状を考察していこう。

　第1節では，海外直接投資の目的や海外直接投資による分業体制の構築について説明する。第2節と第3節では欧米と日本の海外直接投資の歴史について説明する。第4節では，海外直接投資の現状について考察し，新たな目的をもった，多国籍企業の海外展開（直接投資）について説明する。おわりに，海外直接投資の投資先への技術介入による空間的・時間的影響力への配慮について説明する。

　海外直接投資とは，企業の経営権の取得を伴う海外投資と定義され，企業が海外市場にアクセスする主要な手段である[3]。間接投資が，資金の投入による，キャピタルゲインを目的としているのに対し，直接投資は資金の投入と共に経営権の確保をも目的とする投資形態である。

　国内企業の海外市場とのかかわりは，自国で生産した財を海外に出荷するという輸出形態，海外の現地企業に生産や販売を委託するライセンス（中間取引），そして国内で拠点を築いてきた企業が，海外でも自らの経営をコントロールしようとする海外直接投資という3つの形態に分類される。

　特に，国内企業が海外でも自らの経営をコントロールしようとする主な誘因は次の3つであるとこれまでの多様な研究で考察されてきた。第1は知識財の所有である。生産活動に必要な技術などの知識財（技術やノウハウ）を所有している企業が，それを海外に移転することで，現地企業よりも優位な立場で経営活動を行うことができるとき，直接投資が選択される。第2は，立地の魅力である。国内で生産し，輸出するよりも，海外で生産する方が有利であると考えられるとき，直接投資が選択される。海外での原材料の安さやエネルギー利用の効率性，そして人件費の安さという立地の優位性が第2のケースの主な誘因である。第3は内部化志向である。外国の企業に自らの生産を委託するよりも，直営の子会社を設立した方が，高い利益を獲得できると期待できるとき，直接投資が選択されている。

　海外直接投資は，技術優位性・立地・内部化というキーワードによって説

明できる。このような目的をもつ，国境を越える投資は，企業の国際化を促し，生産拠点の多国籍化，つまり多国籍企業の生成につながるのである。

(2) 垂直分業と水平分業

　国境を越える直接投資は，多国籍企業の分業体制の基盤となっていった。分業体制は垂直分業と水平分業という，多国籍企業の組織的側面から分析できる。

　垂直分業とは，国ごとに異なる生産要素の入手条件を前提として，企業が調達・研究開発・生産・販売などの異なる機能を世界各国，地域へ移すことによって構築される分業体制である。多国籍企業の 2 つの拠点が，熟練労働者と未熟練労働者をもつ国とで特徴づけられるとしよう。そして，多国籍企業が製品開発部門と単純労働の生産工程をもっていて，一方が熟練労働集約的で，もう一方が，未熟練労働集約的であるとすれば，熟練労働者の多い国（技術基盤が比較的高い国）には，研究開発部門がおかれ，未熟練労働者の多い国には，生産部門がおかれることになる。

　たとえば，高度な技術をもち，比較的に賃金の高い労働者の多い日本には，研究開発部門がおかれ，低賃金という視点で魅力的な ASEAN 諸国や中南米などには，生産工程がおかれるという分業は，垂直分業の特徴的な事例である。

　水平分業では，海外子会社は，国内と同一の研究開発・生産・販売工程などの機能をもっている。垂直分業が工程別の分業を意味しているのに対して，水平分業は同一工程間の分業を意味している。なぜ，このような同一工程間での分業は必要とされるのであろうか。その理由のひとつが，市場への近接性である。自動車や家電といった機械製品を輸出する場合，輸送のコストが発生する。そのため，市場に近接した立地に生産拠点が分散し，水平分業が行われる。

　貿易障壁も水平分業を促進する要因となった。1980 年代の日米貿易摩擦によって，日本の自動車メーカーは自由に製品をアメリカに輸出することができなくなった。トヨタ，ホンダ，日産は輸出自主規制という貿易障壁を回避

するため，アメリカでの現地生産を開始した。つまり，このケースは，生産工程のアメリカ拠点への複製を意味しており，生産工程間における分業が，すなわち水平分業となった。このように，規制という国家の政策が多国籍企業の発展（海外直接投資）を促したのである。

第2節 ┃ 欧米企業の海外直接投資

(1) 産業発展とイギリス・ドイツの直接投資

イギリスは18世紀中盤の産業革命を経て，工業化を進めていった。工業化の基盤として，工業用の資源を輸入し，それを加工して，輸出するという加工貿易を確立した。このような加工貿易を進めるうえで，イギリス企業は自らの力で，海外での資源開発，鉄道や港湾の整備を行うようになった。このような流れが，イギリス企業の海外直接投資の契機となった。

ブラジルの鉱山開発のためにつくられた，セント・ジョン・デル・マイニング社は，イギリスの経済発展の初期に海外直接投資を進めていた企業である。イギリスで利用される資源を開拓するため，同社は，アジア，アフリカ，中南米，南ヨーロッパなどに直営拠点を築いていった。19世紀になり，イギリス企業の直接投資は資源開拓から製造業へ変化していった。鉄鋼業や兵器製造，そしてタイヤ製造などの分野の企業の直接投資が増大していった。

19世紀末のドイツ企業は，第2次産業革命の担い手として，鉄鋼，化学，電機分野で国際競争力を築いていた。特に化学分野では，資源節約技術の開発が先進的であり，ドイツ企業は大規模な生産設備と流通網を確立していた。1855年，電機企業のシーメンスはロシアへ直接投資をし，工場を稼働させていた。その後，イギリスなどへ事業拡大し，世界的な多国籍企業に成長した。しかし，1914年の第1次世界大戦の開戦とその敗北によって，ドイツ企業の成長傾向は停滞するようになった。第1次世界大戦直前に海外進出の最初のピークを迎えたドイツ企業は，第2次世界大戦からの復興の過程で，化学，電気機器，自動車などの資本集約的な産業で，その海外進出を増加させていった。

　このように，ヨーロッパ企業の直接投資は，産業革命による経済発展にともない，1830年代に始まり，1850年代から1860年代に世界的な基盤を築き，1914年までには世界経済を牽引する重要な要素となった。[4)]

(2) 第1次世界大戦とアメリカ企業の直接投資

　1914年の7月にドイツ軍がベルギーの国境を越えて進撃した。ロシア，イギリス，イタリア，フランス，オーストリア，ハンガリー及びドイツの軍隊が動員され，各国は臨戦態勢となった。1914年を境に，世界的に影響力をもつようになったのがアメリカ企業である。

　ヨーロッパ各国が戦争で混乱している中，アメリカ企業はヨーロッパ企業が権益をもっていた地域（中南米，カナダ，スエズ運河以東地域など）に直接投資を行う機会を得ることになった。これら地域への新規の直接投資は農業，農産物加工，鉱石の採掘と加工，石油生産，公益事業，石油精製，製造業，流通業といった分野で活発になった。これらの産業はヨーロッパでの戦争に影響を受けていた。たとえば，戦争で軍事用の自動車の需要が増大した。間接的に自動車用のゴムタイヤへの需要が刺激された。USゴムはスマトラ島でのゴム生産を拡大させた。グッド・イアー・タイヤ・ゴム社はシンガポールにゴムの買い付け事務所を開設して，スマトラ島では広大な土地のプランテーションを取得した。[5)] この直接投資は，同社のオランダ領東インド諸島での初めての直接投資となった。

　このようなアメリカのゴム会社による，ゴム栽培と買い付けへの後方統合は，戦火にあるイギリスのロンドンでの買い付けを回避して，直接，ゴム産地からゴムを入手するルートの確保を意味していた。

　また，ヨーロッパの軍隊は大量の食糧，特に食肉を必要としていた。それに対応するため，アメリカ企業（スウィフト，アーマー，モーリス，ウィルソン）は，南アメリカやオーストラリアでの新工場の開設や拡大を行った。南半球からの輸出はヨーロッパ向けであり，戦争特需がアメリカ企業の食肉加工分

野での直接投資を増大させた。他にも，火薬の原料として利用される硝酸塩がヨーロッパで必要とされ，アメリカのグレイス商会は 1916 年にイギリス所有であったチリの硝酸塩採掘会社を買収した。グレイス商会の国際ビジネスは，それまでの硝酸塩貿易から直接投資による硝酸塩会社の完全支配にシフトした。

(3) 技術の高度化とアメリカ企業の直接投資

アメリカ企業は，水・石油・森林資源・耕作可能な土地が安かったので，それらを比較的容易に手に入れることができた。さらに，資本の供給，教育水準の高さなど，外的要因の好条件がそろっていた。これらの条件によってアメリカ企業の生産性は高かった。一方で，熟練労働力は不足していたので，熟練労働者の賃金は高かった。高賃金は一人当たりの国民所得の増加につながり，それは，国内需要を高水準に推移させた。結果，アメリカ市場の需要は高所得層向け製品になった。

労働賃金が高かったので，アメリカ企業は熟練労働力を使わない方法で製品を生産する道を見つけだす必要があった。この必要性は，新発明，新技術といったイノベーションを生み出したのである。

1950 ～ 1960 年代，アメリカ企業は，海外市場でもヒットする可能性のある製品群を手中にしたことに気づいた。[6] 特に，ヨーロッパの労働者の能力や彼らの国民所得が高く，その状況はアメリカの需要特性と似ていた。この需要に応じるため，アメリカ企業は収益のうちから研究開発のために支出する割合が相対的に高い産業が生み出す製品の輸出に特化した。[7] この輸出品は新規技術に依存したもので，高所得者向け製品であった。

このように確立された輸出市場での脅威，つまり同種製品の模倣品を開発したヨーロッパ企業の出現が，アメリカ企業を海外直接投資に向かわせた。[8] この段階でアメリカ企業の生産技術は標準化していたので，技術移転は工業化の進んだアメリカ以外の先進国，つまりヨーロッパへ容易に行われた。

高所得者向け製品への需要が，アメリカ企業の新技術の開発を促した。それは，国内と海外市場で企業の優位性の源泉となった。新技術の模倣によるアメリカ企業の収益減を避けるため，アメリカ企業のヨーロッパ進出が本格的になった。

第3節 ┃ 日本企業の海外直接投資

(1) 雁行形態発展論と東アジアへの直接投資

　戦後の日本を基点とした，東アジアの経済発展をモデル化したのが雁行形態発展論である。雁行形態発展論では，世界経済，特に東アジアの発展過程は，異質化と同質化とを繰り返すとされている。これはA国で起こった革新はある年次にわたって躍進的に発展するが（異質化），それはやがて停滞し，その間にB国がA国の技術を導入して両国は同質化の傾向をとるものと考察されている。革新産業を有する国（A国）がさらに発展することが異質化であり，革新的技術が他の後進国（B国）に移転して，B国がA国と同じように革新産業を発展させることが同質化である。

　雁行形態発展論では，産業が一国内で輸入→自己生産→輸出という形で発展するという「雁行」と，革新産業国の発展→後進国へ伝播→他国へ伝播して，それぞれの国が革新産業を発展させるという「雁行」とが説明されている。雁行形態発展論では，この2つの「雁行」概念を組み合せて先進国の革新産業が後進国の産業発展を導くということを3段階で説明されている。[9]

　第1段階では，後進国において魅力的な製品あるいは新生産方法によって生産された製品の輸入が増大する。やがて，これらの完成消費財の自己生産が開始されるようになると，第2段階がはじまる。ここに後進国の工業化がはじまる。この段階では輸入品を代替するだけの低価格，高品質を備えた製品の製造が行われなければならない。輸入品の自己生産が浸透したときには，海外からの輸入増加率は低下しはじめる。そして，第3段階は，国内生産品が外国へ輸出される段階である。

　雁行形態発展論は東アジアの産業発展を説明している。繊維産業では，ま
ず日本が繊維製品を輸入し，自己生産し，輸出をする。繊維製品の輸出国で
ある NIES や ASEAN では，同じように輸入，生産，輸出が行われる。この
ように繊維産業が東アジアに伝播してゆく。さらに，伝播する産業は波及的
に変化するので，一国の産業発展は，繊維産業→鉄鋼産業→輸送機器産業→
一般機械産業と高度化してゆく。当然，産業を伝播させる現代の担い手は，輸
出だけではなく多国籍企業による直接投資である。

　第2次世界大戦後の日本（先進国）と東アジアとの経済的な関連性を考察し，
理論化したのが，雁行形態発展論であった。現代においては，後進国で先進
技術が開発されて，産業が発展するという，雁行を乱す現象が起こっている。
さらに，その技術が先進国に移転されるという可能性もある。後進国と先進
国との技術の共有によって両地域で産業が発展するという可能性もある。つ
まり，後進国の産業発展と多国籍企業の発展を可能にするには，先進国による
一方的な「技術支配」ではなく「技術共有」という考え方が重要になってくる。

　技術共有の第1段階は，多国籍企業が，これまで自社の利潤獲得に協力し
てきた後進国に積極的に適正技術を移転することである。第2段階は，後進
国と多国籍企業が技術を交流させることによって，双方が様々な環境適応能
力を養えるように，技術を共有することである。このような考え方に基づい
て，技術をオープンに共有することにより，将来にわたる後進国と多国籍企
業の協力的発展が可能になるのである。

(2) 雁行形態発展論と多国籍企業

　雁行モデルによる国際的な発展の伝播を肯定的にとらえ，海外直接投資の
重要性が以下のように強調されている。海外直接投資は，進出企業（多国籍企
業）が，資本だけでなく，生産技術，経営ノウハウ，経営者，技術者を含む
一切の経営資源，および必要な機械設備，原材料などすべての資本財・中間
財を一括してホスト国へ移転する。ホスト国は，生産に直接従事する労働力，

工場の敷地を供給すれば，多国籍企業の技術を活かして，発展することができる。そのうえ完成した製品の販路（現地販売，投資母国への逆輸入，および第三国への輸出）も多国籍企業が担うことになる。したがって海外直接投資は，後進国が，新しい工業を設立し，工業化をスタートさせるのに最も都合がよい方策だといえるのである[10]。アジア諸国と同様に日本も，欧米諸国からの輸入や直接投資によって経済的な発展を果たしたのである。

雁行形態の 1 つの共通的な意味は，後進産業国あるいは新興産業国の産業が，先進産業国の産業を摂取し，それを追跡しつつ成長発展する場合に一般に成立する発展法則を指すのである[11]。

日本の産業はヨーロッパやアメリカにおける工業の高度化を追跡し，その高度水準に達したのである[12]。日本にとっての先進産業国は，アメリカやヨーロッパ諸国であった。これらの国からの一般消費財や生産財の輸入を通じて，日本は産業発展を果たした。これらの輸入は，当然技術の移転を兼ねていた。

技術の移転によって，新たな産業が外来産業ではなく，定着した産業として根を下ろし，固有の産業として確立されたときが雁行モデルの完結である[13]。ここでいう産業が定着するということは，外来技術を日本の技術革新上の基盤として摂取し，技術的に先進産業国（つまりアメリカやヨーロッパ諸国）から自立した産業発展を確立することである。

第 4 節 ｜ 海外直接投資の現状と課題

(1) ウクライナ危機の影響を受けた国際資本移動

本項では，ジェトロ世界貿易投資白書 2023 年版にもとづいて，世界の直接投資の動向を概観してみよう[14]。

2022 年の世界の対内直接投資は前年比 12.4 ％減の 1 兆 2,947 億ドルとなり，再び下降局面にシフトした。投資の下降には，ウクライナ紛争や食品・エネルギー価格の高騰，金融不安，低・中所得国の過剰債務など，世界規模でのさまざまな危機の連鎖が背景にある。2020 年後半以降の先進国を中心とする

力強い投資の回復局面が，2022年に入って一転した。2022年に世界の対内直接投資が減少したのは，主にEUおよび米国を中心とする先進国や地域の対内直接投資額が36.7％減の3,783億ドルへと大幅減となったことに起因する。EUの対内直接投資はルクセンブルクから電気通信分野の多国籍企業が大規模な資本撤退を行ったことが影響し，引き揚げ超過に転じた。また，米国向け直接投資の減少は，直接投資の多くを占めるM＆A実行額が半減したことに起因する。一方，新興国・開発途上国向けの投資は，4.0％増（9,164億ドル）と先進国・地域向けと比較すると堅調に推移しており，世界の対内直接投資に占める構成比は前年の59.6％から70.8％へと拡大した。

2023年に入って以降，世界の直接投資の減少傾向はより鮮明に現れている。今後の見通しについて，UNCTAD[15]は，世界の対内直接投資は2023年も下振れ傾向が続くと予測している。ウクライナ紛争による物価の上昇など，2022年の投資に影響を与えたマイナス要因は一部で改善がみられるが，地政学的な緊張関係が依然として先行きの不確実性を高めており，投資家にリスク回避的な傾向がみられると指摘している。また，先進国・地域で生じた金融部門の混乱や，低・中所得国が抱える債務リスクも投資家の資金調達環境を一段と悪化させている[16]。

2022年の日本の対外直接投資は1,756億ドルとなり，前年から16.4％減となった（図表3-1）。対外M＆Aやグリーンフィールド投資などが含まれる「株式資本」は571億ドル（前年比37.0％減），日本企業の海外子会社の内部留保等にあたる「収益の再投資」は998億ドルと前年から3.7％減少した。一方，日本企業と海外子会社・関連会社間の資金貸借や債券の取得処分等を示す「負債性資本」は186億ドル（19.9％増）と前年を上回った。2022年は円安が急激に進んだということもあり，円ベースの対外直接投資は23兆24億円（0.8％増）と微増となった。

主要地域別では，北米向け投資が24.6％減の637億ドルとなり，うち米国は610億ドル（26.4％減）であった。米国向けでは，ソニーグループがゲーム

図表 3-1 日本の国・地域別対外直接投資

（100万ドル，%）

	2021 年	2022 年	伸び率	2023 年 1 ～ 5 月 (P)	伸び率
アジア	63,949	41,976	△ 34.4	15,927	△ 3.1
中国	12,285	9,185	△ 25.2	3,423	△ 5.4
ASEAN	35,869	21,407	△ 40.3	8,296	16.7
シンガポール	20,512	5,775	△ 71.8	3,389	164.1
タイ	4,344	6,242	43.7	1,683	0.3
インド	3,658	3,139	△ 14.2	1,238	△ 29.3
北米	84,434	63,659	△ 24.6	14,441	△ 40.3
米国	82,874	61,025	△ 26.4	13,635	△ 40.7
中南米	10,814	14,201	31.3	5,332	△ 2.6
大洋州	7,710	11,358	47.3	4,415	△ 14.9
欧州	41,084	42,052	2.4	19,896	53.3
ドイツ	7,475	5,050	△ 32.4	2,271	4.8
英国	17,474	7,263	△ 58.4	4,146	123.8
スイス	3,358	5,021	49.5	1,767	13.5
世界	209,891	175,557	△ 16.4	61,601	△ 6.2

出所）日本貿易振興機構（2023）『ジェトロ世界貿易投資白書 2023』：43

開発会社に積極的な投資を行っている。2022 年 6 月にはエピックゲームズに 10 億ドルを出資した。

　欧州向け投資は 421 億ドルと前年から 2.4 ％増加した。主要国別では，オランダが 76 億ドル（前年の約 4 倍），英国が 73 億ドル（58.4 ％減），ドイツが 51 億ドル（32.4 ％減）となった。オランダは前年に引き揚げ超過により低水準にとどまったための反動増，一方，英国は前年に 200 億ドル近い高水準であったための反動減とみられる。ドイツ向けでは，日東電工が英製紙大手モンディから紙おむつ材料などパーソナルケア事業を手掛ける子会社 4 社（ドイツ 2 社，中国 1 社，米国 1 社）の全株式を取得した。

　アジア向け投資は 420 億ドルと前年から 34.4 ％減少した。中国が 92 億ドル（25.2 ％減），ASEAN が 214 億ドル（40.3 ％減），インドが 31 億ドル（14.2 ％減）

であった。対中投資はゼロコロナ政策に伴う経済活動の減速もあり，低調な動きとなった。ASEAN向け投資の減少は，主にシンガポールの急減（58億ドル，71.8％減）による。前年は日本ペイントホールディングスとシンガポールの塗料メーカー大手のウットラムグループとの事業統合関連の大型案件により投資は増えたが，2022年は反動減となった。他方，ASEANでは，タイ向け投資が62億ドルと前年から43.7％増となり，この投資額は2018年（68億ドル）に次ぐ高水準となった。[17]

(2) エネルギープロジェクトへの投資拡大と環境への配慮

世界全体で発表されたグリーン水素製造に関わるFDI（直接投資）は189件，そのうち10億ドル以上のメガFDIが44件となった。なかでも100億ドル超のFDIプロジェクトが7件にのぼる（図表3-2）。受け入れ国別では，2022年11月の国連気候変動枠組条約第27回締約国会議（COP27）の開催国となったエジプトでのプロジェクトが最多となった。同期間に発表された水素製造関連FDI上位20件のうちの10件はエジプトで実施される計画である。

そのほか，エネルギー関連では，石炭，石油，ガス関連のメガFDIプロジェクトが，2021年の4件から2022年には21件に増加した。ロシアのウクライナ侵攻に伴うエネルギー供給危機，およびエネルギー価格の高騰により，再生エネルギーに加え，石油や石炭，ガスなどの化石燃料によるエネルギー開発ニーズも再燃したことが背景にある。そのほか，電子部品（電池製造を含む），金属，自動車（電気自動車を含む），および半導体に関連した投資がメガFDIプロジェクトの3分の1近くを占めた。[18]

これまで，先進国の多国籍企業は，アジアや南米の，あるいはアフリカといった開発途上国への直接投資を通じて，被投資国への影響力を高めてきた。その究極的な影響力は経済発展を促すことであった。その反面，経済は発展したが，地域環境は悪化しているという現実がある。大気汚染によって人々の健康が害されているという中国での実態は，経済の更なる発展とは表裏一

図表 3-2　2022 年以降の水素製造に関する 100 億ドル超の対外投資計画

投資企業	発表年月	投資先	投資額	プロジェクト概要
インフィニティ・パワー（UAE）	2023 年 3 月	モーリタニア	340 億ドル	ヌアクショット近郊におけるグリーン水素プロジェクト開発のため，モーリタニア政府と覚書を締結。年間最大 800 万トンのグリーン水素，関連製品の生産能力，最大 10GW の電解槽能力を持つ予定。フェーズ 1 は 2028 年までの稼働を予定。
POSCO（韓国）	2022 年 12 月	オーストラリア	280 億ドル	ポスコグループ CEO はキャンベラにおける豪州首相との面談の中で，2040 年までにオーストラリアでグリーン水素製造に 280 億ドルを投資する計画を発表。
ACME グループ（インド）	2022 年 8 月	エジプト	130 億ドル	スエズ運河経済特区内にグリーン水素プラントを建設する計画を発表。年間 22 億トンのグリーン水素を生産する予定。同経済特区局（SCZONE），エジプト新・再生可能エネルギー庁（NREA），および関連企業と覚書を締結。
グローブレック（英国）	2022 年 8 月	エジプト	110 億ドル	スエズ運河経済特区内に 3.6GW，年間 200 万トンの生産能力を有する水素製造ハブを建設する計画を発表。同経済特区局（SCZONE），エジプト新・再生可能エネルギー庁（NREA），および関連企業と覚書を締結。
LEAG（チェコ）	2022 年 9 月	ドイツ	108 億ドル	2030 年までにグリーン水素を中心とするドイツ最大の再生可能エネルギーセンターを建設する計画を発表。出力 7GW で，400 万世帯への電力供給を見込む。
トタル・エレン（ルクセングルク）	2022 年 2 月	モロッコ	103 億ドル	ゲルミン＝オウィド・ノウン地方で 10GW の電力供給能力を有するグリーン水素，グリーンアンモニア生産計画を発表。プラントは，2025 年の着工，2027 年の生産開始を予定。
FFI（豪州）	2022 年 5 月	エジプト	100 億ドル	2030 年まで最大 100 億ドル規模の水素プロジェクトを稼働させる計画を発表。同プロジェクトに対し，5 億～6 億 3,000 万ドル規模の補助金を受給する見込み。

出所）日本貿易振興機構（2023）『ジェトロ世界貿易投資白書 2023』：6

体の現象である。多国籍企業の直接投資は，多様な国や地域で生産拠点や販売拠点をつくり，現地の人々の生活や雇用を改善してきた。これからさらに多国籍企業に求められることは，表裏の裏の側面，つまり経済発展の裏側における地域への影響度をより良くしていくことである。

　現代国家の多くは，地球環境の重要性を認識し，経済開発の基本的な軌道を，環境保全型開発戦略へと転換し，一方，多くの多国籍企業は，環境調和行動を起動させ，それを競争戦略へと組み込んでいる。現代の多くの国家は，技術的優位性を有する多国籍企業に，環境経営の開拓者としての役割を期待

している[19]。環境の悪化は資金ですぐに改善できるモノではない。形あるモノの量的満足による豊かさが充足された後，人々の価値観はマテリアリズムからポストマテリアリズムへ移行しつつある。つまり，モノへの欲望には，案外，低目の限界があり，その限界が達成されてしまうと，人間は形あるモノとは無縁な，あるいは，お金で買うことの出来ない価値を求めるようになるのである[20]。

　形あるモノへの欲望を失いつつある人々に対して，多国籍企業はそれぞれのニーズに対応した多様で高度な製品を創出して，需要を掘り起こす必要がある。市場成熟化によるニーズの多様化と高度化は，国内での閉鎖的な経営資源だけでは対応できない状況をつくりだした。そして，多国籍企業は，多様で高度なニーズに対応するため水素やエネルギー開発という分野で海外への直接投資を展開していくようになった。

　多国籍企業の技術的介入により，自然が危機的なまでに傷つく可能性がある。技術の介入は，たとえ近接する目的のために企てられる場合でも，空間的時間的に大きな広がりを持つ因果系列を引き起こし，これが，身近さや同時性という垣根を押し流してしまうのである[21]。一定地域で行われている技術介入による影響は，将来そして地球的規模で拡大する。人間はその影響力を完全には予測できない。多国籍企業のパワーが，我々の予見する力や価値判断の力を超えてしまったために，その影響力は過度に大きくなったのである。技術介入の過程が多様な側面をもっていることを考慮に入れて，多国籍企業が責任をもって海外直接投資を管理していかなければならないのである。

注)
1)　Sweezy, P. M. & H. Magdoff（1972 = 1978）*The Daynamics of U. S. Capitalism*, Monthly Review Press.（岸本重陳訳『アメリカ資本主義の動態』岩波書店：130）。
2)　同邦訳書：148。
3)　松浦寿幸（2015）『海外直接投資の理論・実証研究の新潮流』三菱経済研究

所：1。

4)　Jones, G. (1995 = 1998) *The Evolution of International Business: An Introduction*, International Thomson Business Press.（桑原哲也・安室憲一・川辺信雄・榎本悟・梅野巨利訳『国際ビジネスの進化』有斐閣：19, 114）。

5)　プランテーションとは欧米諸国の植民地であった国々が，宗主国（植民地支配をしていた国）に輸出することを目的とした作物を栽培する為に開発された大規模農園である。お茶，コーヒー，カカオ，バナナ，サトウキビ，天然ゴムなどが主な作物である。

6)　Vernon, R. (1971 = 1973) *Sovereignty at Bay*, Basic Books.（霍見芳浩訳『多国籍企業の新展開』ダイヤモンド社：75）。

7)　同邦訳書：76。

8)　同邦訳書：79。

9)　赤松要 (1956)「わが國産業發展の雁行形態―機械器具工業について―」『一橋論叢』36 (5)：68-69。

10)　小島清 (1998)「東アジアの雁行型経済発展―成功と再構成―」『世界経済評論』519：14。

11)　赤松要 (1972)「世界経済の異質化と同質化」小島清・松永嘉夫編著『世界経済と貿易政策』ダイヤモンド社：68。

12)　赤松要 (1974)『金廃貨と国際経済』東洋経済新報社：173。

13)　赤松要 (1972) 前掲論文：70。

14)　日本貿易振興機構 (2023)『ジェトロ世界貿易投資白書2023』：1-2。

15)　United Nations Conference on Trade and Development（国際貿易開発会議）の略称。UNCTAD は開発と貿易，資金，技術，投資及び持続可能な開発の分野における相互に関連する問題を統合して取り扱うための国連の中心的な場である。その目的は途上国の貿易，投資，開発の機会を最大化し，グローバリゼーションから生じる問題に直面する途上国を支援し，対等な立場で世界経済へ統合すること。

16)　日本貿易振興機構 (2023)，同上書：21。

17)　日本の対外直接投資の状況は，同上書：42を参照した。

18)　同上書：6。

19)　豊田隆 (2001)『アグリビジネスの国際開発―農産物貿易と多国籍企業―』農山漁村文化協会：55。

20)　佐和隆光 (2000)『市場主義の終焉』岩波新書：82。

21)　Hans Jonas (1979 = 2000) *Das Prinzip Verantwortung: Versuch einer Ethik für die technologische Zivilisation*, Neuauflage als Suhrkamp Taschenbuch.（加藤尚武監訳『責任という原理：科学技術文明のための倫理学の試み』東信堂：15）。

多国籍企業の集権化と分権化—本社機能と地域統括会社

第1節 | 多国籍企業とは

(1) 多国籍企業の特徴

　外務省の「OECD 責任ある企業行動に関する多国籍企業行動指針　日本語仮訳」の資料によると多国籍企業の厳密な定義は，行動指針においては必要とされないとしつつも，こうした多国籍企業は経済の全ての分野で事業活動を行っているとし，「多国籍企業は，通常，複数の国に設立された会社又はその他の事業体から成り，様々な形で事業活動を連携できるよう結び付いている。或る企業集団において，一つ又は複数の事業体が他の事業体の活動に対し大きな影響力を行使し得る場合があるが，企業集団内の事業体の自律性の程度は，多国籍企業毎に大きく異なり得る」としている。また，所有形態については，民有，国有，又はその混合が考えられる。行動指針は，多国籍企業内の全ての事業体 (親会社及び／又は現地事業体) を対象とするとされている。

　一方において，「OECD 多国籍企業行動指針 (行動指針)」は，多国籍企業に対して政府が行う勧告である。行動指針は，これらの企業の活動と政府の政策との間の調和の確保，企業と企業が活動する社会との間の相互信頼の基礎の強化，外国投資環境の改善の支援，及び多国籍企業による持続可能な開発への貢献の強化を目的としている。行動指針は OECD 国際投資及び多国籍企業に関する宣言の一部である。この宣言は，行動指針の他に，内国民待遇，企業に関する相反する要求，国際投資促進要因及び抑制要因に関する内容をその構成要素とする。行動指針は，適用可能な法律及び国際的に認めら

れた基準と合致した，責任ある企業行動のための自発的な原則及び基準を提供している。

(2) 特定多国籍企業

特定多国籍企業とは，「特定多国籍企業による研究開発事業等の促進に関する特別措置法」第二条の定義によると，以下の各号のいずれにも該当する法人をいう。

一　法人の本店又は主たる事務所が所在する国又は地域（以下この号及び第四項において「国等」という。）以外の国等に当該法人の子法人等（当該法人がその総株主等の議決権（総株主又は総出資者の議決権をいう。以下同じ。）の過半数を保有していることその他の当該法人と密接な関係を有する法人として主務省令で定める法人をいう。）を設立している法人であって，国際的規模で事業活動を行っていると認められるものとして主務省令で定める法人

二　高度な知識又は技術を有すると認められるものとして主務省令で定める法人

を指す。特定多国籍企業は，国際的規模で事業活動を行っていると認められ，なおかつ，高度な知識又は技術を有すると認められ，主務省令で定められた法人である。よって，特定多国籍企業は，多国籍企業より上位概念といえる。

第2節 ┃ 多国籍企業における本国本社と海外子会社

(1) 多国籍企業の組織体制

成澤（2010）によると，Barlett & Ghoshal（1989）は，従来の多国籍企業を，以下の3タイプに分類した。

① 情報，資源，権限を各国子会社に分散する「マルチナショナル型」

② 情報，資源，権限を本社に集中させる「グローバル型」

③ コアの能力は本社に集中させ，子会社はそれを現地のニーズに合わせて

適合させる「インターナショナル型」

さらには，第 4 のモデルとして「トランスナショナル型」を提唱したとまとめている。「トランスナショナル型」では，本社と国ごとに役割と組織構造が分化した子会社が，柔軟なネットワーク組織を構成する。そこでは，各国の能力を活用し，世界的に結合させる「世界的学習能力」が競争優位を形成するとしている。

(2) 多国籍企業及び社会政策に関する原則の三者宣言

この多国籍企業及び社会政策に関する原則の三者宣言（多国籍企業宣言）に規定された原則は，雇用，訓練，労働条件・生活条件，労使関係等の分野に関し，多国籍企業，政府，使用者団体及び労働者団体に対してガイドラインを提供している。

また，社会・経済のグローバル化の過程において多国籍企業が顕著な役割を継続して果たしている今日，多国籍企業宣言の諸原則の適用は，対外直接投資及び貿易並びにグローバルサプライチェーンの使用の文脈において重要かつ必要である。関係者は，宣言が掲げる原則を，多国籍企業の活動とガバナンスが社会・労働分野においてもたらすプラスの効果，すべての人にディーセント・ワークを保障するという，持続可能な開発のための2030アジェンダに掲げられた普遍的な目標を促進するためのガイドラインとして使う機会が与えられることになるとしている。

多国籍企業は，ほとんどの国の経済及び国際経済関係において重要な役割を果たしている。この役割に関しては，使用者及び労働者ならびにそれらの団体のみならず，政府の関心もますます増大している。このような企業は，国際的な直接投資，貿易やその他の手段を通じて，資本，技術及び労働のより効率的な活用に寄与することにより，その本国及び受入国に多大な利益をもたらすことができる。また，これらの企業は，政府によって設定された持続可能な開発政策の枠内において，経済的・社会的福祉の増進，生活水準の改

善及び基本的ニーズの充足，直接及び間接の雇用機会の創出，世界中での結社の自由を含む人権の享有に対して重要な寄与をなしうる。他方，多国籍企業の国家の枠組みを超えた活動編成の進展は，経済力の集中の濫用並びに国の政策目標及び労働者の利益との衝突をもたらす可能性がある。加えて，多国籍企業の複雑性，並びにその多様な構造，活動及び方針を明確に認識することの困難性は，ときとして，本国，受入国またはその双方に懸念を生じさせる。

(3) 本国本社と海外子会社の関係性

　銭 (2011) によると，多国籍企業の優位性は，本国本社が持つ経営資源だけでなく，世界各地に分散している海外子会社を通じて海外の多様な経営資源を活用することができる点にあると指摘しており，また，本国本社主導の国際経営を特徴とする日本の多国籍企業は，このような多国籍企業本来の優位性を発揮できていないと指摘している。また，一方で曺 (2009) は，日本多国籍企業のさらなる発展のためには，このような本国主義から脱却し海外子会社をより積極的に活用すべきであると指摘している。銭 (2011) は，近年，日本国内市場や欧米市場とは異質な新興国市場の台頭によって，本国本社だけでの対応はますます困難となり，海外子会社の役割がますます重要になってきているとし，日本の多国籍企業が本当に本国本社の優位性だけで国際経営を営んできたことの反映なのであろうか，本当に日本企業の海外子会社は全社的な優位性に全く貢献していなかったのであろうか，そもそも海外子会社の貢献とはどのようなものなのであろうか，ということに注目している。

　また，吉原・林・安室 (1988) は，日本多国籍企業の特徴が「日本中心のワンウェー・モデル」にあるとし，具体的には，

① 日本本社から海外子会社への一方向的な経営資源の移転
② 本国本社でなされた意志決定に従うだけの忠実な実行者としての役割しか果たさない海外子会社

③ 現地人を活用できず本国本社から派遣された日本人中心の経営が行われ
　る海外子会社

④「日本中心」の放射線状の本社 − 海外子会社関係

の以上，4 点をあげている。

　さらには，日本の多国籍企業が多国籍企業としての本来の強みを十分に発揮するためには，海外子会社から本社への逆移転，現地人の積極的な活用，など多国籍企業にふさわしい新しい発想に転換しなければならないとも指摘している。

　吉原（1989）は，日本多国籍企業における海外子会社への課題が，日本人による日本の親会社のための経営から，現地人による自主経営に転換することであると指摘している。その際に次の 3 点が重要であるとしている。

① 現地人社長を起用すること

② 現地人の管理者を活性化すること

③ 開発に際して現地化すること

　これら 3 点については，それぞれ独立的なものではなく，相互補完・相互補強的な関係にあるとも指摘している。

　越後（2005）は，親会社と海外子会社との関係について，以下のように示している。[1] レディング学派は，内部市場をいわば理想的な外部市場といえるものとみなし，親会社と海外子会社とは，互いに自律性をもつ水平的関係にあると考えている。一方で，前述してきたように内部化市場のさらなる工夫として，M フォームの有効性を指摘する取引費用学派は，海外子会社を企業活動の地域的拡大により設立された階層構造内の一組織とみなしている。つまりトップダウン型の階層構造内に海外子会社を配置し，内部取引が行われるシステムを考えている。こうした違いから，取引コスト学派は「ヒエラルキー（hierarchy）」，レディング学派は「ホラーキー（holarchy）」と，企業組織をそれぞれみている。

　さらに，なぜ両者の理論の前提にはこうした，くい違いが生じるのであろ

うか。一方において，本社と海外子会社との関係は一様ではなく，形態変化がみられる。たとえば一商品接近法によれば，製品の成熟化に伴い，競争力の源泉はＲ＆Ｄ力からマーケティング力へと変化するため，現地主導型の組織となることが効果的となる。また，一企業接近法では，経営者の海外事業管理経験が不十分な初期段階では，適切な海外経営の統御システムを確立できないため，現地子会社への派遣者に全権を与えることが適当となるが，やがて本社が中心的役割を担うようになる。そして一産業接近法にしたがえば，様々な市場で異なるニーズを満たさねばならなくなりながらも，国際的な競争の展開が進むにつれ，企業は中央で計画し，調整する組織体形をとるようになる。

第３節 | 多国籍企業の集権的組織構造と本社機能

(1) 多国籍企業の特性

　図表4-1は，伝統的な企業とトランスナショナル企業の組織的特性を対比したものである[2]。多国籍企業は，成澤 (2010) が分類した3タイプを基に図表4-1の比較でみると，組織力の配分を考えた場合，分権化，さらには，その国別の事情に合わせた自主性がとられている。また，海外子会社の役割としては，海外現地の機会を敏感に利用している。知識の開発と普及については，現地子会社によって開発され，その知識を保有している。

　また，図表4-2は，米欧日の多国籍企業の性格を比較したもので，3類型の特徴や経営者の志向，戦略，組織構造，管理スタイル，資源の移転をまとめたものである[3]。

(2) トランスナショナル企業の特性

　バートレット＝ゴーシャルは，伝統的な企業とトランスナショナル企業の組織的特性を次のように類型化している。

　(1) グローバル組織＝中枢部の中央集中型 (Centralized Hub)

図表4-1　多国籍企業，グローバル企業，国際的企業，トランスナショナル
　　　　企業の組織の特性

組織の特性	多国籍企業	グローバル企業	国際的企業	トランスナショナル企業
組織力の配分	分権化，国別の自主性	集権化，グローバルな規模	権力の中枢部は集権化，他は分権化	分散化，相互依存，専門化
海外子会社の役割	現地機会の敏感な利用	親会社の戦略の履行	親会社の権力への適合とその利用	世界的統合ネットワークに対する国別役割の分化
知識の開発と普及	子会社別開発・保有	中央で開発・保有	中央で開発，海外子会社へ移転	共同開発，世界的共有

出所）Bartlett and Ghoshal（1989：65）

（2）多国籍組織＝分権的連合体（Decentralized Federation）

（3）国際的組織＝調整型連合体（Coordinated Federations）

（4）トランスナショナル組織＝統合ネットワーク（Integrated Network）

　彼らによれば，伝統的な企業組織は，「効率」か「適応性」か「学習能力」かのいずれか一つの戦略的課題を追及する一元的な組織的特性からなり，これら三つを同時的に達成する組織としてはいずれも限界があるとしている。[4]

　さらには，組織力の分散によって，

①　多様な市場ニーズ，技術トレンド，競争活動を感じとる能力を育成できる。

②　各国の労働力や原料費などの要素費用の違いを利用できる。

③　各国の政治的および経済的リスクに対応できる。[5]

第4節　海外子会社と地域統括会社

（1）海外子会社とは

　関下（2004）によると，多国籍企業の存立にとって，海外子会社のもつ位置と役割は死活的に重要である。また，海外子会社なくしては，多国籍企業とはなり得ないばかりでなく，それを通じたグローバル化の過程が日常的に多

図表4-2　米欧日の多国籍企業の性格比較

	米国	欧州	日本
Bartlett ＝ Ghoshal による表現	インターナショナル企業	マルチナショナル企業	グローバル企業
戦略・組織形態にかんするその他の表現	・マルチ・ナショナル戦略 ・調整型連合形態	・マルチ・ドメスティック戦略 ・市場セグメンテーション戦略 ・分権分散型連合組織 ・マザー・ドーター組織	・グローバル・サプライ戦略 ・本社調整型組織
特徴	世界市場を画一的なものとみなし，世界的標準製品を大量生産・大量販売。プロダクト・ライフサイクルを効率的・柔軟に管理することを重視する。	世界各国の環境条件の違いを重視し，それに敏感に対応（各国のニーズにきめ細かく対応）する。	世界市場を統合されたものとみなし，国内で開発した製品を海外市場へ輸出し，その延長線上で海外生産を行う。グローバル規模の経営でコスト優位性を追求する。
経営者の志向	グローバル	現地	本国
戦略	グローバル	現地化	輸出
組織構造	ヒエラルキー（能力の中核部は中央に集中され，他は分散させる）	分散，自律。グローバルベースでの各国間での協働意識が希薄。親会社は各国子会社を自由裁量権が与えられたほぼ独立した組織として扱う。各組織単位内で知識を開発して保有する。	ヒエラルキー
管理スタイル	集権（日本的性格と欧州的性格の中間）	分権（人的交流や財務関連を中心とした緩やかな関係）	集権
資源の移転	親会社から海外子会社へ	ほとんどなし	親会社から海外子会社へ

出所）越後（2005：18-19）

国籍企業の発展を支えているからでもあり，またその展開度合が多国籍度（トランスナショナリティ）を測る格好の指標にもなっていると指摘している。

　また，アメリカ以外の国を本社所在国とする多国籍企業の在米子会社の型を以下のように分類している。

　① 生産加工基地型

　② 商業中継基地型

　③ グローバルネットワーク型

　④ 逆輸入型（貿易摩擦対応型ないしは政治環境配慮型）

　⑤ 販売拠点型

　⑥ 原料・食糧輸出基地型

の6類型としている。

　ジャリロら（1990）は，図表4-3のように，本社や他の子会社とかかわるレベルである「統合度」と，R&D，購入，製造，マーケティングなどを子会社独自で行うレベルである「現地化度」の2つの視点から海外子会社を分類している。受容的子会社は，独自で知識を製造せず，親会社からそれを受け入れる一方の，いわば伝統的な形態の子会社であり，他方，自律的子会社では，独自の製造が行われ，親会社や他の子会社との間で知識の移転は行われない[6]。

　こうした親子間関係における知識フローをより把握しやすくしたのが図表4-4である。

(2) 地域統括会社とは

　藤野（2002）によると，地域統括会社の定義は，「海外事業の展開で増加した海外現地法人を効率的に管理・運営するために，また米国，欧州などの地域市場に対応するために，地域を単位として設立される組織」としている。しかし，地域統括会社は海外における製品多角化度の高低によって，あるいは親会社が製品別事業部制を採用しているかどうかによってその実質的な役割が大きく異なることが考えられる。

図表 4-3　海外子会社の位置づけ

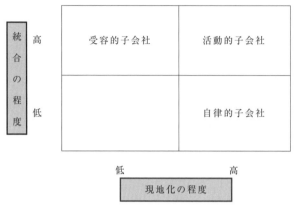

		低	高
統合の程度	高	受容的子会社	活動的子会社
	低		自律的子会社

現地化の程度

出所）Jarillo and Martnez（1990：503）

図表 4-4　海外子会社における知識（経営資源）のイン・フローとアウト・フロー

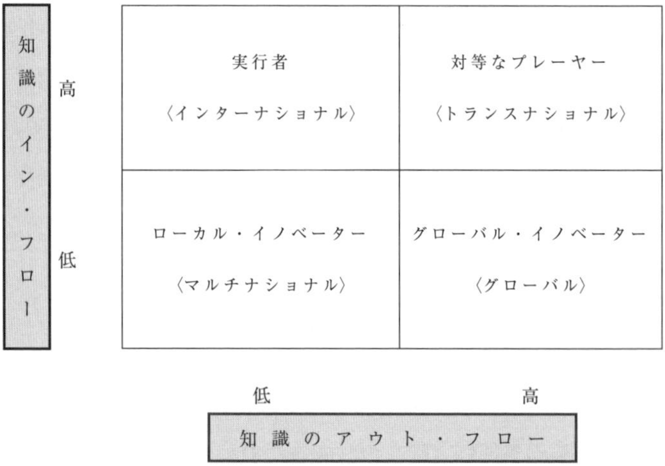

		低	高
知識のイン・フロー	高	実行者〈インターナショナル〉	対等なプレーヤー〈トランスナショナル〉
	低	ローカル・イノベーター〈マルチナショナル〉	グローバル・イノベーター〈グローバル〉

知識のアウト・フロー

出所）越後（2005：30）

　また，平賀 (2007) は，一企業のトヨタ自動車の海外展開の中における地域統括会社の役割について紹介している。さらに，平賀 (前掲書) は，地域統括本社についてもまとめている。

　安室 (1992) によると，地域統括本社の設立は，第 2 次世界大戦以後の出来事であり，特に欧州では EEC 創設が地域統括会社の設立の引き金になり，1960 年代後半から 70 年代にかけて米国多国籍企業において地域統括本社設立のブームがあった。

　また，森 (2003) は，その地域統括本社はわずかな期間を経て，ほとんどが縮小，撤退していったと指摘している。その理由として Parks (1969) は，6 つの要因を挙げている。

① 収益の低下：米国の課税制度の変更，欧州本社の維持費の増大，米国人の派遣コストの増大などによる統括会社の収益の低下が見られた。

② 地域本社の必要性の低下：地域本社の使命を達成したことによる発展的解消であった。

③ 本社の志向性の変化：米国本社の社長交代による方針転換が行われた。

④ 親密なコミュニケーション：本社トップが欧州担当者を本社に近いところへ配置することを希望した。

⑤ 貧困な実行：アメリカ本社での意思決定が優先され，欧州本社の存在意義が低下した。

⑥ 組織哲学：本社と海外子会社の間に地域本社が入ることによる 3 層構造の運営の難しさがあった。

　また，安室 (1992) によれば，最初から米系多国籍企業による地域統括本社には基本的な欠点があった。つまり地域統括本社の導入により水平的なコスト (統合の利益) は節約されるが，垂直的なコスト (一般管理費) が増加したということが言えるのではないか。

注)
1) 越後修 (2005)「内部化理論の整理と統合─戦略的提携論の構築へむけた予備的分析 (Ⅱ) ─」『季刊北海学園大学経済論集』53 (1)：17。
2) 米倉穣 (1990)「多国籍企業の国際経営戦略の展開と組織の適応」：319。
3) 越後，前掲書：18-19。
4) 米倉，前掲書：318。
5) 米倉，前掲書：318。
6) 越後，前掲書：29。

◆引用・参考文献

安室憲一 (1992)『グローバル経営論』千倉書房

安保哲夫 (1994)「日本的経営・生産システムとアメリカ』ミネルヴァ書房

越後修 (2005)「内部化理論の整理と統合─戦略的提携論の構築へむけた予備的分析 (Ⅱ) ─」『北海学園大学経済論集』53 (1)：17-72

外務省 (2023)「OECD 責任ある企業行動に関する多国籍企業行動指針　日本語仮訳」

関下稔 (1997)「在米外国子会社の貿易活動 (2) ─Foreign Direct Investment in the U. S. 1992 の分析をもとにして─」『立命館国際研究』10 (1)

関下稔 (2004a)「現代多国籍企業の組織構造の考察─多国籍企業の海外子会社とは何か (3) ─」『立命館国際研究』16 (3)：69-93

関下稔 (2004b)「多国籍企業の海外子会社に関する原理的考察」『立命館国際研究』17-2

銭佑錫 (2011)「日本多国籍企業の海外子会社におけるイノベーションの創出─「創造型」海外子会社の可能性─」『中京経営研究』20 (1・2)

「多国籍企業及び社会政策に関する原則の三者宣言」第 329 回国際労働事務局理事会 (ジュネーブ，2017 年 3 月) にて改訂

曹斗燮 (2009)「技術移転型から技術創造型へ─日韓多国籍企業の事例を踏まえた回顧と展望」国際ビジネス研究学会　第 16 回全国大会発表

成澤理香 (2010)「グローバル IT 人材育成の視点から見たタレント・マネジメントに関する考察」『経営情報学会　全国研究発表大会要旨集』2010f：D3-2

平賀英一 (2007)「トヨタ自動車の海外地域統括会社について」東海学園大学研究紀要『経済・経営学研究編』12：95-111

藤野哲也 (2002)「グローバル組織構造における〈製品軸－地域軸〉について─欧州地域統括会社の実態調査から─」『組織科学』35 (4)：81-93

森樹男 (2003)『日本企業の地域戦略と組織』文眞堂

吉原英樹 (1989)「海外子会社の自主経営と現地人パワー」『組織科学』23 (2)

吉原英樹・林吉郎・安室憲一（1988）『日本企業のグローバル経営』東洋経済新報社

Bartlett, C. A. and S. Ghoshal（1989）*Managing Across Boarders: The Transnational Solution*, Harvard Business School Press.

Jarillo, J. C. and J. I. Martnez（1990）"Different Poles for Subsidiaries: The Case of Multinational Corporations in Spain", *Strategic Management Journal*, 11(7): 501-512.

Parks, F. N.（1969）"Survival of the European Headquarters", *Harvard Business Review*, 47 (2).

第5章

多国籍企業のM＆A戦略─海外進出の手段としてのM＆A

　本章では，多国籍企業の海外進出戦略を段階的に整理し，そのなかでM＆A（Mergers & Acquisitions：合併買収）を通して行う場合の特徴について論じる。M＆Aによる海外市場への参入は，自社でゼロから行うよりも経営を軌道に乗せるまでの時間的なメリットが大きい。目的は多岐に渡るが，本章では，市場支配力を強化するための水平型M＆A，マルチブランド戦略のためのポートフォリオ型M＆A，イノベーションのための技術獲得型M＆Aに関して論じる。そして，具体的に日本企業のなかでM＆Aを積極的に活用して海外事業を成長させてきた日本たばこ産業株式会社（以下，JT）の戦略を紹介する。JTは，国内のたばこ市場の需要が低下しているため，世界シェアの拡大を目指して有名ブランドを買収した。近年では電子たばこ会社を買収し，新しい分野への進出も行っている。

第1節 ｜ 海外進出戦略におけるM＆A

（1）海外進出戦略の種類

　多国籍企業は，本国以外にも拠点をもって経営が行われるが，その海外進出方法との関連でM＆Aは論じられてきた。海外進出戦略は段階的に考えることができる。以下では，海外進出方式に関する代表的なルート（Root, 1982）の分類に基づいて整理する。

　海外での事業経験のない企業では，本国で輸出業務を行っている仲介業者（商社など）へ委託する間接輸出が選択される。間接輸出では，現地での販売などは他社に依存しているために，自社からの直接的なコントロールは行わ

れない。本格的に現地で販売していこうとも，きめ細かいサービスが行えないために不十分であるといえる。また，輸出業者に手数料を支払うため，最終販売金額が高くなることもある。

次の段階として，輸出量の増大や現地市場の状況を把握していくということを背景に，直接輸出が行われる。直接輸出では本国の仲介業者ではなく，進出国の代理店や流通業者が利用される。また，自社が独自に販路を開拓する場合や，海外に販売子会社を設立して，自社の製品を輸出する。自社が現地で経営を行うことによって，顧客ニーズを直接把握でき，市場環境の情報も収集することができる。ただし，自社の国内で生産したものを海外で販売するという輸出の形態をとっている。

海外進出戦略においては，輸出のほかに契約という形態もとられる。契約は現地国企業との間で株式所有は伴わない長期的な提携である。たとえば，技術供与（ライセンス使用）は自社の特許権・ノウハウなどの使用を現地国企業に許容し，その使用料を受け取る方式である。フランチャイズ供与は社名・商標・技術などを現地国企業が使用することを許容し，さらに経営全般やマーケティングにおけるノウハウも提供するような方式である。

そして，進出国市場において自社のコントロールを大きくし，国内の生産コストの増加や関税などを背景に，現地生産が行われる。実際に，多国籍企業では，労働コストの低い国で生産し，販売は先進国で行う場合や，最先端のニーズのある国で開発から販売までを行うなど，現地国の環境に合わせた展開が行われている。また，国によっては，研究開発を支援する制度があり，財務や税務上の優位性を与えるなど，企業の活動に寄与する環境を提供している。これは，多国籍企業の事業活動を世界中に分散させる要因にもなる。

(2) 海外進出国の選択

進出国自体が，その国の企業に優位性を与える環境を提供するグローバル・プラットフォームという概念がある（Porter, 1986）。この考え方に基づけば，

企業の活動は1ヵ国に集中させるよりも，比較優位性をもつ国々に活動を分散させた方が効果的である。また，本社のある国が必ずしもグローバル・プラットフォームである必要はなく，本社の役割は，各国に分散した拠点をコントロールする機能に転換している。研究開発は最先端のニーズがあるような国で行い，生産は労働コストの低い国で，販売は市場規模の大きい先進国で行うというように，各機能の分散によって，それぞれの優位性を築くことが可能となる。また，生産においても，1ヵ国では政治リスクなどの問題もあるために，数ヵ国に分散して設置することも考えられる。つまり，グローバル規模での事業や機能の配置と調整が課題となる。

　このように，進出国の選択は多国籍企業にとっては大きな課題となる。その選択の判断基準として以下のようなことがあげられる。生産面に関しては，安くて良質な労働力の存在が生産コストを下げるためには大きな要因となる。ただし，進出国の文化の違いについてはしっかりと認識する必要がある。従業員の働き方や考え方が自国と類似しているとも限らない。

　販売面に関しては，現地国の市場規模や購買力が大きく影響する。自国市場が成熟段階に達し，規模の拡大の見込みがないような場合は，売り上げを増やすために海外市場への拡大が検討される。今までは途上国だった国が，経済の成長によって国内需要が伸びているような状況も参入の機会となりうる。また，自社と取引関係にある顧客の海外進出によって促される場合がある。たとえば，エンジン部品を自動車メーカーに提供している企業が，自動車メーカーの海外進出に対応して，それに追随する形で海外進出を果たすことがある。さらに，国家情勢などの政治的リスクや規制の存在も考慮すべき点である。

　つまり，海外進出に際しては，その利点とともにリスクも同時に検討することが必要となり，1ヵ所に集中するよりも分散させた方がリスクの低下の面からも選好される。これは，企業が多国籍化していく理由でもある。

(3) 海外直接投資の所有政策

　海外直接投資は，その所有政策によって，完全所有子会社なのか合弁事業なのかに分類される。さらに，完全所有は投資方法によって新設と買収に分かれる。ここでは，それらの相違に関して整理する。

① 完全所有か合弁か

　完全所有とは，株式の所有比率が100％に近く，子会社として設立する形態である。海外の生産拠点などを自社が完全にコントロールできる権限をもち，経営資源の移転に関しても迅速な対応が可能となる。また，利益が出た場合でも自社のみが得ることができるので，分配の問題などを考えなくても良い。しかし，ほぼ全額を自社出資しているために，失敗した場合の損失は大きくなる。海外事業の場合には，国内とは異なる環境にあるために，消費者のニーズの変化のみならず，政治的な圧力なども大きく影響する。そのような場合，外資の企業ということで，バッシングの対象になる恐れもある。

　次に，合弁の形態である。合弁は，自社と現地国資本の企業が出資をし合って，新しい企業を設立することである。現地国についての知識が不足していたり，海外事業経験が浅い場合，また関税や規制があるような場合に行われる。単独出資に対して，投資額も低く抑えられ，失敗のリスクも分散することができる。しかし，出資企業間で双方が提供しあう経営資源をどのようにバランスをとるのか，合弁企業のトップをどちらの企業側から出すのか，利益があがった時の分配など，さまざまな調整が生じる。こうした調整コストが大きくなるような場合は，意思決定の遅れを招き，実質的な成果を生み出すには至らなくなる。

　直接投資をする場合に，完全所有なのか合弁なのかという選択に関しては，海外事業の経験とともに完全所有に近くなる傾向がある。進出当初は，進出国市場のニーズや慣行という独特な状況をしっかりとは理解できてはおらず，また経営を軌道に乗らせるまでの不確実性も存在する。そのために当初は出資額を低く抑えて失敗リスクを軽減し，経験とともに，出資額を引き上げた

り，自社コントロールを十分にできる体制にしていくことが行われる。また，自社の戦略だけではなく，進出国の外国企業に対する政策も合弁から完全所有への移行を促進することに大きく影響する。

② 新設かM＆Aか

次の基準は，完全所有の場合の方法として，新設（グリーンフィールド）かM＆A（とくに買収）かという選択である。新設は，ゼロから海外に新組織を設立することであり，新たに労働者を雇い，訓練することが必要となる。また，工場や販路を新たに形成するために，経営を軌道に乗せ，製品やサービスを市場に浸透させるまでには相当の時間が費やされる。一方で，本社からの優れた知識や技術などを初めから移転でき，経営の過程において現地の制度や慣行を学び，新たな知識を獲得して企業特有の優位性を創造することも可能である。

M＆Aの場合には，相手企業のもつ経営資源のすべてを取得できるために，短期間のうちに経営基盤を構築することができる。生産設備をもつ企業を買収すれば，現地生産化が実現できる。また，とくに現地国への参入障壁が高い場合は，流通網が充実している企業を買収することにより，現地での販売も可能となる。買収企業の優れた経営資源や能力を相手企業に移転し，さらには相手企業のそれらを吸収することもできる。

つまり，買収は企業のドメイン戦略と関連している（Haspeslagh & Jemison, 1991）。これは3つの視点から考えることができる。第1に，自社のドメインと同一のドメインをもつ海外企業を買収すれば，自社の事業領域の強化につながる。海外にある同じ業界の企業を買収することによって，市場支配力の強化とともに市場拡大も行うことができる。第2に，新しいドメインをもつ企業を買収することによってドメインの拡大を図る戦略である。異業種の企業を買収するようなケースが該当する。第3に，まずは買収をすることによって，新たなドメインを探索する戦略である。買収先企業を足掛かりにして，まだ開拓されていないドメインを見つけていくというものである。このように，

買収は自社のドメインの強化・拡大・探索を短期間でできるという利点がある。現地国で経営経験のない場合に，短期間のうちに経営を軌道に乗せるうえでは効果を発揮する。

第2節 ┃ 多国籍企業のM & A 戦略

(1) M & A 戦略の目的

　多国籍企業が海外進出にあたってM & A という方法を使う場合，市場拡大型と技術獲得型に大きく分類して考えることができる（中村，2003）。市場拡大型M & A は，海外に生産拠点や販売拠点の拡大を目的として，自社の市場支配力の強化を狙う水平型M & A としての特徴がある。また，ブランドが重要となる企業において，市場領域を拡大するためにマルチブランド戦略の一環として行い，ポートフォリオの視点からM & A を行う。そして，現地国企業の優れた経営資源の獲得を目的として，イノベーションを志向する技術獲得型M & A がある。

　① **市場支配力強化のための水平型M & A**（市場拡大型M & A）

　たとえば，鉄鋼業などの素材メーカーでは，調達や販売における規模の経済を目的に世界的な業界再編活動が起きた。つまり，業界で生き残るための水平型M & A が活発化した。インドの鉄鋼メーカーであるミッタルは各国の同業企業の買収を繰り返して世界最大規模の企業になった。

　また，金融業界では顧客の拡大を目的に，現地の金融機関の買収が行われる。金融業界では，多くの顧客を獲得するまでには，信用力を高め，顧客に密着した経営を展開していくことが課題となる。高い信用や評判を獲得するまでには長い年月を要し，そのための宣伝費用，実績などに多額のコストが費やされる。そこですでにある企業を買収することにより，短期間のうちに顧客基盤の拡大を目指すのである。

　② **マルチブランド戦略のためのポートフォリオ型M & A**（市場拡大型M & A）

　ファッション業界のようにブランドが大きく関係する業界ではブランド買

収が行われる。ブランドは，その価値を顧客に認知させ，プレステージイメージを構築するまでには長い時間と多額の広告宣伝費がかかる。さらに，特定のブランドは特定の顧客層をターゲットにしており，ひとつのブランドであらゆる層の顧客をターゲットにすることは非効率である。細分化された顧客ニーズに対応するように，ブランドも個性をもって独自の価値を形成している。

　そこで，複数のブランドをもって事業展開し，それぞれのブランド個性を生かしながら，その総合力でビジネスを展開する企業グループが登場している。これはマルチブランド戦略といわれ，それぞれのブランドは高い独立性をもち，ひとつのブランドが低迷しても他でカバーするというリスク分散の効果をもつ。このマルチブランド化の過程において，各ブランドをゼロから構築するのではなく，すでに有力なブランドを買収してグループを拡大することによって時間的なメリットを得ようとしている。たとえば，ブランド帝国を築いたといわれるルイ・ヴィトンで有名な LVMH（モエ・ヘネシー・ルイ・ヴィトン）グループは，複数の歴史のあるブランドの買収によってマルチブランド化を達成した。

③　イノベーションのための技術獲得型 M & A

　技術獲得型 M & A は，イノベーションのために技術力の強化を目指す製造業を中心に行われている。企業が競争優位を構築し，それを持続させるためには，他企業が模倣できない独自性の高い製品を常に開発して市場に投入する能力と，開発スピードの短期化が重要である。しかし，持続的に新しい技術・製品を短期間で開発することは，技術変革の激しい環境の中では困難である。そこで，外部に有望な技術や開発能力をもつ企業がある場合には，そうした企業を買収することによって，自社内部の研究・技術開発機能の代替とするのである。

　このタイプの M & A を行って急成長した企業のひとつにシスコシステムズがある。同社は 1984 年に設立された世界最大のネットワーク機器メーカーであり，2000 年 3 月に株式時価総額が世界トップに達した企業である。製品

単体の販売だけではなく，ネットワークの端から端までのソリューションを提供することを目的に，独創的なハイテク技術を有するベンチャー系企業の買収を積極的に行って急成長を遂げた。自社に不足している製品・技術を補完し，中核事業を強化するために，有望な技術をもつ企業を人材とともに買収するのである。この買収の形態は，製品開発戦略の代替的戦略であり，A & D（Acquisition & Development：買収開発）戦略といわれる。

(2) 多国籍企業のM & Aの課題

　グローバルに展開している企業がさらなる多国籍化を進めるうえで，M & A には進出時間の短縮が期待できるという利点がある。つまり，自社で新たに現地国に拠点を作るよりも，すでに経営が行われている企業を取得するので，そのマネジメント次第では大きな成果を生むことにつながる。そこで考えるべき点として，どこの国のどの企業を買収するのかということが課題となる。国の選択においては，グローバル・プラットフォームの考え方がひとつの基準になろう。どこの国に進出した方が比較優位を得やすいのかということである。たとえば，アメリカのシリコンバレーのように，IT系の企業が集積し，また研究におけるネットワークが形成されている地域では，研究開発活動を行いやすい環境にあるといえよう。こうしたことは，地域産業論などの分野とも結びつく。生産においては，労働力の安価な国の方が，生産コストを下げることができるのでメリットがある。

　しかし，現在の企業が多国籍化していく状況は，比較優位の考え方だけでは解決できない。とくに，市場支配力の強化やイノベーションというような市場での生き残りや，より成長を目指すために海外市場へ進出していくことが不可欠になっている。そして，海外企業を買収することによって，目標達成スピードを速めることが可能となるのである。

　また，M & Aのデメリットについても検討する必要がある。プレM & Aの取引に伴うリスクとポストM & Aの統合におけるリスクの存在である。プ

レ M ＆ A 段階は，買収候補企業の選定が課題となる。同じ国の企業でも，相手企業の内部経営環境を把握するのは難しい。候補企業が競合企業に買収される不確実性を回避するために，買収交渉を焦り，高額な買収プレミアムを支払っているケースも多い。さらに，対象が海外企業になると，その国の商慣行，政治リスク，文化リスクも考慮する必要がある。

ポスト M ＆ A に関しては，シナジーを創出していく段階であり，人を中心とした経営資源の融合が行われる。海外企業の場合には，この "人" の統合に難しさがある。企業間で組織文化の違いがあるのは当然であるが，それに加えて，その国固有のコーポレート・ガバナンスに対する規制や言語・文化・考え方の違いが顕著になる。買収企業にとっては，まさに異文化マネジメントが行えるのかどうかが課題になる。

第3節 │ 多国籍企業の M ＆ A 戦略の実際─ JT の事例

この節では，具体的に多国籍企業の M ＆ A の実際について紹介する。取り上げる企業は，JT である[1]。もともとは日本国内でたばこ販売を専業としていたが，民営化や国内たばこ市場の衰退などを背景に，海外に積極的な進出をし，多国籍化を成し遂げた企業である。本章では，同社の多国籍企業としての特徴と M ＆ A による海外進出の面に焦点を当てる。次章において，M ＆ A の戦略面だけではなく，M ＆ A に対する組織体制やマネジメントに関して考察する。

(1) 多国籍企業としての JT

JT の前身は旧日本専売公社であり，1985 年に民営化される。同年，中核のたばこ事業以外の新規事業を開発することを目的に事業開発本部が設立され，1990 年から医薬事業，食品などの事業部制を採用する。その後，食品・アグリ・医薬・不動産・エンジニアリングというような分野への多角化が進む。1990 年代後半から，国内の喫煙人口の成熟化を迎え，世界的にはフィ

リップモリス，ブリティッシュ・アメリカン・タバコの2社がM＆Aを活発に行い，市場寡占化が進行する。そうした環境のなかで生き残りを図り，上位2社に対抗できるグローバル企業を目指すために，事業の選択と集中が進み，たばこ事業，医薬事業，食品事業の3つの事業を柱とし，それ以外の事業は売却している。そして，3つの中核事業を強化するために，M＆Aを活用した成長戦略を行う。

1999年に当時の世界第3位のRJRナビスコの米国外たばこ事業（RJRI：RJR International）を9,400億円で買収する。その結果，JTは世界第3位のポジションを獲得し，20ヵ国100社以上の製造・販売拠点を獲得する。RJRIを基盤に，JTI（Japan Tobacco International）がJTの海外事業を担う組織として設立される。JTIの本社はスイスのジュネーブにあり，その後はJTIが主導して海外諸国への市場拡大を目指したM＆Aが積極的に行われる。同社が，多国籍企業であることを示すデータ（2014年3月）として，同社は70ヵ国で従業員を雇用し110以上の異なる国籍の従業員が在籍している。そして，製品は世界26ヵ国で製造され，120以上の国と地域で販売されている[2]。まさに，JTは本業のたばこ事業からの変革を行い，日本を代表する多国籍企業として位置づけられる。

(2) JTのM＆A戦略

JTは，1992年に英マンチェスター・タバコを約11億円で買収している。この案件は，規模的に小さいものであるが，グローバル化へのパイロットスタディとして位置づけられるものである。（松江・篠原，2012，第2章）。今までは，国内事業中心で海外へは輸出が中心であったが，1990年代から海外展開が重要な課題となるなかで，まずは小規模な海外企業を買収し，海外企業のマネジメントやバリューチェーンを理解する意図も考えられる。

そして，1999年にRJRIを買収し，世界第3位のポジションと多国籍企業化を一気に進めていく。とくに，世界販売数量トップ5銘柄のうち3銘柄

（MILD SEVEN（現 MEVIUS），Winston，CAMEL）を獲得する。このM＆A
は，世界展開のための基盤の取得といえ，世界に通用するブランドの獲得と
生産・販売拠点を確保することができた。次の大規模なM＆Aは，2007年
の英ギャラハーを約2兆2千億円で買収したことである。それまでは，売上
高の離れた世界第3位であったが，この買収によって3強の1角を担い，世
界市場でシェア2位以上の国は3から10へと増える。その後，地域的補完も
考えて，図表5-1のように複数のM＆Aが展開される。たばこは国によっ
て好まれる形態が異なる。たとえば，エジプトでは水たばこが中心であるた
めに，その関連企業を買収している。このようにたばこ事業でのグローバル
戦略を活発にする一方で，たばこの新分野への進出も行われる。それが，ま

図表5-1　JTのM＆A戦略（たばこ事業関連）

年	国	社　名	概　要
1992年	イギリス	Manchester Tobacco Company	買収額：約11億円
1999年	アメリカ	RJRI（RJR International）米国外たばこ事業	買収額：約9,400億円
2006年	セルビア	AD Duvanska Industrija Senta	
2007年	イギリス	Gallaher	買収額：約2兆2,000億円
2009年	ブラジル	Kannenberg & Cia Ltda	葉たばこサプライヤー
〃	〃	Kannenberg, Barker, Hail & Cotton Tabacos Ltda.	〃
〃	イギリス	Tribac Leaf Limited	葉たばこサプライヤー
2011年	北スーダン	Hagger Cigarette & Tabacco Factory Ltd.	買収額：約353億円
〃	南スーダン	Hagger Cigarette & Tabacco Factory Ltd.	
2012年	ベルギー	Gryson NV	買収額：約510億円
2013年	エジプト	Al Nakhla Tabacco Company S. A. E	水たばこ会社
〃	〃	Al Nakhla Tabacco Company Free Zone S. A. E	水たばこ会社
2014年	イギリス	Zandera	電子たばこ会社
2015年	アメリカ	Logic	電子たばこ会社
〃	アメリカ	Nutural American Spirit（米国外たばこ事業）	買収額：約6,100億円

＊買収金額が非公開のものは記入していない。
出所）JTホームページより作成

だ日本では馴染みの薄い電子たばこ（Vape：ヴェイプと呼ばれる）という分野
であり，海外の大手メーカーのＭ＆Ａも進めている。

第4節 ┃ 多国籍企業のＭ＆Ａ戦略の課題

　ＪＴのＭ＆Ａ戦略には，第1節で論じた多国籍企業のＭ＆Ａ戦略の目的
をみることができる。まず，RJRIとギャラハーの大規模買収によって，生産
拠点と販売地域を世界各地に有するようになる。世界3強の一角としての地
位も築き，グローバル企業として成長を果たしている。これは，同業のたば
こ会社の買収によって世界的規模での市場支配力の強化である。仮に，ＪＴが
新設の形で海外市場に参入していった場合には，巨大な競合企業も存在する
ために，経営を軌道に乗せるまでには時間もかかり，同社がその国でのプレ
ゼンスを高める保証もない。また当時世界第3位であったギャラハーを上位
2社のうちのどちらかが買収した場合には，ＪＴは世界的な地位を確保するの
は困難になり，グローバル企業として生き残ることは難しくなってしまうと
考えられる。

　次に，マルチブランド戦略の点である。たばこは，嗜好品であるために，銘
柄の知名度の高さが売り上げに影響するブランド商品である。ＪＴは，RJRI
の買収によって世界的に有名な銘柄を手に入れる。また，地域によって好ま
れる銘柄や価格帯は異なる。世界を幅広くカバーするために，さまざまな銘
柄やたばこの種類（水たばこなど）を手中に収め，ブランド・ポートフォリオ
を構築している。世界的な喫煙規制が強化されていくなかでは，規制国での
売り上げを向上させることは難しいので，幅広い国で幅広く販売していく戦
略が必要になる。

　イノベーションのためのＭ＆Ａとしては，電子たばこ企業を買収してい
る案件にみることができる。電子たばこ（「Vape（ヴェイプ）」）とは，香りのつ
いた水蒸気を吸引するもので，充電式バッテリーを使用するなど従来のたば
ことは明らかに異なる構造をしている。そして，一般的なたばこ市場が縮小

していくと予想されているのとは反対に，電子たばこ市場は世界的に2017年までに1兆円に達するともいわれている。つまり，同じたばこという分野であるが，一般的なたばこ企業にとっては，製造方法などに関しては全く新しい技術が要求される。JTは，近年，英国と米国の電子たばこの大手企業を買収している。これは，新規分野への進出を意図し，急成長している市場でもあるので，いち早く関連技術を獲得し，自社の技術力を向上させるためのものであると理解できる。

　このように，多国籍企業のM&Aは，生産拠点や販売拠点の買収ではあるが，市場支配力の強化，マルチブランド戦略，イノベーションという戦略的視点からも行われていることがわかる。そして，最大の効果は短い時間で当該国への参入が可能となり，グローバル競争を勝ち抜くだけの規模を得ることができるということである。従って，業界トップ集団にある企業の規模はますます大きくなるという傾向をみることができる。

　本章では，多国籍企業のM&Aにおいて，戦略の視点から論じてきた。多国籍企業にとって，グローバルに競争していくなかでは，単に多くの国に拠点があるということだけではなく，さらなる成長を目指すためにもM&Aは欠かせない戦略的手段となっている。M&Aから成果を上げるためには，M&Aを実行したということ以上に，いかにマネジメントしていくのかということが課題となる。次章においては，M&Aマネジメントに関する理論を検討し，本章でも紹介したJTのM&Aマネジメントについても論じる。

注)
1)　JTの事例に関しては，同社のホームページや新聞，雑誌記事による二次資料によって作成している。
2)　https://www.jti.co.jp/recruit/fresh/rd/tobacco/research/cont02/jti/index.html（2016年3月31日閲覧）

◆引用・参考文献

浅川和宏（2003）『グローバル経営入門』日本経済新聞社

新貝康司（2015）『JTのM＆A』日経BP社

竹田志郎編（1994）『国際経営論』中央経済社

中村公一（2003）『M＆Aマネジメントと競争優位』白桃書房

ブーズ・アンド・カンパニー編（2010）『成功するグローバルM＆A』中央経済社

松江英夫・篠原学（2012）『クロスボーダーM＆A成功戦略』ダイヤモンド社

松本茂（2014）『海外企業買収　失敗の本質』東洋経済新報社

Haspeslagh, P. C. & D. B. Jemison（1991）*Managing Acquisitions*, Free Press.

Hubbard, N. A.（2013 = 2013）*Conquering Global Markets*, Palgrave Macmillan.（KPMG FAS監訳『欧米・新興国・日本16ヵ国50社のグローバル市場参入戦略』東洋経済新報社）

Porter, M. E.（1986 = 1989）*Competition in Global Industries*, Harvard Business School Press.（土岐坤他訳『グローバル企業の競争戦略』ダイヤモンド社）

Root, F. R.（1982 = 1984）*Foreign Market Entry Strategies*, AMACOM.（桑名義晴訳『海外市場戦略』HBJ出版局）

多国籍企業のＭ＆Ａマネジメント―Ｍ＆Ａによる企業グループの形成と管理

　本章では，多国籍企業がＭ＆Ａによって企業グループを形成することについて論じる。まず，企業グループの考え方のなかで，グループ内でのシナジーの創出を目指すマネジメントの特徴について検討する。多国籍企業の場合には，グループの世界規模での全体最適を志向するグローバル統合と，各国市場への部分最適を志向するローカル適応という２つの概念がある。現在の多国籍企業の経営においては，この両者の考え方の融合が課題となる。また，Ｍ＆Ａによって多国籍化を進める場合，ポストＭ＆Ａの組織統合のマネジメントが行われる。本章でも取り上げるJTは，巨大規模のクロスボーダーＭ＆Ａを成功的に実行した企業であり，Ｍ＆Ａ関連の専門チームを設置して対応している。特に，同社ではＭ＆Ａの経験のあるスタッフが，プレＭ＆ＡとポストＭ＆Ａの両方の段階に関わっており，統合の基本原則も発表されている。つまり，Ｍ＆Ａの専門組織を設置することによって，効果的なマネジメントを実践している事例である。

第１節 ┃ 多国籍企業のグループ・マネジメント

(1) 企業グループ・マネジメントの考え方の変化

　企業が多国籍化していくのに従って，海外子会社の数は増加し，その管理は複雑になる。こうした複数企業・事業の管理に関しては，企業グループのマネジメントの考え方が役に立つ。1990年代以前の企業グループは，親会社を中心とするピラミッド的な階層的組織構造から成り立っており，子会社などの関係会社は親会社の事業を支える一部分に過ぎないという見方がされて

きた。つまり，グループ全体をまとまった単位とは考えておらず，親会社の企業価値最大化を目的とし，関係会社は従属的なものであり，主体的な存在としては位置づけていなかった。

その後，企業グループに対して戦略的グループ・マネジメントという概念が用いられるようになった（山倉，1989）。これは，関係会社の自主性を活かしながらグループ全体としての統合をいかに図っていくのかを課題とし，企業グループ全体としての成長と価値の最大化が目的とされる。つまり，グループ構造はピラミッド的な構造からネットワーク的な構造へ変化する。親会社からの所有の論理を基盤とした一方的強制力ではなく，相互理解の精神に基づいた関係の構築という統合の考え方のもとで成り立つ。これは，グループの全体最適の重要性を指摘している。

ただし，すべての関係会社を同一に扱っていたのでは十分な成果は見込めない。各関係会社のグループに対する重要性と独自の経営資源・能力を評価し，それを分類化することが必要である。そうした作業から有望な経営資源を有する企業を見つけ出し，その企業を成長させることによって，グループ全体を成長させる基盤とすることが可能である。

(2) 企業グループのマネジメント

グループ内の企業が高い自主性をもつ場合には，分散化が進行することになり，グループとしてのまとまりが難しくなる。グループをマネジメントする際の課題になることは，いかに全体としての統合力を生み出せるのかにある。つまり，グループ全体におけるシナジーを最大限に発揮できる体制を築くことであり，このことは，グループ・シナジーという概念で示される（寺本，1989）。グループ・シナジーを創出するための要件としては，第1に企業グループ全体のビジョン・価値・理念を設定し，グループの方向性を明確にすることである。第2に，グループ企業間における情報共有と人材交流を積極的に行うことである。ピラミッド型ではなく，ネットワーク的な組織構造

を作ることである。第3に，企業グループを調整し管理する社内体制の整備であり，本社機能の役割の転換を必要とする。この点に関して，Bower & Raynor（2001）では，本社の戦略的柔軟性の必要性を指摘する。各事業が自律的に活動する一方で，事業部間の協働活動が求められる場合には，本社が中心となって迅速かつ柔軟に対応する体制を構築することである。

このことは，多国籍企業のマネジメントにおいても同様のことがいえる。吉原（1997）では，組織の解剖学，生理学，心理学という側面から説明する。解剖学的視点からは，事業部制などの公式的な組織構造や，臨時的なプロジェクトチームやタスクフォースが該当する。多国籍企業では，国際事業部が中心となって海外子会社の管理をする組織や世界的な製品別事業部制組織などが採用される。長期間維持される組織構造が構築される一方で，特定の課題に対応するためにプロジェクトチームなどが活用される。

生理学的視点では，コミュニケーションや報告システムが取り上げられる。組織構造を作るだけでは企業間の関係をマネジメントするには不十分である。本社と子会社間の情報共有や調整のための仕組みの整備が課題となる。ここでは，人びとの間のインフォーマルな情報交換ネットワークも重要となり，組織の調整メカニズムを作り上げることである。

心理学的視点では，企業の組織文化や価値観を扱う。多国籍企業ではさまざまな国で事業活動を行うために，文化や価値観は多様になる。多様性はさまざまなものの見方ができ，創造性の発揮につながるという面もあるが，コンフリクトを生み出す原因にもなる。そこで，グループ全体のビジョンを明確にし，全体の方向性を一致させていくために，行動規範やルール作りを行い，ミーティングや従業員の訓練を積極的に行うことである。

以上のように，組織文化や価値観，組織間コミュニケーション，組織間関係を促進する組織構造という3つの要素をいかにマネジメントしていくのかが，多国籍企業のグループを考えるうえでは大きな課題となる。

(3) グローバル統合とローカル適応のマネジメント

多国籍企業のマネジメントを考えるうえで，全体最適を志向するグローバル統合と，部分最適を志向するローカル適応という2つの概念を考える必要がある（浅川，2003）。グローバル統合とは，業務をグローバル規模で標準化することによって，規模の経済を追求する効率の論理に基づく。ローカル適応とは，進出国政府の規制，現地市場のニーズという現地特有の慣行に対応する適応の論理に基づく。多国籍企業では，この異なる2つの論理に対応することが課題となる。つまり，各海外子会社はローカル適応を高め，自律を促進し，個々の国際競争力の向上が図られる。一方で，グループとしての統合による価値創造と競争力の強化も行われる。

グローバル統合とローカル適応を同時に達成する組織モデルとして，バートレット＝ゴシャール（Bartlett & Ghoshal, 1997）はトランスナショナル企業というモデルを提示した。トランスナショナル企業の組織構造は，統合ネットワークといえる枠組みを軸に形成されており，分散した専門的な活動と能力を基盤とした構造，そして相互依存を基盤とした組織間関係を特徴としている。まず，効率化による利益は中央集権化ではなく，各子会社の専門化に

図表6-1　トランスナショナル企業の組織モデル

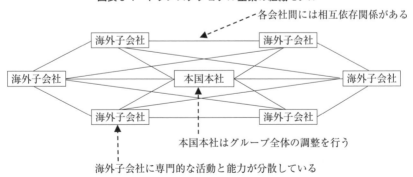

＊トランスナショナル・アプローチは，多国籍企業の理想的モデルであり，その実践は難しく，考え方の方向性を示す。
出所）Bartlett and Ghoshal（1997）を参考に作成

よって達成される。専門化された組織単位を適切な市場に配置することにより，市場動向や技術革新，競争状況などの外部からの情報に対して迅速かつ柔軟な対応が可能になる。また，各子会社はそれぞれが独立したものではなく，相互に経営資源の交換が積極的になされており，協力体制が構築されている。さらに海外子会社は独自に新しい経営資源を蓄積していくことも重要な課題であり，単なる経営資源の移転先ではなく，情報収集や独自能力を獲得し，本社にフィードバックしていく戦略的単位として位置づけられる存在である。

　本社は，単に子会社を世界各国に拡散するのではなく，各子会社の機能レベルからとらえ，どのように配置・調整して最も効率的なグローバル展開が実行できるのかを考える必要がある。そして，経営資源が多国籍企業内部で移転され，相互利用されることは，企業グループ全体の競争優位が高まることに繋がる。そのためには，グループ間のコミュニケーションを活発化し，グローバルに通用する価値や理念の構築とその浸透が課題となる。

　ただし，現実にトランスナショナル企業の組織モデルの実践は難しく，多国籍企業の進化に対する考え方の方向性を示している理想的モデルである。企業の業種や業態に合わせて，グローバル統合とローカル適応のバランスは検討される。たとえば，国ごとにニーズの異なる食品業界などではローカル適応が重視され，家電業界のようにスケールメリットが必要となる業界ではグローバル統合が求められる。

第２節 ┃ Ｍ＆Ａマネジメントの焦点

（1）組織統合のマネジメント

　多国籍企業が，海外市場への進出手段としてＭ＆Ａを活用するということは，第5章において述べた。Ｍ＆Ａにはグループ内部を新陳代謝するという側面もある。企業グループは，そのメンバー企業が固定化すると，安定志向に陥り，現状維持の体制に固執する可能性がある。そこで，グループ企業

の中に新しいパラダイムを創出し，環境適応性を向上させるための「メタボリズム（metabolism：新陳代謝）」のメカニズムが必要となる（伊藤，1999）。

　これは，企業グループの創造性を向上させるための方法であり，2つのタイプが考えられる。第1に，従来のグループの中には存在しない異質な要素をM＆Aによって外部から取り入れ，その異質な特徴を有する企業と積極的に融合することから自己革新を図る異種融合型アプローチである。第2に，ある特定の職能や事業ドメインに権限や資源を集約させ，それ以外のものは分社化やアウトソーシングによって分離するが，集約化したものと分離化したもの間で相互作用を実践する集約提携型アプローチである。つまり，前者はメタボリズムを実現するための源泉をグループ外部から獲得し，後者はグループ内部に求めている。

　M＆Aが，グループ全体の創造性を高め，競争力を向上させていくためには，買収した企業のマネジメントが重要となる。つまり，ポストM＆Aの組織統合のマネジメントである。組織統合は，共通の目標を達成するために，企業間で組織的活動と組織的資源を調整することである。この行為は，潜在シナジーを実現するための企業の価値創出活動である。統合は，2つの組織を再組織化することによって，新しい組織構造，組織システム，組織文化を形成する（銭・清水，2001）。統合のレベルは，組織の技術・管理・文化におけるポストM＆Aの変革の程度として定義できる。理論的には，高いレベルの統合は，潜在シナジーの実現を促進する。一方で，高レベルの統合は調整コストや組織間コンフリクトの可能性を増大させ，負のシナジーを招いてしまう。従って，統合レベルは，買収のタイプ・企業経営の特徴・対象となる機能によって変化させることが必要になる。

　多国籍企業のM＆Aマネジメントにおいては，企業ごとの違いとともに，国文化の違いも大きく影響する。クロスボーダーM＆Aの場合には，企業間の文化的差異だけではなく，国文化の影響も受けるために，さらに問題が複雑化し，その管理も困難かつ高度なものになっていく。また，こうした現

象は，異文化組織のマネジメントとしてもとらえられるので，異文化経営学
の中で蓄積された理論も適用されている。たとえば，モランら（Moran et al.,
1993）では，企業における多文化主義が競争優位の源泉であるとする。多様な
文化的特性を組み合わせることによって，イノベーション，柔軟性，スピー
ドがもたらされる。それを実現するために，文化横断的な組織構造やチーム
の開発が行われる。

(2) M＆Aに関する専門組織の設置

　M＆Aは，候補企業の探索や買収監査を行うプレM＆A段階と，組織統
合を行うポストM＆A段階に分かれ，こうした一連のM＆Aプロセスは，
M＆Aを行うことによって初めて発生する通常の経営活動の中では経験しな
い複雑かつ困難なプロセスである。M＆Aの経験のない企業には，このプロ
セスを効率的に運営していくノウハウや知識は存在しない。従って，過去の
経験は，トップマネジメントや担当者に対して価値ある教訓の提供という意
味をもつ。たとえば，プレM＆Aの企業選択や交渉等に関わる専門的スキ
ルは，属人的な要素が強いために経験によって向上する。ポストM＆Aの
変革活動においても，経験のある企業は急激かつ大規模な変革を避け，管理
を柔軟に，意思決定を委任し，従業員などに対する最初の印象を良くするよ
うに心掛ける。そうすることにより管理的問題の発生を軽減でき，効果的な
組織統合が可能になる。

　M＆Aを活発に行う多国籍企業は，M＆Aを繰り返し行っていくために，
M＆Aに関連するノウハウやスキルを組織内に蓄積していくことが課題とな
る。それらは，実行するM＆A案件の量的増加というように，単に経験を
積み重ねれば自然に形成されるというものではなく，企業がその重要性を認
識した上で，組織的に取り組む姿勢が大きな影響を与える。たとえば，社内
にM＆Aに関連する業務を専門的に行う担当者を設置することや専門の統
括部門を作ることである（中村，2010）。

　もし，社内にＭ＆Ａに精通したスタッフがいない場合には，案件の都度，各関係部署から人が集められ，必要とされる知識やスキルを構築しなければならない。こうした方法は，一回限りのＭ＆Ａの場合に採られてきたものであり，その担当者に抜擢された人は，今までそれに関連した知識やスキルをもってはいないために非常に大きい負担が課され，不十分な対応しか採ることができない (Ashkenas et al., 1998)。また，臨時的に組織内から集められてきた自分たちの専門の仕事を他にもつ人たちであるので，当該Ｍ＆Ａの業務だけに継続して専念することはできない。ポストＭ＆Ａのマネジメントに関するアプローチが，各関連事業部にすべての権限が委譲される場合，相手企業とどのように接触し日常業務を行っていくのかを理解しておらず，不十分な対応になってしまう恐れがある。

　そこで，Ｍ＆Ａに関連するさまざまな仕事を専門の職能とする人を担当者として設置することが，こうした弊害を回避していくには必要である。専門のスタッフの存在により，彼らの中に専門知識やスキルを蓄積することができ，案件の数が増加するに従ってそれらの質を向上していくことが可能となる。

　Ｍ＆Ａに関する専門部署の設置は，Ｍ＆Ａによって自社に取り込んだ企業のマネジメントに効果的であるばかりではなく，Ｍ＆Ａに積極的だということが社外にも伝わり，金融機関やコンサルティング会社等のＭ＆Ａ仲介業者からの持ち込み案件を増加させる。自社の分析を中心として買収対象企業を選択した場合には，それが最終的に契約に結び付くかは不確実なものである。しかし，持ち込み案件の場合には，先方に売却する意思があるために，相手企業が自社のニーズに適合し，買収監査によっても問題がなければ，素早く契約までの段階を達成することが可能である。これは，交渉時間やそれに伴う労力を軽減することができ，その分を他の業務に活用することが可能となる。

第3節 ┃ 多国籍企業のＭ＆Ａマネジメントの実際─ JT の事例

(1) Ｍ＆Ａにかかわる組織と人材

　第5章で述べたように，JT のＭ＆Ａ戦略は，時間を買うために行われているといえよう。クロスボーダーＭ＆Ａによって，海外の有力ブランドをもつ企業を取得することによるブランドポートフォリオの拡充，さまざまな国にある企業を買収することによるバリューチェーンの充実，多様性のある人材の確保を実現している。Ｍ＆Ａの実行にあたっては，自社が主導で行うという「主体性」と，相手企業に対しては，「謙虚さ」をキーワードにしている。

　1999 年の RJR ナビスコ社の米国外たばこ事業部門 (RJRI) の買収においては，入札形式で行われている。そして，買収から8ヵ月後には統合計画を策定し，海外たばこ事業を担う JTI (JT International) に名称を変更する。JTI は，スイスのジュネーブにあり，グローバル本社拠点として，JT の海外たばこ事業全般を担う。JTI の経営陣には，旧 RJRI の執行役員を残留させ，本社からの干渉を極力抑えた経営が行われた。しかし，買収当初は，JT 本社と RJRI との信頼関係はうまく構築できなかったという[1]。その理由として，お互いの雇用環境の違いがある。JTI の財務部門は元 RJRI 出身の経験豊富な即戦力となる社員によって構成されており，日本特有の新卒採用の仕組みや OJT 的な業務の仕方をなかなか理解できなかった。こうした業務環境の違いから，お互いの距離間ができてしまう。2004 年に JT の CFO（執行役員最高財務責任者）に就任し，2006 年から JTI の経営にも参画した新貝康司氏は，こうしたお互いの理解を深めるために，顔を突き合わせたミーティングを重視し，信頼関係を作り上げるまで，互いの企業の制度，仕組み，文化の違いの理解を深めていくことが必要であるという（新貝，2015）。

　また，新貝氏を中心として，東京とジュネーブの社員約 20 名と投資銀行，弁護士，会計士などでチームを結成する[2]。買収候補企業の選定は，社内の各分野のプロフェッショナルが集結し，主体的に検討作業を進める。その結果，

2007年のギャラハーの大型買収に結びつく。ギャラハーは，社内での選定作業の結果，候補として挙がった企業である。さらに，買収プロジェクトにかかわったメンバーは，統合作業の中心となり，すぐにギャラハー社に方向性を提示し，活発なコミュニケーションがとられ，100日間で統合が完了できるように業務を進めていく。

(2) 統合マネジメントの実践

統合過程において，10の基本原則を2007年1月に発表する（新貝，2015：146-151）。一貫した人的側面重視の姿勢，お客様や競争から目を離さない事業遂行，一人ひとりが当事者であり自らを鼓舞すること，の3つの要素を重視したものである。さらに，100日間で統合作業を完了させるというスピード感のある変革を実践する。

① One company-one management（ひとつの会社としてひとつのマネジメントを実現する）

② Fair and equal treatment of all employees, irrespective of company of origin（出身にかかわらず，全従業員に対して公平で公正に扱う）

③ Speed in decision making is critical −80/20 rule（迅速な意思決定を行う。統合作業ではスピードが要求されるために，100点満点中80点でも実行に移す）

④ Keep in simple（何事もシンプルに行う）

⑤ Plan delivery is our #1 priority（年度計画の達成を最優先とする）

⑥ Strictly minimize disruptions to existing business（通常業務の混乱を最小化する）

⑦ Capture synergies in a disciplined and systematic manner（体系的にシナジーを捕捉する）

⑧ Separate organization for integration management but all excom members accountable to deliver results（独立した統合管理体制を築く。一方，結果責任はすべてEx-com（業務執行役員会）のメンバーに帰属する）

⑨ In-house management（外部アドバイザーに頼らず，社内で統合を完遂する）

⑩ Integration plans will be finalized in the first 100 days after closing（100日間で統合計画の策定を完了する）

　つまり，ポストM＆Aの統合プロセスもスピード感をもって行えるように準備し，互いの強みを最大限に生かせるように，適材適所の人材配置が行われ，権限は買収先に大幅に委譲される。日本流を相手企業に押し付けるのではなく，各国市場にあった多様性のある事業体を作り上げているのが，JTIのM＆Aマネジメントの特徴である。買収を検討する際には，JTIのM＆A担当副社長のフリッツ・フランケンは，「まず統合の青写真から始めて，買収条件を決めていく。統合がスムーズに進まないと考えた場合は，どんな魅力的なターゲットでも買収は取りやめる」と述べている（伊藤，2012b）。また，ギャラハーの買収の中心となった新貝氏も自著『JTのM＆A』のなかで，買収の成功は，買収交渉前から統合を意識し，詳細な買収後の青写真を作成できるかにあると述べる（新貝，2015）。

　ギャラハーとの組織統合においては，統合委員会および統合事務局からなる統合管理体制がジュネーブのJTI本社に組織される（新貝，2015）。統合委員会は，JTIのCEO，副CEO，COO，BD（Business Development：買収・提携に従事する機能）担当役員，HR（Human Resource）担当役員，CFO，法務担当役員，旧ギャラハーCEO，社内のコミュニケーション担当部長が委員となっている。統合委員会は，統合方針の決定や統合の骨格となる主要事項の意思決定を行い，週1回のペースで開催される。統合事務局は，統合作業ガイダンスの作成，円滑な統合作業の促進とサポート，ベスト・プラクティスの共有，タスクフォースの進捗状況および統合シナジーのモニタリングを役割とする。タスクフォースは，約50つくられ，統合計画の個々の課題を検討する。この統合管理体制の特徴は，プレM＆Aの買収作業に従事した人物が，ポストM＆Aの統合プロセスにおいてもキーメンバーになっていることにある。

第4節 | 多国籍企業のＭ＆Ａマネジメントの課題

　ＪＴは巨大規模のクロスボーダーＭ＆Ａを成功させ，多国籍企業として業界を牽引する企業である。企業グループの形態としては，グローバル統合とローカル適応が実践されている。たばこ業界は，国によって浸透しているブランドや好まれる味が異なるために，ローカル適応が求められるという特徴がある。そのために，買収先の企業の経営陣は，旧会社の人材のままにするなどの方策がとられる。また，ＪＴのグループ経営においては，ＪＴＩの存在が大きい。ＪＴＩは世界本社的な役割をもち，グループの舵取り役としての位置づけである。海外企業のＭ＆Ａに際しては，ＪＴの日本本社ではなく，ＪＴＩが中心となって進められる。まさに，日本流経営と欧米流経営の融合というスタイルがとられている。

　そして，ポストＭ＆Ａの組織統合のマネジメントにおいては，買収前から統合過程を意識していることが特徴である。ＪＴＩのＭ＆Ａ担当者が統合過程を円滑に進めることがＭ＆Ａの成功にもつながるために，事前に企業間のフィーリングを考えることもＭ＆Ａの前提条件として重要になる。そして，買収計画を策定したら，買収にかかわった責任者やチームが統合計画の策定から統合完了まで責任をもって実行する。このことは，Ｍ＆Ａの主導役が自社にあることにも起因している。最初の大型Ｍ＆ＡであるRJRIのＭ＆Ａは入札方式であったが，次のギャラハーの買収などは自社チームによって選定している。Ｍ＆Ａに慣れていない日本企業の多くが，外部アドバイザーにＭ＆Ａに関する業務を委託して，その結果，相手企業を熟知しないままＭ＆Ａを進めて，統合過程において多くの問題を生じさせてしまう。しかし，ＪＴでは，外部アドバイザーの活用においてもすべてを依存するのではなく，サポート的な立場であるという考えをとっている。

　さらに，統合の基本原則や統合管理体制が存在することに大きな意味がある。統合過程をどう進めるかが，Ｍ＆Ａの成果をあげるためには重要となり，

ＪＴは優れた統合マネジメントが実践されている代表例である。

　戦略的にＭ＆Ａを活用する日本企業が少なかった時代には，Ｍ＆Ａマネジメントに関する研究は立ち遅れていた。しかし，企業の多国籍化の手段としてＭ＆Ａ戦略を活用するような環境になると，海外子会社のマネジメントが課題となり，Ｍ＆Ａを単に実行するだけではなく，プレＭ＆ＡからポストＭ＆Ａに至る一連のＭ＆Ａプロセスをいかにマネジメントしていくのかということがクローズアップされてきた。

　Ｍ＆Ａマネジメントには，通常の企業経営とは異なるさまざまな専門知識やノウハウが必要となる。Ｍ＆Ａに従事する人材の育成を目的に「Ｍ＆Ａフォーラム」という組織が設立されている（本フォーラムは，内閣府経済社会総合研究所の「Ｍ＆Ａ研究会」の中間報告を受け，2005年12月に発足）。Ｍ＆Ａプロセスにかかわる実践能力の向上を目的とする。また，経済産業省の委託事業として，「買収後の統合作業を見据えたＭ＆Ａ業務プロセスの調査・研究とＭ＆Ａ疑似体験研修プログラムの作成 報告書」（経済産業省 平成25年度産業金融システムの構築及び整備調査委託事業：平成26年2月，受託者：マーバルパートナーズ）が作成されている。この報告書のなかでは，ＪＴのＭ＆Ａを題材にして，Ｍ＆Ａ疑似体験研修プログラムが作成されている。

　ＪＴはクロスボーダーＭ＆Ａに積極的な企業である。社内にＭ＆Ａ推進体制を整備し，ポストＭ＆Ａの組織統合においても，基本原則や統合管理体制を築いているＭ＆Ａに対して先進的な組織構造をとっている。こうした社内のＭ＆Ａ体制の設置は，Ｍ＆Ａを複数行っていく場合に，関連知識やノウハウの蓄積につながり，より効果的なアプローチの実践を可能とする。

注）
1)　『Works』2010年12月・2011年1月号：44-46，新貝康司氏のインタビュー。
2)　同上。

◆引用・参考文献

浅川和宏（2003）『グローバル経営入門』日本経済新聞社

アンダーセン（2001）『統合的 M & A 戦略』ダイヤモンド社

伊藤邦雄（1999）『グループ連結経営』日本経済新聞社

伊藤友則（2012a）「日本企業のクロスボーダー M & A ―日本たばこ産業の事例に見る 10 の成功要因―」『一橋ビジネスレビュー』60(1)：92-106

伊藤友則（2012b）「成功するクロスボーダー M & A」『太陽 ASG エグゼクティブニュース』(112)：1-8

伊藤友則（2013）「クロスボーダー M & A と経営」『一橋ビジネスレビュー』60(4)：28-44

新貝康司（2015）『JT の M & A』日経 BP 社

関下稔（2006）『多国籍企業の海外子会社と企業間提携』文眞堂

銭佑錫・清水剛（2001）「M & A 後のマネジメントと企業の生存」薄井彰編『M & A　21 世紀〈2〉バリュー経営の M & A 投資』中央経済社：173-199

寺本義也（1989）「ネットワーク組織論の新たな課題」『組織科学』23 (1)：4-14

中村公一（2003）『M & A マネジメントと競争優位』白桃書房

中村公一（2010）「専門組織と経営戦略―戦略策定能力から戦略実行能力の向上へ―」『経営力創成研究（東洋大学経営力創成研究センター）』(6)：73-85

ブーズ・アンド・カンパニー編（2010）『成功するグローバル M & A』中央経済社

山倉健嗣（1989）「組織論の現在」『横浜経営研究』10 (2)：1-10

吉原英樹（1997）『国際経営』有斐閣

Ashkenas, R. N., DeMonaco, L. J. & S. C. Francis（1998 = 1998）Making the Deal Real：How GE Capital Integrates Acquisitions, *Harvard Business Review*, Jan-Feb：165-178.（「GE キャピタルが実践する事業統合のマネジメント」『ダイヤモンド・ハーバード・ビジネス・レビュー』1998 年 4-5 月号：104-117）

Bartlett, C. A. & S. Ghoshal（1997 = 1999）*The Individualized Corporation*, HarperCollins.（グロービス・マネジメント・インスティテュート訳『個を活かす企業』ダイヤモンド社）新装版：2007 年

Bower, J. L. & M. E. Raynor（2001 = 2001）Lead from the Center, *Harvard Business Review*, May: 92-100.（「戦略本社の共創リーダーシップ」『ダイヤモンド・ハーバード・ビジネス・レビュー』2001 年 8 月：80-92）

Heenan, D. & H. Perlmutter（1979 = 1982）*Multinational Organization Development*, Addison-Wesley.（江夏健一監訳『多国籍企業』文眞堂）

Moran, R. T., Harris P. R. & W. G. Stripp（1993 = 1995）*Developing the Global Organization*, Gulf Publishing Company.（安室憲一他監訳『新グローバル組織論』白桃書房）

多国籍企業の研究開発

　「現代は VUCA（ブーカ）の時代」といわれるほど経営環境を取り巻く変化
は激しい。ここでいう VUCA とは Volatility（変動性），Uncertainty（不確実
性），Complexity（複雑性），Ambiguity（曖昧性）を表す用語であるが，本来
は冷戦後激しく変動している国際情勢を示す用語として，1990 年代ごろから
米軍で使用され始めた軍事用語である。近年の現代企業をめぐる経営環境の
激しい変化は，現代企業が直面せざるを得ない数多くの課題を生み出す主因
となっている。[1)]

　19 世紀ごろに誕生したといわれている多国籍企業は実にさまざまな領域に
おいて私たちの生活と欠かせない存在となっている。既に長い海外進出の経
験を得ているトヨタ，パナソニック，ソニーのような製造業者はもちろん，近
年ではユニクロなどのようなアパレルメーカーや，吉野家，味千ラーメン，モ
スバーガーなどのような外食産業の海外進出も実に活発である（図表7-1 参照）。
このような動向のなかで，先端的な技術を要するハイテク産業に見られる急
激な成長と変化は時々刻々目が離せない。製品のライフサイクルは年々短縮
されており，世の中には新しい製品の登場で日々目まぐるしい変化が見られ
ている。一方でこのことは，市場が好感を有する製品や技術を他社が迅速に
真似することによる価格決定能力の低下，すなわちコモディディ化への対応
も強いられることに他ならない。このような意味で研究開発によるイノベー
ションの促進は現代企業にとっての最も重要な課題の一つとして浮かび上がっ
てくる。

　このような脱コモディティ化の動向は，近年研究開発をめぐる多国籍企業

図表7-1　日本の外食産業の出店状況

順位	企業名	海外	国内
1	吉野家	954（23年3月現在）	1195（23年3月現在）
2	味千ラーメン	776（20年3月現在）	74（20年3月現在）
3	モスバーガー	457（23年3月現在）	1274（23年3月現在）
4	ペッパーランチ	319（22年10月現在）	164（23年3月現在）
5	やよい軒	245（23年2月現在）	364（23年2月現在）
6	元気寿司	230（23年3月現在）	188（23年3月現在）
7	CoCo壱番屋	210（23年2月現在）	1217（23年2月現在）
8	8番らーめん	155（23年1月現在）	288（23年1月現在）
9	さぼてん	101（22年12月現在）	70（22年12月現在）
10	ワタミ	47（23年3月現在）	367（23年3月現在）

出所）佐久間・芦澤・文（2023：225）

同士間の提携・戦略的提携戦略においても如実に現れ，新たな製品そのものの開発，そしてその期間短縮化の形で成果が実っている。当然これらの動向をめぐる先端技術開発能力を有する国際的人材の獲得のための取り合い合戦も過熱している状況を目の当たりにするのも，もはや珍しい風景ではなくなっているといえよう。

　GAFAM（ガーファム）など米国の多国籍企業は，新たなイノベーション戦略を実現することによって革新的な技術と新製品の開発を続けている。その根源的な源泉として取り上げられているのが多国籍企業の研究開発である。その成功要因として①米国多国籍企業のR＆D投資が群を抜いて優れている点，②開発したばかりの最先鋭の先端技術の「秘匿」による技術優位の確保，③既得技術の伝播とそれによる技術特許料収入の獲得，④海外子会社による現地化への成功などがあるという（関下，2012）。

　研究開発に対する高まる認識はイノベーションを担う当該企業だけでなく，国の政策も重要な役割を果たしており，1980年代以後にはそれへの支援策も注目を集めている。本章では，研究開発の意義，研究開発の組織，そして近年研究開発の手法として注目を集めているオープンイノベーションについて

検討する。

第1節 ｜ 研究開発の意義

　90年代以後展開されているグローバル化，情報化，新たなモノづくりルールの進展など経営環境の著しい変化が見られる中，多国籍企業の役割はますます増大している傾向を見せている。企業間の競争が激しさを増している中，競合企業に先駆けて新製品を開発し，市場のシェアを伸ばすために不可欠な要因に研究開発（research and development）がある。実際にアップルなどに代表される先端企業は，革新的な技術の開発と新製品の発表を連続して可能にする優れたイノベーション戦略を通して競争優位上の地位を勝ち取ってきた。このように，グローバルな消費者のニーズを満たさなければならない立場にある多国籍企業にとって，迅速で適切な研究開発をいかに実行するかは，組織存続は勿論，その繁栄や発展に欠かせない要因であろう。

　今まで多国籍企業がなぜ自国優位性を捨てて直接投資行動を行うのかについての理論的な根拠は，独占資本的競争の結果であると説明してくれたハイマー（Stephen M. Hymer），1960年代当時資本や技術そして経営管理技術の保有において，絶対的な優位性をもっていた，米国ベースの多国籍企業の行動原理を，プロダクト・ライフ・サイクル（Product Life Cycle）理論をもって解明しようとしたバーノン（Raymond Vernon），多国籍企業経営の基盤を，リソース・ベース（資源の賦存・配置）に求めているペンローズ（Edith Penrose），多国籍企業の構造や戦略を，経営の新しい類型として把握し，分析を始めたフエアウエザー，ロビンソン，ファーマーなど，実に数多くの研究がなされてきた。

　ここでは，多国籍企業の直接投資の行動パターンとして近年注目されている海外研究開発について検討する。

　まず，研究開発とは，「新しい科学的な原理や現象を発見したり，新しい技術的な方法を考案したり，あるいはそれらを組み合わせることによって新し

い製品や技術を創り出す活動」のことをいう。[2]一般に，この研究開発の類型には，技術を知識資産として蓄積することを目的とする「基礎研究」，事業推進を目的とし，基礎研究で開発されたものなどを活用し具体的な商品を作ることが主となる「応用研究」，そして応用研究で生まれた技術を複数組み合わせる研究を意味する「開発研究」に大別される。

研究開発活動には計画・統制・報告・評価といったプロセスが存在するが，これを研究開発経営管理という。これらをめぐる管理は，経営機能領域の中で財務管理に次いで集権的という特徴を有しているのが定説である。

一方，「研究開発の国際化」に注目する必要がある。[3]伝統的に米国の多国籍企業は，自国の中で豊富な研究開発資源を有していると考えられているが，近年では以下のような諸要因が海外へと進出する背景となっている。

まず，海外で研究活動を可能にする内的かつ外的な要因である。これには具体的に技術情報の収集やそのための通信網の改善，発展途上国での改善されたインフラ，国際特許の統一性の確立などがある。

第2に，モチベーションについてである。優れた人材の獲得，グローバルな次元で展開される新たな研究開発設備の利用，海外研究開発拠点間での国際分業，ローカルニーズへのアクセス，外国政府が与えるさまざまなインセンティブなどがある。

第3に，環境要因についてである。これには，研究活動の現地化の必要性，現地の特許技術登録による大幅な特許登録の活用，外国政府の圧力などがある。

日本企業の経験から見ると，国際化の動きは最初に「市場の国際化」から始まり，「生産の国際化」→「資本の国際化」→「技術の国際化」という流れで進められるのが一般的な動向である。ある企業が研究開発を国内ではなく，海外で行うことには，よほどの理由がない限り行わない。[4]

日本企業の場合，1985年までは輸出が国際経営戦略の中心的な位置を占めていたが，それ以後は海外生産へと主軸が変わっていく。国際経営戦略の中で最も新しいものが海外研究開発になるが，近年は輸出，海外生産，海外研

究開発が同時に展開されているのが現状である。[5]

　研究開発のための企業内の国際分業パターンには，研究開発すべてを一国または本国に集中させる「一国集中戦略」，研究開発のプロセスは相互に依存しないが，複数の国で研究開発の拠点を有する「完全並行戦略」，基礎研究や応用研究の一部は本国で行うが，応用研究の一部や開発を現地に分散させるタイプである「川上集中・川上分散戦略」，複数の研究拠点で連続的に研究開発を行うタイプである「リレー戦略」，複数の研究拠点で研究開発活動を相互依存的に行うタイプの「相互作用戦略」などがある。[6]

　戦後，研究開発の分野においてトップの地位を得ていた国は米国であった。当時の他の国と比較して，国内総生産で最も多くの資金を投じていたのが米国であったからである。当然裕福な消費者が存在していた米国市場というバックグラウンドがあり，科学的基盤も世界最大級の規模で企業間の競争が繰り広げられていた。その結果，米国は研究開発活動の面においては，最強の地位を得ていた。

　しかし，その後，アジアやヨーロッパの企業もイノベーションの分野において急激な発展を成し遂げるなど米国企業との格差も縮小するようになった。例えば，ノキア，エリクソン，フィリップなどのヨーロッパの企業をはじめ，ソニー，シャープ，任天堂，パナソニックなどの日本企業，そしてサムスン電子，LG電子，SK，ファーウェイなどのアジア企業も相当な割合での研究開発費が投資されていることが明らかになっている。

　図表7-2はOECDが2023年3月に発表した資料であり，2000年から2021年までの研究開発の国内総支出額の推移を明らかにしたものである。同図表によれば，米国がトップの座を占めており，中国，EU27ヵ国，日本，ドイツ，韓国，英国，フランスという順になっていることが分かる。一方で，国内総生産に占める研究開発費の比率から見ると，イスラエル，韓国，台湾，スイスという順になっており，国全体における輸出の割合が高い国での投資傾向を確認できる。

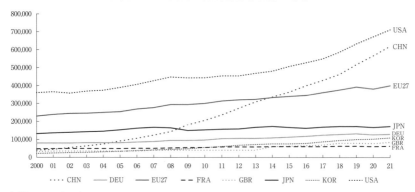

図表7-2　主要国の研究開発費支出額の推移

出所）OECD（2023）Main Science and Technology Indicators Databases.

第2節 ┃ 研究開発の組織

　上述したように，企業は従来の自国優位性を基盤に培った技術力をベース
に，海外の市場を開拓し，グローバルな事業展開を繰り広げてきた。その事
例が米国の自動車産業のビッグスリーに当たる GM，フォード，クライスラー
と，日本の半導体産業における東芝，日立，NEC，三菱電機，富士通，そし
て日本の造船業の IHI や日立造船などがこれに当たる[7]。しかし，これらの企
業の競争優位性が衰えてきた。その理由にはいうまでもなく，他国で生成さ
れるイノベーション能力を活用しない狭き発想にあるに違いない。

　一方，近年ますます複雑化傾向を見せている製品が市場に満ちあふれてい
る中，グローバルな次元でのモノづくりに対応するためにも柔軟性のある有
機的な組織構造が問われている。これらの研究開発管理を遂行するために適
した経営管理スタイルとして，トランスナショナル（transnational）型組織，メ
タナショナル（metanational）型組織，そして地域統括本社（RHQ；Regional
Head Quarter）が存在する。

　まず，バートレットとゴシャール（Bartlett & Ghoshal, 1989）が提唱したト
ランスナショナル型組織とは，各国に分散されている現地法人の自律的な経

図表7-3 トランスナショナル型組織

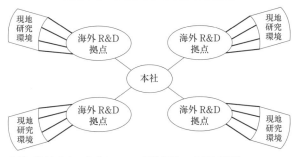

出所）浅川和宏（2003）『グローバル経営入門』日本経済新聞社：204.

営を支援するために創設された組織のことをいう。この英語の 'transnational' は「無国籍」また「超国籍」と訳されたりもする。図表7-3が示しているように，各国にある現地法人間に経営資源の面において調整が可能な点が特徴である。これは経営資源の地理的分散と内部分化に注目し，本社と子会社間に見られる経営資源の交換関係と事業活動の相互依存性が重要なポイントになる組織形態である。[8] 全世界を視野に入れた事業展開を目指す組織として，究極的な組織形態がこれに当たるのではないかという見解も少なくない。[9]

このトランスナショナル型組織の特徴は，① どの事業単位も重要な戦略的地位を有し，差別化された能力を持つ，② 本国の本社は必ずしも強大な機能を持つ必要はない，③ グローバルネットワーク型組織を採択する，④ 世界規模の効率，各国対応を可能にする柔軟性，世界規模の学習といった要件を満たす。[10]

第2に，ドスら（Doz, Santos & Wiliamson, 2001）が提唱したメタナショナル型組織は，「多国籍企業のベースとなる技術優位性を活用する戦略を超えて，世界中に散在する経営資源を用いて新しいタイプの技術優位性を確立しようとする組織概念」である。ここでいう「メタ」とはギリシャ語で「beyond（超える）」を意味するものである。

この形態は，本国に存在する技術を前面に押し出してグローバル戦略を行

うことを意味する自国優位性，自前主義，先進国至上主義などの考え方を超えてグローバルな次元で究極的に優位性を獲得することを目指す組織に他ならない。そのためには，「世界に散在する様々な知識を感知，確保し，それらを移動・融合し，変換，活用していく必要がある」という。

　この組織は，現時点では競争優位性の面において競争劣位状態にある企業でも国際経営のやり方次第で徐々に自国の劣位も克服可能であるという[11]。

　このメタナショナル組織に問われる能力には，

　1) 新たなナレッジを感知するための能力：① 新たな技術や市場を予知する能力，② 新たな技術や市場に関するナレッジを入手する能力。

　2) 確保したナレッジを流動化する能力：① 入手したナレッジを本国，第三国に移動する能力，② 新たなナレッジをイノベーションに向けて融合する能力。

　3) ナレッジを活用しイノベーションを行うための能力：① 新たに創造されたナレッジを日常のオペレーションに変換する能力，② 新たに創出されたイノベーションを活用する能力などが必要とされている。

　しかし，このタイプの組織を運用するためには自国優位性からの脱却が必要であるが，以下の2つの点を注意しなければならない[12]。まず，技術や知識

図表7-4　メタナショナル型組織

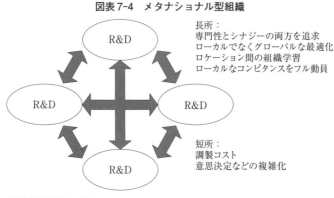

長所：
専門性とシナジーの両方を追求
ローカルでなくグローバルな最適化
ロケーション間の組織学習
ローカルなコンピタンスをフル動員

短所：
調製コスト
意思決定などの複雑化

出所）浅川（2011：39）

の吸収能力とモチベーションである。自社の技術水準が高い水準に達している場合は，仮に海外から高度の技術を吸収するチャンスがあっても技術の導入に積極性を欠くこともありうる。

　市場のニーズや政治・経済などの諸条件が似通っているため，世界をいくつかの地域に分割し，地域単位で戦略の立案・遂行を行う地域統括会社（Regional Headquarter：RHQ）を設置し本社機能を委譲する企業などがその典型的なパターンである。竹田ら（2011）によれば，この組織形態は，北米地域，ヨーロッパ地域，アジア地域などのような区切りで整理され，それらの地域ごとに現地生鮮・販売・輸入・ライセンシングなどにおいては地域本部長が責任を負う形をとるのが一般的である。

　先述したように，本国本社に求められる機能には，全社的な視点で迅速な意思決定を行い，指揮統括で全体最適化を図ることがある。しかし，本社機能をあんまり強化し過ぎると，現地子会社が進出国で生じうるさまざまな問題に対して迅速かつ的確に対応することが困難になる。逆に，海外子会社に自由な意思決定を与えすぎると，望ましくない不正や無責任なマネジメントなどの弊害が発生しうることにもなる。したがって，海外市場に進出する初期の段階においては本社機能を強化し，ある程度現地化に成功したならば，徐々に現地子会社に意思決定の権限と責任を委譲する形が一般的な傾向である。

　実際に，1990年代後半以後，グローバル化とITを基盤とした技術環境は各国制度の統一化と標準化を促進させた。その結果，各国の参入障壁を低下させたり，製品のライフサイクルを短縮させたりするような結果をもたらした。[13)] そうした技術開発力の重要性が問われたため，必然的に個別企業が研究開発費用を増大させなければならない大きなプレッシャーとなった。これらの圧力を分散させるために，特定領域における自社の技術資源集中，海外の自社研究拠点の強化，海外の優れた研究機関との協力ネットワークの構築という，従来とは異なったパラダイムシフトを余儀なくされることになったという。

図表7-5　トヨタ自動車の統括会社

会社名	設立年度	主な活動
Toyota Motor Asia Pacific Pte Ltd. (TMAP-MS)	1990年7月	アセアン各国への部品供給とアジアでのマーケティング販売サポート
Toyota Daihatsu Engineering & Manufacturing Co., Ltd. (TDEM)[*1]	2003年9月	アジア・新興国向けの車両開発，生産事業会社への業務支援
Toyota Motor (China) Investment Co., Ltd. (TMCI)	2001年7月	中国での渉外・広報活動，レクサスなど輸入車の販売

*1　2017年4月にToyota Motor Asia Pacific Engineering and Manufacturing Co., Ltd. (TMAP-EM) より名称変更
出所）トヨタ統括会社ホームページ（https://global.toyota/jp/company/profile/facilities/manufacturing-worldwide/asia.html）2023年4月26日閲覧

　1960年代後半から1970年代にかけて欧州で出現したとされる地域統括会社は，1990年代に入り，欧州地域における経済的地域統合をきっかけに再び増加傾向にあるという。日本を代表する自動車メーカーであるトヨタにおいては，図表7-5が示しているように，アジアや中国地域を統括する企業が1990年代から設立されていることが分かる。

　吉原（2015）によれば，日本企業（特に製造業）は国際経営戦略について時系列的な変化を成し遂げているという。まず，日本企業の国際経営の黎明期ともいわれる1950年代から60年代までの間には，中南米や東南アジアの発展途上国での現地生産のために海外事業部が設立された。この海外事業部は，輸出比率が高い企業に見られた。同組織は，輸出部と海外事業部を別に設立するタイプと，海外事業部のなかに輸出部が置かれるタイプという2種類のタイプに大別される。1980年代には，海外事業部制とグローバル事業部制が併存する多国籍企業が多々出現した。さらに，その後の1990年代に入ると，世界的創造別事業部制や世界的地域別事業部制も採用されるようになった。

　次に，海外開発拠点の自律性と統制のジレンマについてである。この二つの要因はトレードオフ関係にある。すなわち，本国本社の統制をいかなる水準にしておくのかという課題である。要するに，本社からの統制が強すぎると，海外の研究開発の自律性を損ない，自由で活発な活動を妨害する恐れが

ある。逆に，本社の統制が弱すぎると，多国籍企業全体の方向性を一致しない方向に行く可能性も発生する。

第 3 節 ┃ 研究開発とオープンイノベーション

　90 年代以後，グローバル化，情報化，モノづくりの変化など経営環境の急激な変化が見られる中，多国籍企業は生き残りのための熾烈な競争が繰り広げられている。その中で，企業経営への貢献という観点からのイノベーションの意義を問う場合，最も強調されているのが売り手の価格決定能力の所有である。

　このイノベーションを引き起こす重要な主体は，時代別に異なるものがあった。19 世紀のイノベーションはベル，エジソンなどの個人であった。当時の経済の主体が地主，資本家，労働者であったため，企業活動を構成する要素は比較的，小規模な組織からなりたっていた。その後の 20 世紀のイノベーションの主体は，大企業の中央研究所のような組織によって担われてきた。これは結果的に，現代企業の生産性向上に大きな貢献をしたと考えられている。そして，21 世紀のイノベーションは 19 世紀と 20 世紀のイノベーションの主体が混合されるような形，すなわち個人と組織によってもたらされている。

　このように製品開発の主体が変わっている中，研究開発部門において新たなパラダイムシフトが生じている。これにはオープンイノベーションという手法であるが，このオープンイノベーションに対比されている概念がクローズドイノベーションである。この概念を世に書物で紹介したのが，ハーバード大学のチェスブロウ (Henry Chebrough) であった。[14]

　彼によると，過去においてクローズドイノベーションの手法で成功を収めた企業に Dupont，Merck，IBM，GE，AT&T などの企業があるという。これは新しい製品開発のために企業内部に研究開発部門，すなわち中央研究所に戦略的な投資を行い，その部門から開発した技術の存在が市場潜入戦略を試みる企業にとって大きな障壁になっていた。

　これは，オープンイノベーションが登場する以前の時代的背景があったか
らに他ならない。20世紀のほとんどの米国の企業が採用した手法がこれであ
り，企業が研究開発から商業化までの資金を提供したが，製品開発のための
最も重要な役割を中央研究所が担っていたという。

　図表7-6が示しているように，それぞれの企業は独自の研究開発プロセス
を持ち，マーケットに出るまでに厳格なスクーリングを受ける。このプロセ
スがそれぞれ独自の閉鎖的かつ独自のものとして有したため，オープンイノ
ベーションと対比してクローズドイノベーションと区分している。同図表の
中の矢印はアイデアを現しており，マーケットに到達するまでにはさまざま
な視点から評価を受ける。

　当時の研究開発の問題点として最も重要なポイントは，新たなフロンティ
アにおいて突然湧き起こるアイデア，発見に専念するが，開発までは担当し
ない研究部門と，開発部門の分離が指摘されている（図表7-7）。

　チェスブロウ（2004）によれば，オープンイノベーションとは，「知識の流
入と流出を自社の目的にかなうように利用して社内イノベーションを加速す

図表7-6　クローズドイノベーションによる研究開発のマネジメント

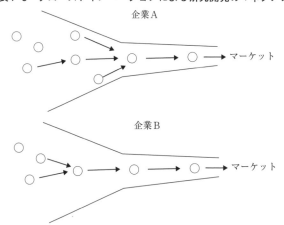

出所）チェスブロウ著，大前訳（2004：6）

図表7-7　クローズドイノベーションにおける研究部門と
　　　　　開発部門の役割比較

研究部門	開発部門
コストセンター	プロフィットセンター
発見（why?）	実行（How?）
予見困難	目標必達
スケジュール化困難	スケジュール必達
可能性の創造	リスクの最小化
問題点の認識	制約下での問題点の解決

出所）チェスブロウ著，大前訳（2004：48）

るとともに，イノベーションの社外活動を促進する市場を拡大すること」で
あるという。そしてそのプロセスは「社内外のアイデアを統合してアーキテ
クチャやシステムをまとめ，その要件を定めるためにビジネスモデルを活用
する」という。

　オープンイノベーションに代表される共同研究開発は，企業同士間の連携
による研究開発の手法と，企業，研究機関，政府間の共同開発を行う産学官
連携という手法がある。

図表7-8　オープンイノベーションの概念図

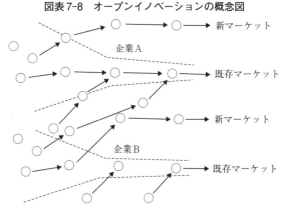

出所）チェスブロウ著，大前訳（2004：47）

　オープンイノベーションは，企業内部の中央研究所で生成された価値を閉鎖的に取り扱うクローズドイノベーションとは異なり，企業内部のアイデアと外部のアイデアを有機的に結合させて価値を生み出すことを目指す。○はアイデアを，点線は知識境界線を指している（図表7-8）。

　チェスブロウはイノベーション手法の変えるポイントとして① アイデアを自社内で商品化するだけでなく，そのアイデアを社外に出すことによって利益を得る道を考える，② 社外のアイデアを評価する機能も必要である，③外部のベンチャー企業を援助して，業界における先端分野の知識を吸収する等々について強調している。

第4節 ｜ 研究開発における人的資源管理

　図表7-9が示しているように，日本の代表する企業であるパナソニックグループは，日本をはじめ，北米，欧州，アジア地域など世界各国から集まった人材や技術を活用した研究開発体制を運用していることがわかる。このような状況では，国内のみの人材を対象にした人的資源管理とはさまざまな面において異なる。すなわち，国内企業のみで人的資源管理を行う場合は，採用慣行，労働観，労働法などを含む人事制度が適用される。これに対し，グローバルな事業展開を繰り広げている多国籍企業の場合は，本国拠点の人事制度と海外子会社の人事制度の整備が重要な課題となっている。これには，受け入れ国のビジネス環境も考慮しなければならない要因の一つである。

　多国籍企業の場合，国内企業と異なり，① 本社が存在する国を出自にする人材である「本国人材」，② 海外子会社が存在する国を出自する人材である「受け入れ国人材」，③ そして本国でも海外子会社でもない国を出自にする人材である「第三国人材」から構成されるという（江夏・桑名，2018）。

　本国人材は，本国拠点（本社）の技術的優位性の海外子会社への移転，本社と海外子会社との調整，ローカル人材への企業文化の伝承者などが主な役割であろう。一般的に，これらの人材は，本社で業務能力や人格などの面にお

図表 7-9　パナソニックの研究開発組織（2023 年 12 月現在）

▌パナソニック株式会社	デザイン本部
▌中国・北東アジア社	技術・品質本部 デザインセンター
▌くらしアプライアンス社	くらしプロダクトイノベーション本部 DX・顧客接点革新本部
▌空質空調社	イノベーションセンター グローバル PF 開発センター
▌コールドチェーンソリューションズ社	ソリューション事業推進室
▌エレクトリックワークス社	ソリューション開発本部 技術本部 現場・ものづくり革新本部

▌パナソニック オートモーティブシステムズ株式会社	開発本部 R&D 企画センター

▌パナソニック エンターテインメント＆コミュニケーション株式会社

▌パナソニック ハウジングソリューションズ株式会社	イノベーション本部

▌パナソニック コネクト株式会社	技術研究開発本部 モノづくりイノベーション本部

▌パナソニック インダストリー株式会社	技術本部

▌パナソニック エナジー株式会社	研究開発センター システム開発統括本部 セル開発統括本部 技術・モノづくり戦略室

出所）パナソニックホームページ（https://holdings.panasonic/jp/corporate/technology/organization.html），
2023 年 12 月 22 日閲覧

いて認められており，海外の派遣先での経験が本社で再び活かされる場合が多い。しかし，派遣された期間中に本社でのキャリアデベロップメント上の不利さ，赴任先での配偶者や子女の現地適応や教育問題，異なる文化への適応問題などを理由に手厚い待遇を提供することが多いが，これは本社の派遣コストの増大問題として解決しなければならない大きな課題でもある。日本企業の場合，本国人材と受け入れ国人材の比重が非常に高いなどの問題がしばしば指摘されている。

　さらに，海外派遣者のマネジメントが問われる。特に，人事慣行・制度と直結する問題としてグローバル人材の不足や，ローカル人材への不公平さは大きく取り上げられている。近年，日本政府が外国人労働者対策として外国人技能実習生制度を導入したが，その主な目的が中小企業での人材不足問題を短期間で補充することであった。しかし，ハイテク産業における高度な技術力を保有する人材を受け入れる制度改革も必要な時期になっている。

　このように本章では多国籍企業における研究開発について概観した。戦後研究開発部門においてトップの座を占めていた米国の企業も時間の経過とともに日本やヨーロッパの企業にその地位を脅かされるようになっているのが現状である。近年では，アジア諸国の企業もグローバルな次元で製品開発をめぐる激しい競争に参入するようになっている。その背景には研究開発におけるよりアジルでダイナミックな動向にその根源的な理由を見つけることができる。特に，経済のグルーバル化が急激に進んだ1990年代以後，多国籍企業が主導するグローバルな消費者を対象にした研究開発は，その重要性がますます問われている。

　研究開発の3つの形態，すなわち基礎研究，応用研究，開発研究におけるグローバルな研究開発能力をいかに構築するのかが重要な課題となっているのはいうまでもない。新たなテクノロジーを適宜製品化までに至るまで，研究開発とマーケティング機能をいかに統合するかが大きな課題として挙げられる。そういった面においては，バートレットとゴシャールが主張した多国

籍企業におけるグローバルな統合以外に，国や地域別に異なる消費者から求められるローカルなニーズに応えられる製品づくりも忘れてはならない重要な課題の一つであろう。多くの多国籍企業が採用している政策の一つに，研究開発センターのグローバルなネットワークの構築が強く求められている。世界各地にある基礎研究センターは，世界からグローバルな人材が集まる地域や場所に立地しているのが一般的な傾向である。たとえば，米国のシリコンバレー，英国のケンブリッジ，日本の神戸などがこれに当たる。

　そしてグローバルな研究開発組織の形態には，トランスナショナル型組織，メタナショナル型組織，RHG などが挙げられる。これらの3形態の中，研究開発の管理の面においてトランスナショナル型組織が主要子会社としての役割を重視されるのに対し，メタナショナル型組織は主要子会社に意思決定権限が委譲され，技術情報や顧客情報の収集やコントロールの面において適切で迅速な対応を可能にするなどが有効的であるという。

　そして，米国で大きな実績を残したスタートアップ企業や中国や韓国の企業が短期間での成長を成し遂げた主要な要因として認識されているオープンイノベーションについても，その中心的な役割や効果について明らかにした。

　最後に，グローバルな研究開発を可能にするためには，本国人材，受け入れ国人材，第三国人材のマネジメントが重要であることが分かった。ハイテク産業に蔓延している，優れたグローバルな人材の不足を補うための人事慣行・制度を整えることも欠かせない重要な課題であろう。

注）
1)　経営環境の激しい変化を表す概念である VUCA については，バンカジュ・ゲマワットン著，琴坂将広訳（2020）『VUCA 時代のグローバル戦略』東洋経済新報社。そして Bennett, N., and Lemoine, G. J. (2014) "What a difference a word makes: Understanding threats to performance in a VUCA world," *Business Horison*, 57(3)：311-317 を参照にすること。
2)　佐久間信夫編著（2005）『現代経営用語の基礎知識』学文社：112-113。

3)　高橋浩夫（1996）『研究開発国際化の実際』中央経済社：14-17。

4)　高橋，同上書：14。

5)　吉原英樹（2015）『国際経営　第4版』有斐閣アルマ：38-40。

6)　榊原清則（1995）『日本企業の研究開発マネジメント』千倉書房：217。

7)　中村久人（2010）「トランスナショナル経営論以後のグローバル経営論——メタナショナル企業経営を中心に——」『経営論集』75：104。

8)　藤沢武史・伊田昌弘編著（2015）『新多国籍企業経営管理論』文眞堂：25-26。

9)　浅川和宏（2003）『グローバル経営入門』日本経済新聞社：148-1671。

10)　藤沢武史（2015）『社会学部紀要』121：10。

11)　このトランスナショナル型（モデル）を主張したのはバートレット・ゴシャール（2002）の研究がある。（参照：Bartlett, C. A. and Ghoshal, S. (2002), *Managing Across Borders*, Harvard Business press.）

12)　岩田智（2007）『グローバル・イノベーションのマネジメント』中央経済社：249。

13)　林倬史（2011）「国際競争戦略と技術革新」竹田志朗編著『新・国際経営』文眞堂：141。

14)　ヘンリー・チェスブロウ著，大前恵一朗訳（2004）『OPEN INNOVATION』産能大出版部。

◆引用・参考文献

浅川和宏（2011）『グローバルR&Dマネジメント』慶応義塾出版会

岩田智（2007）『グローバル・イノベーションのマネジメント』中央経済社

占部都美編著（1980）『経営学辞典』中央経済社

江夏健一・桑名義晴編著（2018）『理論とケースで学ぶ国際ビジネス　第4版』同文舘出版

江夏健一・桑名義晴（2018）『国際ビジネス　第4版』同文舘出版

榊原清則（1995）『日本企業の研究開発マネジメント』千倉書房

佐久間信夫・黒川文子編著（2013）『多国籍企業の戦略経営』白桃書房

佐久間信夫・芦澤成光・文載皓編著（2023）『改訂版　経営戦略要論』創成社

関下稔（2012）『21世紀の多国籍企業』文眞堂

高橋浩夫（1996）『研究開発国際化の実際』中央経済社

竹田志朗編著（2011）『新・国際経営』文眞堂

バンカジュ・ゲマワット著，琴坂将広訳（2020）『VUCA時代のグローバル戦略』東洋経済新報社

藤沢武史・伊田昌弘編著（2015）『新多国籍企業経営管理論』文眞堂

ヘンリー・チェスブロウ著，大前恵一朗訳 (2004)『OPEN INNOVATION』産能
　大出版部
吉原英樹 (1992)『日本企業の国際経営』同文館出版
吉原英樹 (2015)『国際経営　第 4 版』有斐閣アルマ
米倉穣 (2012)『オープンイノベーションと企業の戦略的提携』税務経理協会
Bartlett, C. A. and Ghoshal, S. (1989, 2002) *Managing Across Borders*, Harvard
　Business School Press.
Bennett, N., and Lemoine, G. J. (2014) "What a difference a word makes:
　Understanding threats to performance in a VUCA world", *Business Horison*,
　57 (3)：311-317.
Doz, Y., Santos, J. and Williamson, P. (2001) *From Global to Metanational*,
　Harvard Business School Press.

多国籍企業のロジスティックス戦略

第1節 │ 物流活動とロジスティックス

(1) グローバルロジスティックスの課題

　多国籍企業は世界的な規模で活動しているため，その経営の過程でモノの流れを効率的に管理しなければならない。多国籍企業は生産コストを最も節約できるように国際分業を構築し，そして，販売上，最も有利な条件にある地域への製品供給をその経営上の基本としている。この最適立地における生産と製品供給を支えているのがグローバルロジスティックス戦略なのである。

　それは，原材料の調達や購入，生産拠点の最適配置，中間仕掛品の調達や購入，部品や完成品の保管，輸送，そして配送拠点の配置といった，多国籍企業の生産・販売過程のすべてをカバーしているのである。グローバルロジスティックスは，国内に限定されたロジスティックスよりは複雑な諸課題を含んでいる。国境がなければ，比較的スムーズにモノは流れていく。しかし，多国籍企業の活動は国境を越えることを前提としているため，効率的なモノの流れとその管理において，以下の視点を考慮しなくてはならない。

　グローバルロジスティックスで管理しなくてはならない距離の長さ，需要の相違による予測や計画手法の難しさ，慣習・インフラ・製品の多様性などに伴う不確実性の増大や調整手法の多様性，そして書類作成における規格や言語の違いが，多国籍企業のロジスティックスを複雑化させている[1]。このような複雑性を回避していくにはどのような戦略が必要なのだろうか。

　本章では，このようなグローバルロジスティックスの基本的な諸課題を解

説するとともに，現代的なテーマであるリテール・リンクやソーシャル・ロ
ジスティックスの現状を取り上げていく。情報化の進展によってロジスティッ
クスが効率化されている。モノの最適移動を実現するため，多国籍企業はど
のような工夫をしているのであろうか。また，環境という側面から，モノの
移動における負荷の少ない手法が求められている。情報化と環境負荷軽減は，
多国籍企業のロジスティックスの挑戦しなければならない課題となっている。

(2) 物流活動の範囲

　物流活動の管理は，生産の完了時点から最終消費者へ至るまでの完成品の
流れをその領域としている。生産と消費を結びつけることを，企業戦略に合
わせて管理することがその目的である（図表8-1）。物流活動という概念は流
通の下位概念であり，流通は，売買取引による金銭の授受や所有権移転を含
む流通活動（商的流通活動）と，物品の物理的な移動や管理にかかわる流通活
動（物流活動）に分けられる[2]。そして，後者の物流活動は次のように細分化す
ることができる[3]。

　第1は輸送である。ある工場で，製品が大量生産されるケースで，その製
品が顧客のもとに届かなければ，製品は工場に山積みになり，製造した意味

図表8-1　物流活動とロジスティックスの関係

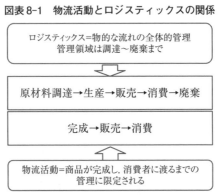

出所）筆者作成

がなくなってしまう。多くの場合，物品の産出地と需要地は異なるので，物品を隔地間で移動させる活動を輸送という。

第2は保管である。保管はその語義から，保蔵を付加した管理を意味する。物品を単に貯蔵しておくことだけではなく，物品そのものの品質や形状を変質することのないよう，つまり，物品の価値を維持しながら管理することが保管の意味である。

第3は包装である。包装は物品を箱に入れること，袋に包むなどして適切な材料や容器などを用いて物流過程における物品の劣化を防ぐ方策である。このように包装の機能は，物品を保護し，破損，変質，減量を防ぐことであるとともに，物品を一定単位にまとめることで，輸送，保管，荷役の諸活動を効率化することでもある。

第4は荷役である。トラックや船舶による輸送の前後に物品の積み替え，及び積卸しが行われる。これらの作業に加えて，物流センターでは，物品の受け入れ，運搬，積み付け，取り崩し，入出荷の仕分け，品揃えのためのピッキング[4]が行われる。これら機能を持つ荷役は，保管から輸送，そして輸送から保管という物品の流れの結節点で，輸送と保管にかかわる細かな部分でそれらを補完する機能を持っている。

第5は流通加工である。流通加工とは，流通過程における倉庫，物流センター，店舗などで物品を加工することである。具体的には，生鮮食品または繊維製品の2次加工，小分け商品化包装，値札付け，鉄鋼，ガラスなど生産財の裁断，注文に対応する機器の組み立て，組み換え及び塗装替えなどが流通加工である。

第6は物流情報である。これは，物流活動において，何がどこにどれだけあるか，何をどこに，どれだけ，いつまでに運ぶのかという在庫管理や出荷などを適切に行うための情報の収集，処理，伝達の方策である。具体的には，顧客からの注文，販売数量，それに基づく品揃え方針の決定，品揃えの維持，棚管理などの在庫管理，配車計画などが物流情報として集められ，それらの

情報は，物流の各機能の円滑化と効率化に貢献している。

　物流活動が最適化されているだけでは，企業全体としてのモノの流れの管理が適正であるとはいえない。なぜならば，物流活動は「生産の完了時点から最終消費者までの間の限定的なモノの流れ」を守備範囲としているのであって，企業活動の全体としての経営成果の最大化を目的としていないからである。企業の経営活動における購買・生産・物流活動を連結させて，その間のモノの流れを管理しようとする体系が求められるようになった。そこで，注目されるようになったのが，軍事の領域で使われていたロジスティックスという概念である。

(3) ロジスティックスの概念

　ロジスティックスという概念は，もとは19世紀後半のフランスの軍事用語として，兵員，武器，食料などの戦争で必要なものを用意して，それらを必要な場所に供給していくことを意味していた。兵員，武器，食料の代わりに，商品，原材料，食料を顧客に届けるサービスに置き換えた概念が現在のロジスティックスとなった。ロジスティックスは経営活動における，資源の探索，調査から始まり，最終消費者までに至るモノの流れ全体を管理することを意味するようになった。

　物流活動では，輸送，保管，荷役，包装など，具体的に目に見える活動を稼働，効率，費用といった数字で管理することがその目的であった。物流活動では，それぞれの活動が個別に評価されており，トータルな物流活動の管理という視点は欠けていた。一方で，ロジスティックスにおいては，管理の対象は経営活動の体系全体であり，その中で特に，モノの流れを管理することがその目的なのである。[5]企業活動における諸活動間の関係性，相互依存関係を鎖として想定することで，ロジスティックスの効用は増大するのである。

　具体的にロジスティックスはどのような作用で経営成果に結びつくのだろうか。その企業全体の体系をフローとして見たとき，生産の前後過程にある，

原材料の調達や在庫の配分はどうなるのかということを考慮しなければならない。つまり，生産工場単体の効率性向上は単眼的視点であり，複眼的視点として，その前後のプロセスが考慮されなくてはならない。工場に原材料が運ばれてくるまでのプロセス，そして，工場から倉庫，販売店，最終消費者というプロセスの中の流れが企業全体で最適化されなければならない。複雑な多国籍企業のロジスティックスの全体最適の基準をどこに置くべきかと考えたとき，それはグローバルマーケット（世界の顧客）の便益の向上にあると考えることができるだろう[6]。

第2節　グローバル・ロジスティックスの展開

(1) ロジスティックスを支えるフォワーダー

　天然資源の不足している日本では，輸入した原材料を加工して輸出をするという加工貿易をベースとして，戦後の経済再建が始まった。日本の高度経済成長を支えた産業は，1950年代には繊維産業，1960年代は重化学工業，1970年代後半からは機械産業であった。1980年代後半になり，ローカルコンテンツ規制[7]やコスト削減メリットの追求，貿易摩擦を回避するため，日本企業の生産拠点が欧米や東アジア諸国に分散していった。

　このような生産拠点の海外展開によって，現地での原材料調達，生産，販売といった，それまでとは違う課題に，日本の多国籍企業は対処するようになった。グローバル化を展開している多国籍企業にとって，国際的なロジスティックスは，その経営を左右する重要な課題として認識されるようになり，ロジスティックス戦略という視点が多くの企業で取り入れられた。

　この戦略を担うのが外航海運フォワーダーである[8]。多国籍企業の国際的なモノの流れを円滑にするため，フォワーダーはモノを運ぶだけではなく，混載による効率化，運送関係書類の作成，スペースの手配，仕分け，集配，通関，保管，在庫管理，流通加工，梱包，保険代理等を組み合わせた総合的なサービスを提供している。

　フォワーダーは必ずしも自らが，船舶を保有しているのではなく，船舶会社の海上輸送を利用している場合も多い。つまり，フォワーダーの役割は，モノのフローを円滑にするサービスを提供することであり，運送はそのサービスの一部にすぎないといえよう。

　一方，迅速性を求める多国籍企業は航空輸送を選択している。航空輸送は，海運に比べて価格が高いが，迅速性を付加価値として認識する多国籍企業にとってみれば，競争力の源泉となる。日本の航空貨物輸送では，航空会社とフォワーダーがそれぞれの役割を分かちあっている。フォワーダーが集荷や配達，営業を担い，航空会社は空港間の輸送を担っている。この分業方式で輸送される航空貨物は，混載貨物として取り扱われている。つまり，1機の輸送航空機で，多様な荷主（企業）の貨物が輸送されるのである。航空会社の運賃率は，貨物が重いほど単位当たりの運賃が安くなる重量逓減制になっている。つまり，フォワーダーは大口貨物を1機にまとめることで，割引の比率を大きくすることができるのである。荷主に提示する貨物運賃と航空会社に支払う運賃の差額がフォワーダーの利潤となる。

　日本を含め多くの国では，航空貨物輸送は航空会社とフォワーダーとの連携による分業体制で行われてきたが，米国ではフォワーダーと航空との両機能を備えたインテグレーター[9]と呼ばれるような運輸業が登場し，世界の空の輸送の一部を担っている。インテグレーターの先駆者はフェデックスで，その登場当時には，広大なアメリカ国内での「翌日配達可能」というサービスを築きあげていった。インテグレーターは国際輸送に進出して，ここでも「翌日・翌々日配達可能」という迅速なサービスを荷主に提供してきた。

　インテグレーターによる輸送の迅速化の基幹はハブ・アンド・スポークシステムという航空輸送方式である（図表8-2）。トラック等で集荷した貨物は最寄りの空港で航空機に積み替えられ，ハブ空港に空輸される。その空港で当日の夜間に貨物が地方別に振り分けられ，再び航空機で目的地近くのハブ空港に貨物が運ばれる。その後，ローカル空港を経て，トラック等で最終目

図表8-2　ハブ・アンド・スポーク・システム

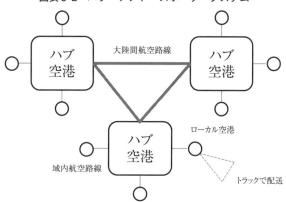

出所）齋藤・矢野・林（2009：228）の図をもとに筆者作成。

的地に貨物が到着するという輸送システムが綿密な情報技術を用いて構築されている。

　世界の顧客満足を第1に追求する多国籍企業にとって，自社の物流関連の経営資源（人材，輸送手段，情報システムなど）のみで市場に対応することは難しくなっている。インテグレーターを活用し，より迅速にかつ的確に需要を満たすプロセスによって，多国籍企業が世界市場で成功を果たすことができるのである。つまり，インテグレーターという輸送専門企業を有効活用することによって多国籍企業のロジスティックス機能が強化されるのである。

(2) 多様性と統合化という課題に応えるロジスティックス

　現代の多国籍企業の経営課題は世界中の顧客の多様なトレンドに応えるとともに，迅速に消費者の求める製品を提供することである。インテグレーターは，世界各国へ物流ネットワークを拡張し，世界の多様な荷主の物品を取り扱うようになった。マーケットの多様性に応えなければならない環境においては，インテグレーターを介在させるロジスティックスの構築が，多国籍企業が顧客に対して「迅速さ」に加えて「多様性への対応」の提供という

付加価値を生み出すことになる。

　一方で多国籍企業本体は，国境を越える活動を統合するという課題に取り組まなければならない。輸送や保管にかかわる国際物流コストを最小化するだけではなく，多国籍企業は地域レベルでロジスティックスを統合するため，地域統括拠点 (OHQ：Operational Headquarter) を設置している[10]。この拠点は地域での原材料調達，生産，販売を一括統合する機能を有し，ロジスティックスもその守備範囲にある。さらに，地域でのロジスティックス機能に特化した，国際調達拠点 (IPO：International Procurement Office) を設けている多国籍企業も多い。この拠点は調達を主要任務とし，地域の生産拠点で利用される原材料等を大量調達することにより，原価の低減を図るとともに，輸送コストの無駄を削減している。また，IPO は生産拠点に近いため，国境を越える取引に必要とされる取引コスト（関税や取引相手を探す潜在的なモノの取引にかかるコスト）なしに，生産に必要な原材料や部品の在庫調整を可能にしている。多国籍企業の中には，調達に留まらず，販売物流拠点を有している企業もある。対象地域の製品を集中保管し，地域内の仕向地に製品を出荷することにより，在庫削減や品揃えの拡充が可能になる。

　このように，多国籍企業は世界的に分散する拠点を統合することで，様々な経営資源の効率的な活用を実践している。地域統括拠点，国際調達拠点，そして，販売を目的とした物流拠点は，多国籍企業の統合化志向を実現させるハブとなっている。

　多国籍企業の活動がグローバル化するのに従い，諸活動を統合するうえでの情報システムの役割も重要になってくる。多国籍企業は，世界の調達，生産，販売，物流拠点をつなぐ情報システムの整備を行っている。グローバル情報システムの機能は，販売・生産計画の配信，出荷指示受付，船荷証券 (B/L) 配信[11]，貨物追跡，在庫検索，最適輸送方法の選択などの情報提供によって構成されている。貿易実務関連の情報システムとしては輸出入・港湾関連情報システム (NACCS：Nippon Automated Cargo and Port Consolidated

System) がある。世界中で輸出入を繰り返し，数千社規模の取引先と物品の取引をしている多国籍企業は，このような情報システムを構築することで，調達・生産・販売機能を統合するという戦略課題に応えている。

第3節 ┃ 技術革新とロジスティックス

(1) リテール・リンクと EDI

世界的に展開している流通小売業のウォルマートはリテール・リンク（Retail Link）という情報伝達手法を構築している[12]。このリテール・リンクでは，ウォルマートと製品供給する取引先が，情報を介して結びついている。取引先企業はウォルマート店頭の消費動向を逐次確認することができるようになっている。その消費動向に応じて取引先企業は生産計画を調整することで，作りすぎのムダを回避している。逆に，ウォルマートも，取引先の生産状況を確認することができるので，在庫切れによるビジネスチャンスの喪失を避けることができるのである。単なるモノの流れを管理するロジスティックスに情報の流れを統合することで，リテール・リンクが構築されているのである。

消費動向と供給活動進捗状況を同時に把握するため，EDI（Electronic Data Interchange：電子データ交換）を利用した EC（Electronic Commerce：電子商取引）が活用されている[13]。電子商取引で企業間でのモノの流れが統合されている。消費者から小売店，小売店から生産者という企業の枠を超えたところで，情報伝達の欠如や情報伝達のタイムラグが解消される。サプライチェーンマネジメント[14]の末端，つまり，小売と消費者との関係のみならず，グローバルな貨物輸送においては，企業間で貨物追跡情報を共有する EDI の活用は，多国籍企業間でのモノの流れを総合的に管理するうえで重要である。

(2) 情報化と医療トレーサビリティ

IC チップを埋め込んだ札（IC タグ）をロジスティックスに活かす取り組みが，ラジオ・フリクエンシーシステムである。前項で取り上げた EDI は，貨

物情報の見える化を実現している。その裏付けとして，実際の貨物がどこにあるかを発信する側としての技術として，IC タグが活用されている。その結果，ロジスティックスのプロセスにおいて，貨物そのものとその貨物の情報（原産地，加工地，仕向地など）を一括して管理することができるようになった。

　現在，特定生物由来製剤については原材料および製造工程の管理から患者に使用されるまでの一貫した安全対策を行うために医薬品製造業者，医療機関において遡及調査のための記録の保存が義務化されるようになった。そのため，医療のトレーサビリティを高めるための方策が必要になった。臨床の場において医療の安全を確保するために，「物」と「患者」との確認作業を目視のみならず，IT を利用して行う場合における諸問題を明らかにすることも医療産業の役割である。具体的には医療資材（医薬品・医療材料）にバーコードや電子タグを利用してトレーサビリティを確保する場合に，医療品メーカー，流通業者，医療施設等は克服すべき課題がある。バーコードや電子タグを臨床において利用するためには，そのコンテンツ内容の決定およびコンテンツの要素であるコードやロット番号，あるいは使用期限等の情報の標準化が未だ十分に整備されていないことが大きな課題となっている。さらに，臨床において「物」と「患者」との間で IT を利用して確実に確認作業を行うためには，情報システム側においても改善が必要となる。医薬品のコードの標準化および情報管理のメンテナンス体制の確立は急務である[15]。このような身近な課題を解決することもロジスティックスの役割である。その後，アンプル[16]に代表される調剤包装単位への GS 1[17] データバーが表示されるようになった。2021 年 4 月からは販売包装単位に有効期限や製造番号（ロット番号）の表示が必須となった。製品の識別には GTIN（Global Trade Item Number：商品識別コード）が利用されている。

　医療トレーサビリティの課題は，GPS（Global Positioning System：汎地球測位システム）の運用で解決できる可能性はある。GPS は，グローバルなモノの流れの経過をリアルタイムで確認することを可能にしている。フリクエンシー

システムが地点ごとの情報を提供するのに対して，GPS はその流れ全体を完全に管理することを可能にしている。日本国内の医薬品コードを国際標準にしたうえで，GPS とラジオ・フリクエンシーの技術の力によって，医療のトレーサビリティによる「物」と「患者」の安全性が可視化できるようになる。

第4節 ┃ ロジスティックスの進化

(1) ソーシャル・ロジスティックス

近年，地球温暖化防止を目的とした排気ガス規制，都市環境の維持のためのディーゼル車規制，スピードリミッターの導入，リサイクル法の施行など，環境に関わる規制が強化されてきた。ロジスティックスの概念はモノの流れを管理するうえで，多様な側面での環境負荷を考慮することを包含するようになってきた。そのような時代背景で，社会全体としてロジスティックスを最適化しようとする，ソーシャル・ロジスティックスという考え方が生み出されている。つまり，企業がロジスティックスの管理をするうえで，それを社会に適合できるようにすることが求められている。

2015 年 11 月にフランス・パリで，気候変動枠組条約第 21 回締約国会議（COP21）が開催された。その際に採択されたパリ協定では，長期目標として，地球の平均気温上昇を 2℃以内（努力目標は 1.5℃）にとどめ，温室効果ガス排出量を今世紀後半に実質ゼロとすることが目標とされた。そして，CO_2 の累積排出量と気温上昇との間には線形に近い関係が見られるため，気温を安定化させようとすれば，その時点では世界の正味 CO_2 排出量をほぼゼロにする必要があり，長期的には実質ゼロ排出（脱炭素化）が求められている。一方で，世界の温室効果ガス排出量の上昇は止まっていない。効果的な排出削減の推進のためには，世界排出量が減らない現在の構造を改善しなければならない。温暖化問題の本質上，世界すべての国による排出削減への協調が重要であり，その追求は必要である。しかし，実質ゼロ排出等の実現には，極めて大きな削減費用が必要とされている。世界全体が参加する協調体制の確立には大き

な困難が伴う[18]。パリ協定後の主要各国の温暖化ガス削減目標は図表8-3の通りで、表中のBAUとは、特段の対策のない自然体のケース（Business as Usual）に比べての効果を意味している。ネットゼロとはカーボンニュートラル、つまり温暖化ガスの排出と吸収の差し引きゼロを意味している。

温暖化ガスを削減する方策として、ロジスティックス過程で環境に大きな負荷をかけている、トラック輸送の改善がターゲットとなりうる。その対策は、例えば、トラック単体での取組み、トラック台数を減らす取組み、トラック輸送そのものをやめる取組み、トラック輸送量を減らす取組み、という複

図表8-3　主要国の温室効果ガス削減目標（2020年以降）

国・地域	2030年目標	2050ネットゼロ
日本	-46%（2013年度比） さらに、50%の高みに向け、挑戦を続けていく	表明済み
アルゼンチン	排出上限を年間3.59億t	表明済み
オーストラリア	-43%（2005年比）	表明済み
ブラジル	-50%（2005年比）	表明済み
カナダ	-40〜-45%（2005年比）	表明済み
中国	(1) CO_2排出量のピークを2030年より 前にすることを目指す (2) GDP当たりCO_2排出量を-65%以上（2005年比）	CO_2排出を2060年 までにネットゼロ
フランス・ドイツ・ イタリア・EU	-55%以上（1990年比）	表明済み
インド	GDP当たり排出量を-45%（2005年比）	2070年ネットゼロ
インドネシア	-31.89%（BAU比）（無条件） -43.2%（BAU比）（無条件）	2060年ネットゼロ
韓国	-40%（2018年比）	表明済み
メキシコ	-22%（BAU比）（無条件） -36%（BAU比）（無条件）	表明済み
ロシア	1990年排出量の70%（-30%）	2060年ネットゼロ
サウジアラビア	2.78億t削減（2019年比）	2060年ネットゼロ
南アフリカ	2026年〜2030年の排出量を3.5〜4.2億tに	表明済み
トルコ	最大-21%（BAU比）	―
英国	-68%以上（1990年比）	表明済み
米国	-50〜-52%（2005年比）	表明済み

出所）外務省ホームページ（https://www.mofa.go.jp/mofaj/ic/ch/page1w_000121.html）2023年11月19日閲覧

数の選択肢の同時進行となるであろう。

　トラック単体としての取組みは，ドライバーの環境意識の向上によって実現する。つまり，それはエコドライブを実践することである。エコドライブの実践は，デジタル情報としてトラックから事業所に送られるようになっており，ドライバーのエコドライブ熟達度が，ソーシャル・ロジスティックスを左右するのである。トラック台数そのものを減らす取組みは，複数企業間での共同運送で実現できよう。多くのメーカーが共同配送拠点を介して，トラックに貨物を混載することで，社会としての輸送の効率化が図られる。そして，トラック輸送そのものをやめることで，モーダルシフトが可能になる。つまり，トラックから鉄道や海運といった，温暖化ガスの排出の少ない輸送手段がロジスティックスを管理する上での選択肢となる。トラック輸送をやめるということは，必要のない輸送はしないことを意味する。エコドライブや共同運送，モーダルシフトを実現できたとしても，無駄な輸送をしていたならば，それまでの努力は報われない。したがって，必要なものを必要なときに，必要なだけ輸送するというシステム設計の構築がソーシャル・ロジスティックスにおいて求められている。このような意味から，消費者動向を起点とした輸送体系の構築がフォワーダーの経営，そしてそのフォワーダーの輸送効率に依存している多国籍企業の経営の競争力を高めるのである。

(2) リバース・ロジスティックス

　ロジスティックス管理過程は，製品が消費者に到着するまでがその範囲ではなく，回収物流の部分をも含んでいるのである。このように，回収物流まで含んだ概念をリバース・ロジスティックスという。これは，返品，使用済み容器，使用済み耐久消費財，産業廃棄物の回収，再利用，処理に着目した流れの管理を意味する。

　生産から販売，消費者へというモノの流れを管理する部分が動脈ロジスティックスであるとすれば，消費者から回収，そして再生という流れは静脈

ロジスティックスとして位置づけられる。このように動脈から静脈への流れの管理が確立されることで，産業廃棄物や有害な物質を含む廃棄物の管理が可視化されるようになる。このような動脈と静脈の双方の管理を世界的な規模で行うことを期待されているのが，現代の多国籍企業である。

　開発途上国では，新品の製品をつくることができても，それを回収して，処理する能力をもてないということが，世界的な環境悪化を増大させている。強い環境規制は企業の強さを導き出すという考えの下，国家（特に開発途上国）は地球全体の未来を考慮して政策を打ち立て，それに応える多国籍企業へは，多様な側面で優遇していくという姿勢が必要である。そのような政策が多国籍企業のチャンスとなり，あらかじめリバース・ロジスティックスを構築していることが，競争力の源泉となり，すなわち，戦略的な行動となる。

　多国籍企業は税関による検査，関税の負担といった，モノが国境を越えることで生じる非効率を考慮しなければならない。このような非効率を回避するため，FTA の締結が盛んに行われている。古くは，北米自由貿易協定（NAFTA）やアセアン自由貿易協定（AFTA）によって，地域内でのモノの流れがスムーズに行われるようになった。そして，日本に関わる最新の貿易協定は環太平洋パートナーシップに関する包括的及び先進的な協定（CPTPP）である。[19] 日本と環太平洋地域の国々との貿易関税は段階的に引き下げられるようになった。このような国家間の政策は，多国籍企業のグローバルロジスティックスにとって有効に作用するのである。このような政策と多国籍企業のロジスティックス戦略の強化で，比較優位の原則つまり最適国際分業のメリットが生まれるのである。

　国際分業を前提とするロジスティックスは，情報化技術によって事細かに管理されており，品質安全性を特に考慮しなければならない。たとえば医療ロジスティックスでは，それを担うロジスティックス企業は，迅速化，物量の処理，多様な製品管理の3条件をクリアしている。そして，医療廃棄物の回収，処理等の静脈ロジスティックスの構築が考慮されなければならない。単

に使用済み医療品を回収し，棄てるだけでは，ロジスティックスは完了しない。医療品を含めて，動脈の管理と静脈の管理がロジスティックス戦略の両輪である。

注)
1)　佐久間信夫編著 (2002)『現代の多国籍企業論』学文社：115。
2)　宮下正房・中田信哉 (2004)『物流の知識 (第 3 版)』日本経済新聞出版社：19。
3)　國領英雄編著 (2003)『現代物流概論 (2 訂版)』成山堂書店：25-34。
4)　ピッキングとは，伝票や指示書 (ピッキングリスト) に基づいて，商品を取り出す作業である。
5)　中田信哉 (2004)『ロジスティクス入門』日本経済新聞出版社：40。
6)　中田信哉・湯浅和夫・橋本雅隆・長峰太郎 (2003)『現代物流システム論』有斐閣アルマ：181。
7)　ローカルコンテンツ規制とは，日本からの進出企業が現地の部品製造企業から一定割合の部品数量を調達しなければならない規制である。
8)　フォワーダーとは，荷主から貨物を預かり，他の業者の運送手段 (船舶，航空，鉄道，貨物自動車など) を利用し運送を引き受ける事業者を指す。
9)　インテグレーターとは，国際航空貨物分野で，航空会社 (キャリア) とフォワーダー (利用運送事業者) 両方の機能をあわせ持つ運送会社を指し，インテグレイテッド・キャリア (Integrated Carrier) やフォワーダー・キャリア (Forwarder Carrier) とも呼ばれる。インテグレーターはフェデックスのほか，DHL，UPS が代表的企業である。
10)　ロジスティックスの組織と情報システムついては，齋藤実・矢野裕児・林克彦 (2009)『現代ロジスティクス論：基礎理論から経営課題まで』中央経済社：211-212 を参照した。
11)　船荷証券 (Bill of Lading：B/L) は，貿易における船積書類のひとつで，荷送り人と船会社が備品運送契約を結んだことを証明する証拠書類として，船会社が輸出者の貨物を受け取ったときに発行される。
12)　中田，前掲書：160。
13)　藤野直明 (2012)『サプライチェーン経営入門』日本経済新聞出版社：123。
14)　サプライチェーンマネジメントとは，製造業や流通業において，原材料や部品の調達から製造，流通，販売という生産から消費にいたる商品供給の流れをサプライチェーンととらえ，それに参加する部門・企業の間で情報を相互に共有・管理することで，プロセスの全体最適を目指す戦略的な経営手法，あるいはそのための情報システムのことである。

15) 厚生労働科学研究成果データベース「医療資材におけるトレーサビリティに関する研究」https://mhlw-grants.niph.go.jp/project/7827 (2023 年 11 月 19 日閲覧)。

16) アンプルとは注射剤を入れる密封容器の一種で，薄いガラスでできている。注射剤に微生物が侵入することを防ぎ，無菌状態を保つことができる。

17) GS1 とは，世界の製造，流通，サービス，行政分野において企業コード，自動認識技術 (バーコード・2 次元バーコード・電子タグ)，EDI メッセージ等の標準仕様を「GS1 標準システム」として開発，普及推進活動を行っている非営利機関である。

18) 日本学術会議による提言による。https://www.scj.go.jp/ja/info/kohyo/kohyo-24-t289-1-abstract.html (2023 年 11 月 19 日閲覧)。

19) CPTPP (Comprehensive and Progressive Agreement for Trans-Pacific Partnership) とは，TPP からの離脱を表明した米国以外の 11 ヵ国間で締結された協定である。

多国籍企業と提携戦略

第1節 ｜ 海外進出の手段としての提携

　企業が海外に進出しようとする場合には，グリーンフィールド投資，企業買収（M & A），提携などの方法がある。グリーンフィールド投資は，進出先国に工場を建設し，販売網を構築し，現地で従業員を雇用するなど，進出に必要な経営資源をすべてこの企業が準備する方法である。進出先国において生産し販売するための経営資源をすべて準備するためには巨額の資金を必要とするだけでなく，用地を買収し，工場を建設し，販売網を構築しなければならず長い時間がかかるのが普通である。

　これに対し，進出先国において，既に生産・販売活動をしている企業を買収することによって海外進出する場合には，この企業は買収した企業の生産設備や販売網をそのまま利用することができるので，グリーンフィールド投資に比べてきわめて短時間で進出先国の市場に参入することができる。現地の商習慣を熟知した従業員や，労働慣行に習熟した管理者層も同時に獲得することができるため，生産・販売活動におけるトラブルのリスクも低く抑えることができる。

　提携は，現地で操業している企業の一部の経営資源を利用することによって，進出先国の市場に参入する方法である。企業は提携相手の生産設備や販売網を利用することによって自社の製品を生産したり販売したりすることができる。進出先国の企業を買収する方法に比べて，海外進出の費用を大幅に節約することができ，進出に要する時間も短縮することができる。

　このように提携は海外進出する企業にとって，費用と時間を大幅に節約することができる方法であるが，海外進出以外のさまざまな目的でも利用されるようになってきている。本章では，近年の企業提携が戦略的提携へと変化してきている理由について考察し，さらに戦略的提携の動機や種類などについて検討する。

第2節 ｜ 提携から戦略的提携へ

　戦略的提携は1970年代後半以降，行われるようになった。ここではまず1970年代以前に主流であった国際提携について整理しておくことにする。そもそも提携（corporate alliance）とは，独立した企業どうしが連結しあうことで付加価値を生み出すことをいい，パートナー企業が相互に協力して特定の事業を遂行することを意味する。

　一般に，提携の形態は，「合弁事業」「契約提携」「長期取引関係」に大別される。提携は企業活動のあらゆる局面で行われ，企業規模や業種，国籍などを越えて，自社が行う事業の分担，あるいは補完を目的として行われる（竹田，1992：133-134）。

　合弁会社（joint venture）とは，2つ以上の企業の共同出資会社を意味する。多国籍企業における自国資本と他国資本の結合，いわゆる国際的共同出資会社としての合弁会社の歴史は古い。1970年代以降の合弁会社は先進国に本社をもつ企業が発展途上国に進出する際に，途上国の企業や政府との間に共同出資会社を設立するケースが多かった。これには先進国企業が合弁会社の経営権を掌握するために先進国企業が過半数を出資する場合と，現地パートナーの意向から現地パートナーが過半数を出資する場合とがある。

　契約提携（contractual alliance）とは，資本出資を伴わない契約だけの提携で，提携契約（co-operative agreement）と呼ばれることもある。契約提携には技術契約（技術実施契約，共同開発契約），製造契約（製造委託契約，製造物供給契約＝OEM契約），マーケティング上の契約（販売力の活用，販売ノウハウの提供，

相互品揃え，共同販売など）など，および数社間での国際的共通規格取り決め
などが含まれる（竹田，1992：134）。この契約提携は，たとえば優れた技術を
もつライセンサーがライセンシーに対して支配的な地位をもつことになるよ
うに，「支配・従属」関係を伴うものである。

　長期取引関係は，「パートナー相互の信頼を基礎とする継続的な顧客関係に
よる提携」を意味する。長期取引関係も「パートナー間の取引が純粋な市場
価格によるものでないという観点から」企業提携の一形態といえる。日本の
系列に見られるように親企業と下請企業の間には「支配・従属関係」が形成
されている。

　一般に，提携は比較的安定した関係にある協調的なパートナーと明示的な
合意に基づいて行われ，少なくとも一定の期間，通常は比較的長期間，継続
される。そして，期待した目的が達成されたり，提携をしている企業を取り
巻く環境が変化する，あるいは利害の対立が生じ，協力関係を維持すること
にメリットが見出せなくなるとその関係は解消される。

　しかしながら，1970年代の半ば以降，高度な製品品質を前提にしながらも
激しい価格競争が展開されるようになった。そのため，1970年代後半，提携
は，戦略的な意図をもって行われるようになり，その性格に質的変化が見ら
れるようになった。

　竹田志郎は，1970年代半ば以降の日本の多国籍企業の提携に関する詳細な
実態分析を通じて，提携が質的にどのように変化したのかについて，技術開
発，製品調達，生産，販売・マーケティングという企業の経営活動における
4つの機能的局面から検討している。[1]

　技術開発に関しては，かつての技術提携は，先進企業による後進企業に対
するライセンスの供与とロイヤルティの支払いという関係から，同等の高い
技術水準をもつ企業どうしの技術やその他の経営資源の交換という関係に変
化した。すなわち「支配・従属的」な関係から，同等の相互補完関係へと変
わったことを指摘する。

製品調達に関しても，「支配・従属的」関係をもつ系列取引から，対等な関係である顧客取引へと変わってきていると指摘する。

生産提携には生産受託と共同生産の2つがあり，共同生産は開発・販売活動の一環として行われることが多い。生産受託のうち OEM (Original Equipment Manufacturing) 生産に関しては，「かつてはブランド支配力の"強い"企業が"弱い"企業に委託する」ことが多かった。すなわち両企業は「支配・従属関係」にあり，ブランド支配力の弱い企業はこの従属的な提携関係の下で自社製品を海外に販売せざるをえなかったのである。ところが最近の生産提携はブランド支配力の"強い"企業どうしが，ある製品では生産委託を，他の製品では生産受託をするというような提携関係へと変化してきていると説明する。

竹田はこの対等な関係の生産委託・受託における企業提携の特徴を次の4点に要約している。

(1) 自社の手の回りきらない部分を生産委託する。

(2) 双方のメリットが一致しない限り提携関係に入らない。

(3) 委託先が受注先であるという関係がみられ，製品，技術，サービス等にツーウェイの流れがみられる。

(4) 供給を受ける製品にすべてを依存するのではなく，自社の製品として取り込むだけの力を既にもっている。

販売提携は従来，企業が海外市場に参入するに際して現地流通業者との間で行われることが多かった。それに対して最近の販売提携は製造企業どうしの間で行われ，お互いの経営機能，経営資源，販売地域などを交換しあう，双方的なものへと変化してきている。たとえば，相互に販売網を利用しあうクロス・ディストリビューション，自社の販売網を利用させる代わりに相手の製品の独占販売権を取得する経営資源と販売権の交換，2社が共同開発した製品をそのうちの1社が製造を担当し，販売は地域別に2社が分担するケース，などの例をあげることができる。

さらに，竹田は，戦略的提携のパートナーとして要請される条件を，同等性，共存性，計画性に見出している（竹田，1995：6）。

(1) 同等性は，互いに同等の力をもつものどうしがパートナーとなりうるということであり，同等の能力をもつパートナーが互いに補完し合うことを目的に提携を成立させる。

(2) 共存性とは，パートナーどうしの相性のことであり，提携活動に参加する経営者，管理者，現場スタッフなどの各段階で相性が良くないと提携は成功しない。

(3) 計画性とは，提携の使命の確定と解消の困難さをその当初より意識的に設定することである。

多国籍企業はこのような3つの点に留意してパートナー企業の選択にあたっているといわれる。

このように従来，協調関係に力点が置かれ，また「支配・従属的」関係にある比較的安定した企業間関係にある企業どうしが行っていた提携は，競争関係の質的な変化に伴い，競合関係にある，対等な企業間関係にある企業どうしによって経営資源の補完を目的に限定的，戦略的に行われるようになっていることを竹田は強調する（竹田・島田，1992：133-160）。

その上で，彼は，1970年代以前の提携とそれ以降の提携，すなわち提携と戦略的提携とではどのような違いがあるかを以下の3点にまとめている。

(1) かつての提携は一方が経営資源の提供，他方が対価の支払いや経営権の取得という関係が多かったのに対し，現在は経営資源や経営機能を相互補完する提携へと，いわば双方的な提携へと変わってきた。

(2) かつては提携の対象と範囲が包括的なものであったのに対し，現在はパートナーどうしがかなり「限定的」な部分においてのみ提携関係を結ぶようになってきた。

(3) 現在の提携は企業の長期・短期計画に基づいてかなり意識的に展開されるようになった。すなわち提携が「戦略的」なものへと変化してきた。

　この他，戦略的提携は互いに競争関係にある企業間で結ばれることが多いこと[2]，提携の期間が短いこと，技術や製品調達などきわめて限定された領域で行われることなど，従来の企業提携とは異なる特徴をもつ。

　以上のようなことから，戦略的提携は，独立した企業どうしが，将来の事業展開を見据えた重要な戦略的分野において，激変する技術・市場環境にできる限りすみやかに適応するために，「パートナー企業の蓄積する経営資源を相互に活用することで，相互補完を実現し，内部の経営資源を底上げする」，あるいは「市場において有利な競争ポジションを獲得し，維持・拡大していく」という戦略的課題を掲げ，合意した一連の目標の実現にむけて協力しあい，取り決められた仕事を遂行し，管理し，提携から得られる利益の極大化を目指すものであるといえよう[3]。戦略的提携は，ときに複数の産業にまたがって取り結ばれており，グローバルな戦略的提携が企業間，提携グループ間の新たな競争関係を生んでいる。

第3節 ｜ 戦略的提携の動機

　企業がなぜ提携を行うのか，すなわち提携を行う動機についての研究はこれまで多く行われてきた。石井真一は提携動機の研究が取引コスト論，戦略行動論，組織学習論の3つの立場から行われてきたと述べている（石井，2003：11）。

　取引コスト論によれば，企業は市場取引の総費用（財の購入価格とその取引を行うための費用）と内部取引の総費用（財を組織内部で製造するのに必要な設備投資費と管理費）を比較し，内部取引の総費用の方が少ない場合に提携を選択する（石井，2003：12-16）。取引コスト論では，取引は外部市場と内部組織のほかに，中間組織との間で行われる。中間組織は市場と組織の中間に位置づけられ，主体間に継続的な取引が行われている場合に想定される取引様式であり，提携はこの範疇に入る。「限定された合理性」のもとで意思決定を行わなければならない企業が不特定多数の企業と取引を行おうとする場合，相手

企業の情報を収集したり交渉したりするためには膨大なコスト（取引コスト）がかかるが，企業は提携によってこのコストを削減することができる。

　また，提携は取引相手の機会主義的行動を回避するためにも有用である。機会主義的行動とは，「パートナーの利益を犠牲にしても，自己利益を追求しようとする行動である」。さらに，提携は取引相手との信頼関係が強くなることによっても取引コストを減少させる。提携によって能力に対する信頼，約束厳守の信頼，善意に基づく信頼が形成されるため，提携関係のない企業との取引よりも，不確実性を減少させることができる。能力に対する信頼とは，相手が技術・経営能力の点で十分役割を果たせるという期待のことであり，また善意に基づく信頼とは，相手が自社の要求や業績改善につながるような，あらゆる機会をとらえて非限定的に対応するという期待のことである（石井，2003：14）。

　戦略行動論は，たとえ提携に伴うコストが他の取引形態よりも高かったとしても，提携によって競争的地位を向上させることができ，利益を最大化させることができるのであれば，企業は提携を選択するというものである（石井，2003：16-20）。

　価格リーダーシップやネットワーク組織を形成し，複数の企業が共同での意思決定や行動を行うのが集団戦略である。この集団戦略は複数の企業が提携することによって，環境を安定させ，意思決定の不確実性を減らそうとする戦略行動である。異質なパートナー，とくに海外企業と提携するような場合には，文化や言語，慣習，仕事の進め方の違いによるコンフリクトが生じやすい。異質なパートナーとの提携は相互補完のメリットとともにコンフリクトによるデメリットも生むことがある。

　組織学習論は，知識や情報をパートナーから学ぶ目的で提携をするというものである（石井，2003：20）。知識や情報などのいわゆる「情報的経営資源」は，企業の長期的な競争優位の源泉であり，企業はこうした競争優位の獲得を目的に提携を行うとするものである。提携によって「情報的経営資源」を

獲得することには，次のような利点があげられる。まず第1に，企業が必要とするすべての情報資源を蓄積するには多くの時間と費用がかかるが，提携はこのような時間と費用を大幅に減少させることができる。第2に，企業内で長年に渡って蓄積された技術やノウハウは外部者が容易に模倣することができないのが普通であるが，提携によってこれらの「情報的経営資源」の獲得が可能になる。

組織学習論は，提携を通じてパートナーのもつ情報的経営資源を自社に取り込み，自社の組織能力を強化しようとする考え方である。組織学習論からさらに踏み出し，パートナーとの学習競争でより優位に立ち，提携利益の自社配分をパートナーよりも多く勝ち取ることを提携の目的に位置づける，ハメル (Hamel, G) の学習競争的な見方も存在する（石井，2003：24）。

現実の企業の提携は上記の3つの動機を含む複数の動機によって企図されるのが普通である。

第4節 │ 戦略的提携の形態

戦略的提携は，企業間における経営資源の交換を意味するが，安田洋史は，ハイテク業界において行われている代表的な戦略的提携として，① 販売協力，② 技術ライセンス，③ 共同開発，④ 生産委託，⑤ 合弁会社，⑥ 資本参加の6つの形態をあげている（安田，2006：43-74）。以下，安田に従って，この6つの形態の内容をみていくことにする。

まず第1は販売協力であり，他社の販売資源を活用する方法である。これは，たとえば，A社が何らかの経営資源をB社に提供する代わりにB社から販売資源を獲得する，というものである。販売資源のもっとも代表的なものは，企業の販売組織から卸し，小売りへと至る販売チャネルである。A社がB社との提携によってB社の販売チャネルを活用することができるようになれば，A社は自ら販売チャネルを構築するための費用と時間をほとんど必要とすることなく，A社の製品をB社の市場で販売することができる。

　この提携によって，A社はB社の販売チャネルという有形資産だけでなく，場合によってはA社のブランドや信用力などの無形資産も利用することができる。高いブランド価値や信用力をもつ企業は，高い販売力をもつため，そうでない企業と提携するよりもいっそう有利になる。

　販売チャネルを獲得するための提携は，とくに企業が海外進出をしようとする場合などによく用いられる。A社が海外に自ら販売網を築こうとする場合，多大な費用と時間を要するだけでなく，進出先国の商習慣や，規制，言語，文化などが障害となり，販売活動に困難をもたらすことが少なくない。A社が進出先国のB社と提携すれば，これらの問題を解消することができる。

　販売協力の具体的な方法には，販売委託とOEMの2つがある。

　販売委託には，B社がA社製品をいったん買い取った後，B社がA社製品を販売する場合と，B社が製品を買い取らずにA社から販売手数料を受け取るという2つの方法がある。B社がA社製品を買い取る方法は，B社に価格設定権があるため，比較的高い利益を得ることができる半面，売れ残りのリスクも負わなければならない。

　OEMは「相手先ブランド・製造」と呼ばれる提携で，A社が製造した製品をB社がB社のブランドで販売する契約のことである。A社にとってOEM供給はB社の販売資源を利用して販売量を増大させることができるほか，同一製品を大量に製造することによって規模の利益を追求することもできる。他方，製品の供給を受けるB社のメリットは，品ぞろえ（製品のラインアップ）を充実させることで，他の製品の販売も増大させることができる。OEM提携は，今日，家電や自動車など多くの業種で広範に用いられている。

　戦略的提携の形態の第2は，技術ライセンスである。厳しい競争をくり広げる企業が競争優位を確保するためには他社に対する技術優位を獲得することが重要な要件となることが多い。しかし，技術開発には長い時間と巨額の開発投資を要するのが普通であるため，ある製品をすべて自社で開発するのが困難であることが多い。このような場合，企業が用いるのは，特定の製品

の開発に必要な技術を他社から獲得すること，あるいは製品開発における長い開発プロセスの一部を他社の技術によって補完することである。技術ライセンスは，このように，自社の製品開発を他社の技術資源によって補うことによって，自社の技術優位を確保する意味があり，技術開発のスピードが企業の死命を決する今日において極めて重要な経営戦略になっている。

　Ａ社の技術ライセンスをＢ社が利用した場合，Ｂ社がＡ社に対し，製品の売上高の一定比率をロイヤルティとして支払うのが普通である。Ａ社とＢ社がお互いに技術ライセンスを供与するケースもよく見られるが，これはクロス・ライセンスと呼ばれるライセンス契約の方法である。

　第３の形態は共同開発である。共同開発は「複数の企業が合意された目標やスケジュールに基づいて，特定の技術や製品を協力して開発する仕組み（安田，2006：53）」である。特定の技術や製品を開発する場合に，単独では必要とされる経営資源をもっていない場合に，複数の企業が協力して目的を達成することになる。共同開発のための組織には，開発のための設備や資金，技術者などが割り当てられ，与えられたスケジュールに沿って開発が進められる。複数の企業が一定の期間，プロジェクトに参加することになるため，企業間の信頼関係や良好なコミュニケーションが成功のための条件とされている。

　第４は生産委託である。生産委託は「企業が他社に対して自ら指定した設計・仕様に基づく製品の生産を委託し，そこで生産された生産品の提供を受ける（安田，2006：58）」という提携の方法である。企業が自ら生産設備を所有し生産活動を続けることは，巨額の投資負担とともに製品需要の変化にともなうリスクも負担しなければならないことを意味する。製品需要が多い時期に合わせて生産設備を所有すると，需要が減少した時には過剰な生産設備を抱え込むことになる。企業は需要が多い時に他社に生産委託することによって，製品の販売機会を失うことなく設備の稼働率を平準化することができる。

　生産委託は，製品の製造プロセスの一部を他社に委託するという点で，ほぼ完成した製品を他社から供給してもらうＯＥＭとは異なる。製品の付加価

値の高い製造工程は，他社に委託せず，自社に残すのが普通である。

　生産委託の代表的な例として，半導体業界におけるファウンドリーをあげることができる。ファウンドリーは半導体の受託生産を専門とする企業であり，日本やアメリカの半導体製造企業から生産委託を受けた台湾や韓国の企業が近年急速な成長を遂げた。複数の企業から生産委託を受けたファウンドリーは，大規模生産によってコストを大幅に低減させ，品質も高めることができた。生産を委託する企業にとっても低価格で高品質の製品を入手することができるようになったばかりでなく，自社の経営資源を製品開発に集中的に投入することが可能になり，生産委託は技術優位を獲得する上でも重要な戦略となっている。

　戦略的提携の形態の第5は合弁会社である。合弁会社は複数の企業が出資して設立された企業であるが，出資企業は，資本を拠出するだけでなく，経営者や従業員，製品，技術なども提供する。これは「共同開発」という提携形態に似ているが，出資して独立した企業が設立されるという点で，したがって提携関係の解消が簡単にはできないという点で「共同開発」と異なる。

　合弁会社は親会社に生産や販売などの経営機能の一部を提供する目的で設立されることが多い。生産設備に巨額の投資を必要とするような業種においては，複数の企業が生産のための合弁会社を設立することによって投資とリスクを分担することができる。

　第6の形態は資本参加である。資本参加は企業が他社に資金を提供し，その対価として他社の株式を受け取るという提携形態である。株式には議決権が付与されているため，株式を取得した企業は他社に対する一定の経営参加の権利ないし支配権を取得したことになる。他社は資本調達のために株式を提供するのであるが，資本調達よりもむしろ，企業間の関係を強化するために株式を提供することも多い。生産委託において，委託企業が受託企業の株式を取得することにより，安定的な製品供給を受けられるようになることが示すように，受託企業の行動を拘束するような効果が期待されている。

第5節 ┃ 異業種戦略的提携の事例

　フィンテックや民泊，ライドシェアなど，従来にはない全く新しいビジネスが近年急成長してきている。これらの新しいビジネスは既存の大企業ではなく，ベンチャー・ビジネスによって先導されることが多いが，その市場が成長・拡大を続けると既存の企業もこれらの新しいビジネスに参入する機会をうかがうことになる。また，新しいビジネスの流れに乗り遅れると競争から脱落することにもなるため，既存の企業はベンチャー・ビジネスとの提携によってビジネス・チャンスをとらえようとすることが多い。本節では，近年非常に多くなっている異業種間の提携についてみていくことにする。

　フィンテックはIT（情報技術）と金融を融合した技術で，近年，送金や決済の領域で急速に普及が進んでいる。銀行以外の企業がIT技術を駆使して，銀行よりもはるかに安い手数料で送金や決済業務を提供することになると，これらの領域での銀行のビジネスが立ち行かなくなる。そこで銀行は優れたIT技術をもつシリコンバレーのベンチャー・ビジネスなどの買収や彼らとの提携によってIT技術を取り込んでいこうとしている。たとえば，三井住友銀行は仮想商店街（インターネット・モール）を運営する楽天のような企業との提携を模索した。仮想商店街の利用者と出店者をつなぐ決済業務を押さえることができれば，決済手数料が得られるだけでなく，出店者への融資業務にも参入することができる。そして何よりも，仮想商店街の取引から得られるビッグ・データによって将来の事業拡大につながる有用な情報を獲得することができる。

　個人の住宅に旅行客を有料で宿泊させる民泊が世界で注目されている。民泊の仲介業者として世界最大のエアビーアンドビーは，2016年5月に日本のカルチュア・コンビニエンス・クラブ（CCC）と提携した。[4] エアビーアンドビーは世界190ヵ国・地域の一般住宅の貸し手に民泊を希望する旅行客を紹介し，仲介手数料を得ている。エアビーアンドビーの狙いは，CCCがもつ

5,800万人の会員（2016年時点）と店舗を通して住宅の貸し手を開拓することである。エアビーアンドビーは，2019年時点で，世界に500万件の物件をもち，15億回以上利用された（2019年8月14日，同社プレスリリース）。これに対し，日本では契約している物件はわずかに過ぎないため，日本での大きな成長が期待できる。

　スマートフォンを活用したライドシェア（相乗り）サービスで世界最大のウーバーテクノロジーズ（以下，ウーバー）は2016年5月トヨタ自動車との提携を発表した5)。ウーバーは世界70ヵ国・地域で配車アプリを提供しているが，これを用いて一般のドライバーが利用者を有料で同乗させることができる。ウーバーは，配車アプリによって利用者と一般のドライバーを結び付ける事業を展開している。日本国内の自動車販売が減少するなかで，トヨタは急成長するウーバーに注目した。トヨタの狙いは，ライドシェアのドライバーにリースでトヨタ車を提供することやウーバーが開発している自動運転技術との連携も視野に入れている。トヨタ自動車と同様，世界の大手自動車会社は有力な配車アプリ会社と提携を進めている。たとえば，ドイツのフォルクスワーゲンはイスラエルの配車アプリ会社ゲットと，アメリカのゼネラルモーターズはアメリカの配車アプリ会社リフトと提携した。

第6節 ┃ スピード重視の提携戦略

　今日グローバル競争が激化するなかで，多国籍企業は従来にも増してす速い行動が求められている。技術開発のスピードを上げながらの新事業分野への参入や新市場への参入は，自社の負担を極力抑えつつ迅速に進めなければならない。他社の経営資源を利用して迅速な戦略の実行を可能にする戦略的提携の重要性がますます高くなってきている。

注）
1)　このほか，国際戦略提携の形態についてポーターらは，技術開発提携，生

144

産・ロジスティックス提携，マーケティング・販売・サービス提携，および複数の機能間での提携を意味する多重活動提携の4形態をあげている（Porter and Fuller, 1986：330-334；邦訳書：309-315）。

2) INSEADの調査によれば，提携の71%がライバル企業間で結ばれたもので，サプライヤーとバイヤーの間の提携は15%，新規市場への参入を目的とした提携は14%であった。これは近年の企業提携の多くが競争企業間で締結される戦略的提携であることをよく示している。次を参照のこと竹田（1995：3）。

3) 徳田は戦略的提携を「希少性の高い経営資源の蓄積に向けて他社から経営資源を獲得し，それらを他社の経営資源を利用して上手く活用し，自社の経営資源を経営環境に有利に展開させていくための手段」と定義している（徳田, 2000：116）。

4) 『日本経済新聞』2016年5月28日。

5) 『日本経済新聞』2016年5月25日。

◆引用・参考文献

石井真一（2003）『企業間提携の戦略と組織』中央経済社

江夏健一編著（1995）『国際戦略提携』晃洋書房

竹田志郎（1992）「国際戦略提携」竹田志郎・島田克美『国際経営論―日本企業のグローバル化と経営戦略―』ミネルヴァ書房

竹田志郎（1995）「多国籍企業の競争行動と戦略的提携」江夏健一編著『国際戦略提携』晃洋書房

竹田志郎・島田克美（1992）『国際経営論―日本企業のグローバル化と経営戦略―』ミネルヴァ書房

徳田昭雄（2000）『グローバル企業の戦略的提携』文眞堂

安田洋史（2006）『競争環境における戦略的提携―その理論と実践―』NTT出版

Porter, M. E. and M. B. Fuller（1986 = 1989）"Coalitions and Global Strategy", M. E. Porter, ed., *Competition in Global Industries*, HBS Press.（土岐坤・小野寺武夫・中辻万治訳『グローバル企業の競争戦略』ダイヤモンド社）

第 10 章

多国籍企業のグローバル人材戦略

第 1 節 グローバル化とは

　ヒト，モノ，カネが，まるで国境がないように自由に越えていくグローバリゼーションという言葉は，いつから使われ始めたのだろうか。言葉の起源は明確ではないそうである。米エール大学のバレリー・ハンセン教授は，ペルシャ湾と中国を結ぶ航路で香料などの製品が行き交うようになった西暦1000年ごろだと説明している。また，この言葉は1940年代半ばには登場し80年代には経済学の世界で使われていたとされている。[1] この言葉が広まったのは，ソビエト連邦が崩壊した冷戦後の1992年以後であるともいわれている。[2] このようにいつから始まったかも諸説が存在する。現代のグローバリゼーションが始まったのは第二次世界大戦後の冷戦期に，アメリカ合衆国を中心とした西側諸国において，多国籍企業が急成長した時期であると言われている。現代では，この企業がさらに進化し，タックスヘイブンを利用して，どこの国へも納税しない無国籍企業と呼ばれるものまで設立されている。まさに，経済活動には国境がなくなっている。そこで，本章ではグローバル化した日本の多国籍企業の人材戦略について，バングラデシュでの事例を取り上げながら整理してみる。

第 2 節 日本の戦後復興とグローバル化

　日本のグローバル化の進展を考える前に，第二次世界大戦後の日本経済の復興，その後の成長と停滞の過程を整理してみる。第二次世界大戦の敗戦後

の日本は，基幹産業へ重点的に資源配分する傾斜生産方式（石炭・鉄鋼に重点をおいた生産政策）を導入し，GHQ（General Headquarters：連合国最高司令官総司令部）の指令の下に，財閥解体，農地改革，労働民主化（労働組合法，労働関係調整法，労働基準法などの制定）などの改革を行った。また経済の民主化が進められ，インフレ収束のための経済政策であるドッジ・ライン（財政金融引き締め政策）が実施された。さらに1950年の朝鮮戦争の勃発によって，アメリカ軍の物資の需要が高まったことによる朝鮮特需も，日本の経済復興を加速させる要因となった。1956年には政府が経済白書で「もはや戦後ではない」と宣言したように，1950年代中頃から70年代初頭にかけて，日本経済は積極的な設備投資，円安相場，安価な石油や豊富で質の高い労働力などを背景として，高度経済成長といわれる時代を迎えることになった。「神武景気」や「岩戸景気」，「オリンピック景気」，「いざなぎ景気」，「列島改造ブーム」と呼ばれる好景気で，実質経済成長率が平均9％を超える成長によって，国民生活が豊かになり，産業構造の変化や貿易黒字の定着といった社会変化をもたらした。

　しかし，高度経済成長を続けてきた日本経済は，オイルショックの影響で1974年には戦後初のマイナス成長を経験することとなった。1973年10月に勃発した第四次中東戦争を原因として，イスラエルと対立するアラブ諸国は，原油の減産と反アラブ諸国への供給制限や輸出価格の大幅な引き上げを実施した。翌年1月には，国際原油価格がそれまでの約4倍にまで急騰する事態となった。1979年にはイラン革命を起因とし政治的混乱が発生し，石油の生産がストップしたことで，国際原油価格は3年間で2.7倍に上昇した。しかし，この2度にわたるオイルショックは省エネ対策や技術革新を促し，日本の産業の国際競争力を一層高めることとなった。急増する海外輸出によって欧米との貿易摩擦が生じることになった。そこで，1985年に先進5ヵ国の財務相・中央銀行総裁会議，いわゆるプラザ合意（ドル安誘導策）によって急速に円高が進み，輸出産業を中心に円高不況に陥った。その不況対策として金融

緩和政策が採用されたことで，日本ではカネ余り現象から不動産などへの投資が過熱し，地価や株価が実態価値以上に高騰するバブル経済となった。しかし，その後の1991年には，金融引き締め政策や国際情勢不安からバブル経済が崩壊し，日本経済に大きなダメージをもたらした。

　バブル経済崩壊以降も地価下落等などに見られる不良債権処理は進まず，企業の業績悪化により賃金は低下し，消費支出が低迷するというデフレスパイラルに陥った。2001年からの小泉構造改革下の景気回復も実感が伴わず，「失われた20年」とよばれる日本経済の停滞期が続いた。また2008年のリーマン・ショックや2011年の東日本大震災は，日本経済にさらに大きな打撃をもたらした。この不況から脱却するため安倍政権が掲げたアベノミクスが発動された。これは，「3本の矢」を柱とする経済政策のことで，① 大胆な金融政策，② 機動的な財政出動，③ 民間投資を喚起する成長戦略によって，日本経済を立て直そうというものであった。その後の菅政権，岸田政権においても，少子高齢化，財政赤字，格差拡大，アフターコロナ，災害対策などの経済への甚大な影響とその対策など，「失われた30年」打開のために取り組むべき課題が多い。

　では，日本経済のグローバル化の進展は，いつごろからだろうか。第二次世界大戦以降，20世紀後半にかけて，日本経済は，世界経済とのつながりを深める中で，世界的なグローバリゼーションの流れ，自由貿易の恩恵を受けながら，急速に成長を遂げた。グローバル化という言葉が広まったのは，ソビエト連邦が崩壊した冷戦後の1992年以後と上記したが，それは，みてきたように日本において，急速な円安により日本企業が海外進出を進め，世界のグローバル化が進展していった時期と重なった。日本のドル建てのGDP額の推移を見れば，経済成長や1985年のプラザ合意以降，急速に円高方向に推移したこともあり，特に1980年代から伸びが加速し，1993年には世界GDPの約18％を占めるようになった。[3]このように日本におけるグローバル化の進展が目に見えるような形になってきたのは，日本のバブルが崩壊し日本企業

が海外進出を積極的に推し進めていった1990年代以降のことと推察される。

第3節 ┃ アジアの成長とグローバル化

(1) アジア諸国のグローバル

　日本が戦後からの復興を達成し，その後，韓国，台湾などのNIES諸国（Newly Industrializing Economies: 新興工業経済地域）が先進国からの投資や技術移転で，これらの新興国で技術，労働の効率性が大幅に向上し，飛躍的な経済成長が実現した。アジア諸国の躍進に関して，小野亮治は以下のようにまとめている。1990年代からは，中国やASEAN（東南アジア諸国連合）など新興国では，欧米諸国や日本，NIES等からの輸入品の増加，外国からの資本投資による工場・販売拠点の拡大が顕著になった。これに伴って様々な形で技術やノウハウの移転が進み，労働の効率性が向上し，安くて豊富な労働力との相乗効果により工業化が進んだ。中国は当初，輸出基地である「世界の工場」として，そして2010年ごろになると，その巨大な人口を背景に「巨大な市場」としても着目されるようになった。2000年代に入り，一段と経済のグローバル化が進む中，先進諸国と巨大な人口を持つ中国など新興国との間で，資本，技術，労働の効率性等の差が縮小してきた。それらを原因として，世界経済は，再び各国・各地域の人口に見合った経済へと回帰しつつあるようにもみえる。とりわけ，人口がそれぞれ14億人を超える中国，インド両国が存在するアジア地域の世界経済に占める比重は，当面，一段と高まっていく可能性が高い。以前の世界経済の将来予測の中には，2010年代後半から2030年までの間には世界経済の順位は，中国が米国を上回って1位になるとの予測もあり，今後の世界経済の趨勢が注目されていた[4]。現在では，中国経済の先行き不安説もあるが，それとは対照的にグローバルサウスとしてのインドが脚光を浴びることになった。

(2) グローバルサウス

　最近，グローバルサウスという言葉を耳にする機会が増えた。これは日本
経済新聞によれば，南半球に多いアジアやアフリカなどの新興国・途上国の
総称で，主に北半球の先進国と対比して使われる。世界経済における格差な
ど南北問題の「南」にあたる。実際に領土が南半球に位置しているかにかか
わらず，新興国全般を意味する場合が多い。冷戦期に東西双方の陣営と距離
を置いた「第三世界」を表現するときにも使われる。[5] 1990 年，世界経済（名
目 GDP）に占める先進国のシェアは 80 %，途上国は 20 %だった。しかし，
2020 年には先進国 60 %，途上国 40 %になった。地域でみると，1990 年には
北米（カナダと米国）と欧州（EU）を合わせて 60 %，それが 2020 年には 45 %
に低下した。一方，世界経済に占めるインド太平洋（東アジア，東南アジア，南
アジア，オセアニア）のシェアは，1990 年の 22 %から 2020 年の 35 %に拡大し
た。かつて「途上国」と位置づけられていた国々の中から，中国，インド，ブ
ラジル，インドネシア，タイ，ベトナムなどの国々が「新興国」として登場
した。[6] このようにグローバルサウスという言葉は，発展途上国や経済新興国
の総称であり，そこにどの国が含まれるのか明確な定義はない。国連の G77
（設立当初は 77 ヵ国であったが，現在は国際連合に加盟する 135 の発展途上国から
なる連合体）が，この定義に近いと言われており，国際連合機関における発言
力を強化することを目的としている。2023 年 1 月にインドが「グローバルサ
ウスの声サミット」を主催したことなどを背景に，これらの国々の今後の発
展のポテンシャルに先進諸国は関心を示している。

　また他方では，対立する 2 つの陣営がグローバルサウスの国々を自らの陣
営に引き入れようと支援や協力を申し出ていることも，これらの国々が注目
を浴びている要素となっている。[7]「世界経済の分断（デカップリング）」は，特
にロシアによるウクライナ侵攻後に，米国が率いる「西側」諸国と，中国・
ロシアなど「東側」諸国が，① 対立する陣営に対し貿易・投資・技術・人の
移動に制限を課すことと，② 企業の行動としてサプライチェーンを中国とそ

の他の地域に分離することの2つの意味で語られる。たとえば，2023年1月にはソニーグループが日米欧向けのカメラ生産を中国からタイに移管したことが報道され，これが企業の行動としての「デカップリング」の事例のひとつであると指摘された[8]。これらの背景には政治的側面もあり，グローバルサウス諸国が政治経済の両面でフォーカスされている。

第4節 ｜ 南アジアとバングラデシュの成長

　グローバルサウスとしてのインドは，2023年に人口が中国を上回り，今後世界に市場としても脚光を浴びることになる。アジア開発銀行（ADB：Asian Development Bank）は，『アジア経済見通し2022年版』(Asian Development Outlook 2022) において，2022年のアジア開発途上国の経済成長の見通しは5.2％とした。南アジア全体として2022年は7.0％，2023年は7.4％の成長が予測され，同地域最大の経済大国であるインドでは，2022年度は7.5％，2023年度は8.0％の成長が見込まれるとした[9]。同『アジア経済見通し2023年12月版』では，2023年のアジア開発途上国の成長見通しを当初予測の4.7％から4.9％に上方修正した[10]。このように，アジアの発展途上国，及びインド，南アジア地域は，今後も堅調な経済成長を遂げると見られている。

　バングラデシュは，インドの東側に位置しており，南アジアの中でも経済成長が著しい国である。1971年にパキスタンから独立し，北海道の2倍ほどの面積に1.7億人以上の人口を抱え，バングラデシュは長らく世界で最も貧しい国の1つに数えられてきた。独立以後のクーデターなどの政治混乱を経て，1991年より民主政権が継続している。1990年時は，GDPが約229億ドル，1人あたりのGDP 170ドル，工業GDP分配率は15％であった[11]。しかし，2022年ではその値は，GDPが約3,055億ドル，1人あたりのGDP 2,688ドル，工業GDP分配率は36.92％となった[12]。バングラデシュの経済成長の可能性が初めて語られたのは，Next11に選ばれたことからであった。中国の一帯一路構想では，一路の港としてチッタゴンが関心を持たれている。日本において

は，チャイナプラスワンとしてその存在感が増している。この躍進の背景には，現政権が2008年の国政選挙前に出した「ビジョン2021」がある。これは，同国の建国50周年である2021年までに，貧困を完全に根絶して中所得国となることを目標として，十分なネット環境確保と電力供給量アップなどを柱にしている。

　バングラデシュは長らく農業国で，産業の付加価値シェアで農業が高かったが，2010/11年度の製造業の付加価値が1位となり，このことから同国を「工業国」と呼ぶ向きもある。[13] 民主化以後の工業化で電力不足が続き，都市においても頻繁に停電が起こっていたが，近年では発電量も増加傾向にある。

　Bangladesh Power Development Board（2021），'Annuarl Report 2020-2021' によれば，1990-1991年のすべての発電所の施設許容量が2,350 MW であったものが，2020-2021年には22,031 MW に約9.4倍となった。[14] このように順調に発電量を伸ばしてきている。少し古いデータではあるが，2012年の国全体の電化率は55 %で，都市部では90.1 %電力を利用できるが，農村部では42.49 %の人々しか電気を利用できない。また，同国の10 ～ 15 %は送電線が敷設できない地域である。このことから，太陽光パネルでの発電に期待が集まっている。[15]

　ビジョン2021には，デジタル・

写真 10-1　日本の ODA によるダッカ Metro
出所）筆者撮影

写真 10-2　Metro の駅舎
出所）筆者撮影

バングラデシュという政策がある。これは，① ICT 技術者の人材開発，② 国民のネットへのアクセス提供，③ 政府のデジタル・ガバナンス，④ ビジネス分野における ICT 強化政策などからなる。政府内の ICT 局によるデジタル・バングラデシュ政策の下，同国の通信インフラは急速に整備されて行った。バングラデシュの通信インフラは，固定電話時代，その普及速度は大変遅いものであった。しかし，同国に携帯電話会社が設立されると，状況は変わり，2000 年代に入り一気にその加入者数を伸ばした。携帯電話会社は，グラミンフォン，Banglalink，Robi，Airtel Bangladesh，Teletalk（BTCL 傘下）の計 5 事業者が存在する。携帯電話普及率は，2010 年 44.9 ％であったものが，2023 年には 97.4 ％にまでなった。また，スマホ普及率も都市部では 70.2 ％となった。これに伴い，貧困層にまで携帯電話が行き渡ることとなった。バングラデシュで工学，特に機械工学を学ぶことができる国公立大学は 14 校，私立大学は 80 校あり，その多くの大学で情報工学を学ぶことができる。毎年 5,000 人あまりの IT 系学部卒業生がおり，インドの次の IT 新興勢力としてクローズアップされている。

その後のスマート・バングラデシュ・ビジョン 2041 では，未来志向のバングラデシュ，5G インターネット，スマートフォン普及率 100 ％以上（現在は 50 ％程度），高速インターネット普及率 100 ％以上，キャッシュレス化を目指す。スマートな市民・政府・経済・社会という 4 つの柱に基づき，すべての市民，すべての企業が恩恵を受けることができる持続可能なデジタル・ソリューションを革新・拡大することによって，デジタル・デバイドを埋める。このようにバングラデシュは，長らく発展途上国とみなされてきた。しかし同国は，グローバル化の時代に海外からの投資を上手く取り入れ，工業化を進めてきた。現在では経済成長が堅調で中所得国を目指すことができるようになった。

第5節 ｜ バングラデシュ進出日本企業

　バングラデシュは，民主化政権以後に経済発展に舵を切り，特に 2000 年以降は世界の経済のグローバル化の流れをうまく取り入れ急速に発展している。親日な国民性でもあり古くは，ドラマ「おしん」が流行っており，今では日本のアニメが若者に支持され，アニメコンベンションも開催されている。2022年には，バングラデシュ初の日本の漫画本も出版された。2015 年のイスラム過激派が飲食店を襲撃し日本人 7 人を含む 22 人が犠牲になったテロ事件で少し停滞したが，日本企業は，同国をチャイナプラスワンとして以前から興味を示してきた。バングラデシュに進出している日系企業は，2013 年の 167 社から 2023 年 1 月末時点で 330 社を超えているとみられる（JETRO・ダッカ事務所調べ）。JETRO によると，在バングラデシュ日系企業の 71.6 ％が，今後 1 〜 2 年の事業展開の方向性について，「今後ビジネスを拡大する」と回答した。「事業の拡大」の主な理由としては，「成長性・潜在性の高さ」が圧倒的に多く，以下，新規プロジェクトによる業務の増加や中国，ベトナムの賃金高騰に伴うバングラデシュへの生産移管，などが挙げられた[19]。さらに，近年は IT 分野でも注目を集めており，2022 年 9 月には KDDI が支店を開設し，日系 IT 企業による視察も相次いでいる[20]。

　バングラデシュには英語を話せる IT エンジニアが多く，欧米から直接，オフショア開発などの業務を受注できることが強みとなっている。また親日的な国民性ゆえ，日本での就労意欲や日本語学習意欲の高い IT エンジニアが多いことも，日系企業にとってのメリットといえるだろう（ベンガル語と日本語は文法が同じ配列なので，バングラデシュ人にとって単語を覚えれば日本語が話せるようになる）。バングラデシュの IT 人材育成体制の構築を目的とした ICT（情報通信技術）人材育成事業や，日本バングラデシュ IT 協会による日系企業向け合同採用説明会の開催などの試みもみられ始めた[21]。

第6節 進出企業の人材戦略

　バングラデシュが他国に比べ，工場労働者のような職種において賃金が安いのは事実であるが，管理職を採用するとなると，予想外に賃金が高いといわれている。またバングラデシュの国家公務員，世界的な外資系企業などのスーパーエリートを除く中間エリートたちの転職意識は高く，特に若い世代はより条件のいい職場を探している。このような状況下で，人材を育成することは困難を伴う。

　このことに関して鈴木岩行は，バングラデシュの日系企業と，他のアジア14ヵ国の日系企業との比較アンケート調査で以下のことを報告している。(1)内部昇進・内部育成に関わる採用方法について，新聞・求人雑誌等による採用と社員による紹介とヘッドハントが主で，早期選抜・登用からみられるように内部育成・昇進にこだわっていない。(2) 早期選抜・登用に関わる決定時期について，バングラ日系は60％が3年以内にコア人材の対象者を決定しており，日系14ヵ国平均よりもかなり早い。バングラデシュ企業の選抜・登用はバングラ日系企業よりもっと早く，50％が入社時に決定しており，3年以内に全員が決定している。(3) 経営者層となれるかに関わる昇進させる職位について，バングラ日系はコア人材が昇進できる職位は子会社部長までが最も高く，他の日系企業平均よりやや低いが大差はない。それでも役員以上になる比率は他の日系企業の平均より高く，特に子会社社長になる比率は倍以上である。(4) キャリア形成のパターンについて，バングラ日系企業では，職務給制度の採用と関わる1つの職務に限定するキャリアパターン2を取る企業が今までは最も多いが，今後はやや減少する。それでも，3つのパターンの中でパターン1（一定年齢までに幅広い職務を経験し，将来の中核となる人材を育成するキャリア）と並び最も多い。バングラデシュ企業は，今までも今後もパターン2（一定年齢までに一つの職務で専門性を身につけ，その分野のプロフェッショナルを育成するキャリア）をとる企業が最も多い。日バ両国企業とも職務

給制度を比較的多く採用している（パターン3は，（一定年齢までに狭い範囲の職務を経験し，企業内スペシャリストを育成するキャリア））。(5) コア人材制度の受け入れ度について，バングラデシュ企業の受け入れ度は，調査した他アジアの外国企業の中では最も高い。バングラ日系は，他のアジア諸国日系企業の平均を大きく上回り，14ヵ国中香港に次いで2位である。このように，バングラデシュの日系企業はコア人材制度の受け入れ度合いが高く，人材育成戦略が他のアジア日系進出の企業と比較しても，うまく行っている方であると言えるのではないだろうか[22]。

第7節　具体例

　ここでは，バングラデシュへ進出した日本企業の1つの例をあげて，その活動内容を見てみる。ユーグレナ (Euglena Co., Ltd.) は，日本のバイオテクノロジー企業で，微細藻類であるユーグレナを活用して，食品，化粧品，バイオ燃料，環境関連技術などの事業を展開している。ユーグレナ社の社長の出雲充が，バングラデシュの栄養失調となっている子どもたちを何とかしたいとの思いで，バングラデシュでソーシャルビジネスを展開する[23]。

　ユーグレナ社は，まず初めに「緑豆プロジェクト」という実証栽培を2010年に行った。翌年，ムハマド・ユヌス博士 (2006年ノーベル平和賞受賞) 率いるグラミングループとの合弁会社 (現グラミンユーグレナ) を設立した。「緑豆プロジェクト」立ち上げの理由は，日本では，もやしの原料となる緑豆は，ほぼ全量輸入のうえ大半を中国に頼っていた。また当時の輸入価格は10年前と比べて約2.5倍以上 (7万円→25万円／トン) も高騰していた。この価格上昇リスクを回避し，安定的な供給源の確保が喫緊の課題となっていた。一方，バングラデシュでは国民の48％が農業に従事しており，70％が農村地域に住み貧困状態にあった。この両国の課題を解決するために，バングラデシュの貧困農家に高品質な緑豆の栽培ノウハウを伝授し，収穫した緑豆を市場価格より高い価格で農家から購入することで所得向上の実現を目指した。また農

家から購入後，大粒の緑豆はもやしの原料として日本に輸出，小粒の緑豆は
ダルカレーなどの食材として現地で流通させた。この結果，バングラデシュ
の人々の栄養改善にも貢献し，日本とバングラデシュの両国にとって Win-
Win のビジネスモデルを確立することができた。[24]2018 年には契約農家数は
8,200 戸，総耕作面積は 5,000 ヘクタール（東京ドーム約 1,063 個分）に及び，農
家から 1,600㌧の緑豆を購入し，この内 800㌧を日本に輸出した。[25]

　ユーグレナ社とグラミンユーグレナは「緑豆プロジェクト」の他に，バン
グラデシュで現地 NGO 等と協力して，スラムに住む子どもたちの栄養改善
のためユーグレナクッキーを無償で配布する「ユーグレナ GENKI プログラ
ム」を 2014 年 4 月より実施している。[26]プログラムで配布する 1 食分のユーグ
レナクッキーは 6 枚で，バングラデシュの子どもたちに特に不足している栄
養素 1 日分を提供できるそうである。（累計配布数は約 1,715 万食分：2023 年 11
月末時点，ユーグレナ HP から）その他，食育，衛生教育やロヒンギャキャンプ
支援などの社会的企業活動を行っている。

　筆者の聞き取り（2023 年 12 月）によると，緑豆を農家からは市場価格より
も 5 タカ（1 タカ＝1.37 円）上乗せで購入している。ユーグレナだけが，緑豆を
輸出する許可を政府からもらっている。「ユーグレナ GENKI プログラム」は，
バングラデシュの子どもの栄養改善に役立っている。このプロジェクトは，
ユーグレナの名前が浸透する一助になっている。また，日本企業で働いてい

る感想を聞いてみると，とにかく日本人はよく働く，また日本人は同僚が困っていたら必ず助ける，素晴らしい人たちだと述べていた。インタビューを行った彼らは，有名国立大学を出たエリートた

写真 10-3　緑豆とグラミンユーグレナ社

出所）筆者撮影

ちであった。しかし，彼らのような優秀な人材を見つけることは簡単ではないようだ。ユーグレナ執行役員の諸澤慎二によると，「最大の課題は，現地スタッフの育成。新型コロナウイルス感染症拡大の影響で，昨年度までは従来のように日本からスタッフが現場に赴き，現場で管理を行うことができなかった。その結果，緑豆の品質は低下し，輸出量は激減した。今後も現地で事業を継続・拡大していくためには，現地スタッフだけで品質を維持できる体制を構築することが必須であるため，新たな人材を確保するとともに，現地人材の育成も行っていく予定だ」[27]。

第8節 ┃ グローバル人材戦略の実験場

　世界が今後，政治的には内向き思考になる可能性はゼロではない。しかし，経済的には先進国が発展途上国の成長のポテンシャルを活用したくなる動機は，ますます高まるであろう。それに対して，発展途上国側も先進国からの投資と技術移転によって，自らの経済成長に繋げたいとの思惑は低下することはなさそうである。これらのことを考えると，グローバル化は今後も進展していくであろう。このような状況下で，日本企業に求められるものは何か。これまでに見てきたように，それは，グローバル人材の確保に他ならない。本章ではバングラデシュに進出した日系企業に焦点を当てたのみであったが，日本国内での外国人採用も活発になってくる。東南アジアでは，日本企業が地元の国内企業に採用で負けるような現象も見られるようになってきた。相手国の文化，習慣や宗教などを理解した上で，最善策を考える。逆に日本文化も理解してもらう。まさにダイバーシティー（多様性）を理解するグローバルな人材の採用と育成が急務である。

　アジア開発銀行（ADB）は，バングラデシュの 2022／2023，2023／2024 年度の経済成長率を 6.0 ％，6.5 ％と予測している[28]。またビーマンバングラデシュ航空が約 17 年ぶりに成田 – ダッカ便を就航し，日本の援助でダッカ空港新ターミナルができるなど，日本とバングラデシュは関係強化を図ろうとして

158

いる。グローバルサウスであるバングラデシュは，IT 人材が豊富で，親日的
で，日本企業にはあまり馴染みのないイスラム教国でもあるので，今後も日
本の企業がグローバル人材戦略を立てるのには最良の実験場となりうる可能
性を秘めている。

注)

1) 日本経済新聞「グローバリゼーション　アジア存在感，世界輸出の４割に
きょうのことば」2023 年 1 月 1 日。

2) 関西大学小林剛ゼミ「グローバリゼーション」 http://www2.ipcku.kansai-u.
ac.jp/~go/seminar/projects/globalization/post_10.html（2023 年 12 月 20 日閲覧）。

3) 経済産業省『通商白書 2020 年度版』 https://www.meti.go.jp/report/tsuhaku
2020/2020honbun/i2230000.html（2023 年 12 月 20 日閲覧）。

4) 小野亮治（2011）「存在感増すアジア経済—求められるグローバル化時代の
人材育成—」『経済のプリズム』93：21-22。

5) 日本経済新聞「グローバルサウス　新興国・途上国の総称，南半球に多く
きょうのことば」2023 年 2 月 26 日。

6) 白石隆「『グローバルサウス』とは何か」 https://x.gd/6Qiq3（2023 年 12 月
20 日閲覧）。

7) 磯野生茂（2023）「第 1 回グローバルサウスの経済的影響力—世界経済の
『第三の極』をどうとらえるか」，アジア経済研究所『IDE スクエア』2023 年 8
月号：2-3。

8) 同上。

9) アジア開発銀行 HP https://www.adb.org/ja/news/developing-asia-econ-
omies-set-grow-5-2-year-amid-global-uncertainty（2023 年 12 月 20 日閲覧）。

10) アジア開発銀行 HP https://www.adb.org/ja/news/developing-asia-2023-
growth-outlook-upgraded-4-9-percent（2023 年 12 月 20 日閲覧）。

11) 世界銀行（1992）『世界開発報告 1992 年度』。

12) 外務省 HP http://www.mofa.go.jp/mofaj/area/bangladesh/data.html
#section1（2023 年 12 月 20 日閲覧）。

13) 村山真弓・山形辰史（2014）「新産業芽吹くバングラデシュ」村山真弓・山
形辰史編『知られざる工業国バングラデシュ』アジア経済研究所：23-24。

14) Bangladesh Power Development Board（2021）*Annuarl Report 2020-
2021*：52.

15) JETRO（2012）「バングラデシュ BOP 実態調査レポート：電力事情」JETRO

https://www.jetro.go.jp/theme/bop/precedents/pdf/lifestyle_electricity_bd.pdf
（2023 年 12 月 20 日閲覧）。

16）　バングラデシュ政府首相官邸 HP　http://beta.a2i.pmo.gov.bd/
ICT 局 HP　https://www.ictd.gov.bd/（2023 年 12 月 20 日閲覧）。

17）　世界情報通信事情 HP　http://www.soumu.go.jp/g-ict/country/bangladesh/
detail.html（2023 年 12 月 20 日閲覧）。
　　　JETRO ビジネス短信「政府が ICT の利用とアクセスに関する調査結果を発
表（バングラデシュ）」　https://www.jetro.go.jp/biznews/2023/01/a2071222
ac74889b.html（2023 年 12 月 20 日閲覧）。

18）　保谷秀雄「バングラデシュ最新 IT 動向」http://www.cicc.or.jp/japanese/
kouenkai/pdf_ppt/pastfile/h28/160908-01.pdf（2023 年 12 月 20 日閲覧）。

19）　JETRO HP　https://www.jetro.go.jp/biz/areareports/special/2023/0301/
08f26055f3b4cd48.html（2023 年 12 月 20 日閲覧）。

20）　同上。

21）　同上。

22）　鈴木岩行（2020）「バングラデシュにおける日系企業のコア人材育成―バン
グラデシュ企業との比較を中心に―」『和光経済』52（2）：27-28。

23）　ユーグレナ HP，https://www.euglena.jp/（2023 年 12 月 20 日閲覧）。

24）　UNDP 駐日代表事務所 HP，https://x.gd/q9zJm（2023 年 12 月 20 日閲覧）

25）　JICA バングラランド HP，https://www.jica.go.jp/bangladesh/bangland/
cases/case29.html（2023 年 12 月 20 日閲覧）。

26）　前掲 UNDP 駐日代表事務所，（2023 年 12 月 20 日閲覧）。

27）　JETRO ビジネス短信「高品質化により緑豆の輸出拡大を目指す，ユーグレ
ナの取り組み」　https://www.jetro.go.jp/biznews/2022/10/7ac8efaebfad9883.
html（2022 年 10 月 25 日閲覧）。

28）　JETRO ビジネス短信「ADB，バングラデシュの 2022／2023，2023／2024
年度の経済成長率を 6.0％，6.5％と予測」　https://www.jetro.go.jp/biznews/
2023/10/31704f5e5536a48d.html（2023 年 10 月 20 日閲覧）。

◆引用・参考文献

帝国書院編集部（2022）『ライブ！ 2022 公共，現代社会を考える』帝国書院
佐野光彦（2018）「バングラデシュの高齢者，障がい者支援―工学技術の応用の可
能性」電気学会制御研究会資料　CT-18-047 号 1-3

第 11 章

多国籍企業と CSR

経済のグローバル化が急激に進展した1990年代以後，多国籍企業などグローバルな事業展開を繰り広げている組織体にはより活発で自由な経営資源の移動を可能にするビジネスチャンスが増大した。その反面，そのような彼らの行動様式に対して従来のルールでは規制できないような様々な課題が浮かび上がっている。特に，開発途上国にまで活動領域を拡大している多国籍企業に対しては，各国の労働，安全，環境，倫理，管理などの緩い規制において的確で迅速な対応が問われている。現在に至るまでこれらの多国籍企業に対し，彼らの行動様式を規制するための国際社会での努力は見られるものの，国や地域間に潜む様々な利害の衝突の故に実効性のある合意や結論には至っていないのが現状である。

実際に，温室効果ガス排出を減少するための国際な取組である「COP (Conference of the Parties)」，人権・労働・環境・腐敗防止に関する10原則の順守を促す「国連グローバル・コンパクト (The United Nations Global Compact)」，コーポレートガバナンスに関する国際的な標準である「G20/OECD コーポレートガバナンス原則」などは多国籍企業を規制するための方針として知られている。

このように本章では，「多国籍企業と CSR」「経営戦略と CSR」「CSR 調達」「CSR と SDGs」というキーワードを中心に多国籍企業における近年の動向について取り上げる。

第1節 │ 現代の企業とCSR

1990年代以後，企業行動様式に急激な変化が見られている。特に，大規模でしかもグローバルな事業展開を行っている企業の代表的な例を取り上げると以下のようである。開発途上国にある仕入先工場の労働条件を監視しているナイキ，フェア・トレードのラベルが付いているコーヒーを販売し，コーヒー生産農家に国際商品市場価格以上を保障しているスターバックス，温室ガス排出量を大幅に削減しているブリティッシュ・ペトロリアム（BP），人権侵害の懸念がある投資先から資金を回収したペプシコーラ，人体に害を与える家畜用の生育促進剤の使用を規制しているマクドナルド，開発途上国に投資する際に人権問題や環境保全に取り組む方針を採用しているシェルなどがある。これらの企業が有する共通点は，単に法律で定められている次元を超えて社会や環境にも配慮した方針を策定し，実践している点，すなわちCSR活動をグローバルな次元で繰り広げている点である。

しかし，これらの動向は株主の利益を犠牲にする可能性がある行動である。ここでいうCSRとは 'Corporate Social Responsibility' の頭文字であり，一般的に「企業の社会的責任」と訳す。すなわち，CSRの文字通りの意味は，大規模の株式会社が社会に対して負う道義的責任のことをいうが，一般的には，「企業活動のプロセスに社会的公正性や環境への配慮などを組み込み，利害関係者に対するアカウンタビリティを果たしていくこと。その結果，経済的・社会的・環境的パフォーマンスの向上を目指すこと」として認識されている（谷本，2004）。

興味深いのは，上述した企業のほとんどが自ら起こした不祥事の対価として厳格な政府規制や，消費者から激しい不買運動などのような市民規制を受けた点である。これは，企業の活動する「場」である市場での活動が制約あるいは禁止されることを意味する。とりわけ，後者については，市場が消費者の政治性を表す場となり，従来まで企業に対して期待していた効率性以外

に，社会性や倫理性までも要求することとなったことに他ならない。実際に，ヨーロッパでは，国民の市民団体への支持率が既存の政党を上回っており，マルチ・ステークホルダー・プロセスのような形で実際の欧州委員会の政策決定にも影響を及ぼしている。ここでいうマルチ・ステークホルダー・プロセスとは，EU の政策決定において「様々な利害関係者が対等な立場で議論を重ねながら，単独では解決が困難な課題の克服に向けて合意づくり進める過程」を指す（田中・木村，2019）。これらの動向はさらにますますその重要性が問われているように見える。図表 11-1 が示しているように，ヨーロッパ諸国に見られる政府，企業，市民社会の間の力学関係は過去と現在においていちじるしい変化が見られる。

　従来までの CSR をめぐる論争は，主に CSR について「巨大公開株式会社の中で膨大な支配力を手に入れた経営者への要請」という認識を示したバーリ＝ミーンズ，先述したように，「他人の財産を社会に対して使用するのは盗む行為である」と主張したフリードマン，「社会の悪影響の発生に対してはとるべきものであるが，慈善行為に代表されるような社会貢献活動に関しては慎重であるべき」であると主張した P. F. ドラッカー，「CSR への取組みは採算性が合う時のみ積極的に行われる」と主張するデービット・ヴォーゲル

図表 11-1　政府，企業，市民社会との力学関係の変化

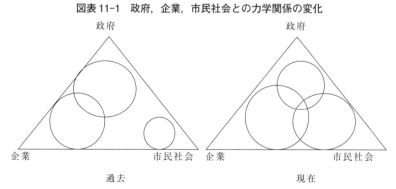

出所）Mrrenwijk（2003：100）

など，実に経済学や経営学を代表する巨匠達によって取り上げられている。

　では，なぜ1970年代に社会的な矛盾を解消するための一時的な現象として現れたCSRが再び新たな動向として台頭したのか。その背景には，世界的レベルで頻発する企業不祥事の勃発，経済のグローバル化の進展，多様な価値観を持つNGOの台頭，ITの発達などに大きな原因があるように見える。1970年代に米国で現れたCSRと1990年代後半のヨーロッパで台頭したCSRにはいかなる差異があるのか。その判断の基準には「企業価値の創造という考えが企業経営に組み込まれているかどうか」にある。このような背景には，企業，政府，市民社会という主な主体の力学的関係の変化からも確認できる。す

図表11-2　ESCSフレームワーク

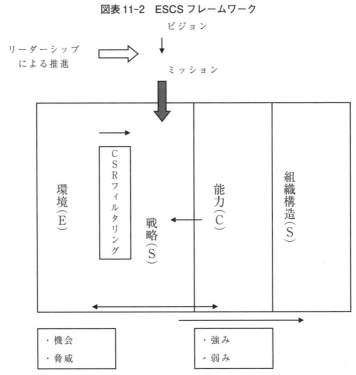

出所）Werther, Jr., et al.（2006：46）

なわち，企業と市民社会の権力は増大しているのに対し，相対的に政府の権力が弱体化しているからに他ならない。実際のところ，権力が増強されている企業に対して政府からの支援の要請がある半面，過去より権力が強化された市民団体が企業活動を牽制する役割を果たすような様相を見せている。

　また，CSR を促進する世界的な動向としては，CSR の規格化と環境報告書のグローバルなスタンダードの作成などがある。近年では，ISO26000 が CSR の世界標準として注目を集めている。ISO26000 に関しては世界標準化機構（ISO）が既に制定した ISO9000（品質），ISO14000（環境）とは異なって第 3 者機関の認定とその内容の公表という義務がない点が問題点として指摘されているが，企業のような営利組織以外に非営利組織にも対象領域を広げた点は大きな進展として考えられる。

第 2 節 ｜ 経営戦略と CSR

　英米企業の伝統的な企業概念として「企業は株主のものである」という命題がある。この考え方は，実際に日本の会社法や商法は勿論，多くの国々の会社法の根幹をなす重要な基盤でもある。上述したフリードマンの CSR に対する批判のベースとなっている根拠にもなる。要するに，「企業に投資をしたのはあくまでも株主であるため，そのために雇われた立場にある経営者は受託責任を負うのは当たり前である」という論調である。フリードマンのいう，社会的な問題は税金を国民から徴収して支払う主体である政府が解決すればいいという主張は理に適わない。なぜなら，冷戦以後グローバルな事業展開を繰り広げている多国籍企業が，1990 年代に開発途上国で引き起こしたアパレル業界の児童労働などの問題は，一国の政府規制だけでは解決できない状況にあるためである。国会でいかほど社会問題を解決するための法律を制定しても，国外で多くの事業展開を繰り広げている多国籍企業には規制する手段がない。

　さらに，米国で 1980 年代の不景気で企業価値，その中でも株主価値を優先

的に考慮した大企業の方針によって多くの失業者を量産した。「企業は株主の
ものである」という前提では，経営者が株主の価値を優先する政策を取らざ
るを得ないため，従業員の大量解雇という結果につながった。当時デトロイ
ト市では，自動車業界で解雇された多くの住民の社会問題にまで進展したの
は記憶にも鮮明に残っている。

　一方，経営戦略の研究者として国際的に著名なハーバード大学教授のポー
ター (Porter, M. E.) は2006年にクラーマー (Kramer, M. R.) と一緒に発表した
「戦略と社会 (Strategy and Society)」という論文を通して競争優位性とCSR
をいかにリンクさせるのかについて取り上げた (Porter and Kramer, 2006)。特
に，彼の理論の枠組みを支えている一つの要因である価値連鎖 (value chain)
活動をいかにCSRと連携させるのかについて触れており，受動的なCSRか
ら戦略的なCSRへの移行の重要性を強調している。

　彼らは，企業にとって制約条件となっている環境に投資することによって
制約条件自体を変えることが重要であると主張している。バリューチェーン
の社会的次元において最も低レベルである「一般的にもたらす社会への影響」
から「価値連鎖が与える社会的影響」の過程を経て「競争環境の社会的次
元」へ向かう方向性を，企業と社会のニーズの一体化を強化する戦略として
認識しているところでも現れている。

　このような動きは，2005年9月にこの世を去った「経営戦略の父」とも言
われているアンドリュースの経営思想にも現れている (Andrews, R. K., 1989)。
彼は1989年に発表した論文を通して，当時に米国社会で蔓延していた金融，
軍需，行政への不信感などに注目しながら，企業の究極的な存在理由が株主
価値や利潤の増大化のみではないことを力説している。このような社会的な
現象は，近年の日本社会全体で引き起こされている事と非常に類似している。
また，彼は誰でも企業組織内にいるだけで道徳心を失いやすくなるため，組
織をあげてそれを維持または向上に努力すべきであると主張している。

　では，企業経営を実行するプロセスの中でいかなる形でCSRを取り組むべ

きなのか。ウェルテルとチャンドラー (Werther, Jr., W. B. and Chandler, D., 2006) によれば，図表 11-2 が示しているように，「戦術 (具体性) →戦略 (いかに) → CSR (フィルター) →ミッション (何を) →ビジョン (なぜ)」というプロセスの中で決定されるが，内部的な資源やケイパビリティなどの組織的な制約と，社会的・文化的・法的要因，利害関係者，市場，技術などのような環境的な制約の中で企業の行動様式が決まるという。

第 3 節　多国籍企業の CSR パースペクティブ

多国籍企業の CSR 研究のパースペクティブとしての類型は，戦略的パースペクティブ，制度的パースペクティブ，ステークホルダー・パースペクティブという 3 つに整理できる。

第 1 に，戦略的なパースペクティブについてである。これは多国籍企業の組織戦略には CSR に配慮したグローバルな統合 (global integration) と，ローカルな即応性 (local responsiveness) が必要な要素である (Husted and Allen, 2009)。これはさらに，グローバル CSR とローカル CSR をいかに両立するのかの問題が発生する。このグローバル CSR として有益な理論的基盤を提供したのが「統合社会契約論」(Donaldson and Dunfee, 1994) である。すなわち，すべての社会に展開できる CSR における一連の標準を反映している「ハイパー規範」(hypernorms) の必要性を主張している。

具体的に，グローバル CSR の事例として UN グローバル・コンパクト原則，OECD 多国籍企業行動指針，SA8000 などがある (Arevalo and Fallon, 2008)。しかし，近年では，経営の複雑化の現象により，多国籍企業の調整行動に失敗する可能性が高まっているなどの新たな課題が発生している。

次に，ローカル CSR についてである。このローカルコミュニティは「自己規定的な (self-defined)」，「自己制限的な (self circumscribed)」グループがある。ローカル CSR はローカルコミュニティの標準をベースとした会社が果たすべき義務について取り扱っている (Husted and Allen, 2009)。

　第2に，制度的パースペクティブについてである。この制度的パースペクティブは，「国の規制」，「企業の政策や構造における組織フィールド（organizational field）の影響」，「組織内で政策や慣行を生み出す組織内部の特質」という3つの要因が多国籍企業における政策決定や構造づくりに圧力をかけるという（Fligstein, 1990）。他のユニットにおけるCSR機能への依存性，手段と目的間の関係の不確実性，目標の曖昧さなどの課題解決のために，企業は市場志向分野で既に確立したパターンを模倣する傾向があるが，これはCSR機能に役立つ。多国籍企業はグローバル政策決定という制度的同型化（institutional isomorphism）の圧力を受けているため，ローカルなCSR対応を苦手としている（Husted and Allen, 2009）。

　多国籍企業に見られるCSR政策の差異は経済的な発展水準と関連性が高い（Welford, 2006）。これは結果的に，先進国でCSR分野において必要とされる政策の要求が多い（high incidence）のに対し，中国のような新興国では始まって間もない状態であるためその切実性が弱いのも現実の問題としてしばしば指摘されている。

　第3に，ステークホルダー・パースペクティブについてである。ステークホルダー・パースペクティブは，CSRはステークホルダーに向けての企業の戦略的アプローチとイニシアチブが必要なことを意味する（McWilliams and Siegel, 2001）。これは具体的に，経済的・法的・倫理的・裁量的（慈善的）要素（Caroll, 2016）という4つのパートモデルでのアプローチが必要である。

　次に，多国籍企業の子会社の進出先（host country）と原籍国（home country）との間での異なるステークホルダーへの異なる対応に迫る。異なる国に渡って行うCSRの管理と指針（orientation）には顕著な差異がある（Welford, 2006）。実際に，ヨーロッパ，アジア，北米など15ヵ国を比較分析した結果，ヨーロッパや北米地域と比較すると，アジア地域が労働時間，労働超過許容時間，公正な賃金構造，結社の自由，教育訓練プログラムなどの面においてCSR政策が劣っていた。ステークホルダーが会社の資源の流れを止める「撤

退戦略」と，会社が資源の使用を制限する「利用戦略」を通して会社の CSR
体制と慣行に影響を及ぼしている（Frooman, 1999）。

第4節 ｜ CSR 調達

　近年，人類は地球温暖化に代表されるように地球規模での深刻な環境破壊
の危機に直面しており，それらの悪影響と決して無関係といえない企業への
責任を厳格に問う声が少なくない。もちろん，経済活動の「負」の側面を生
み出している重要な主体として認識されている企業側は，従来のものより厳
格さを増している環境規制への対応を余儀なくされている。周知の通り，ヨー
ロッパやイギリスでは 2000 年以後，WEEE 指令，RohS 指令，REACH 規制
などのような環境規制を行っている。これらの規制にいかに対応するかの課
題は，実際にヨーロッパ地域で事業活動を営んでいる日本の電気，電子，化
学，自動車業界においては死活問題に直結されている。
　これらの規制に対応するために，購入企業（purchasing firm）には自社が使
用する資材や原料をサプライヤーから調達する際に，環境負荷の低いものか
ら優先的に選択することが求められている。このような調達行為のことを「グ

図表 11-3　RBA 行動規範

A. 労働		B. 安全衛生
A.1. 雇用の自由選択		B.1. 職務上の安全
A.2. 若年労働者	E. マネジメントシステム	B.2. 緊急時への備え
A.3. 労働時間	E.1. 企業のコミットメント	B.3. 労働災害および疾病
A.4. 賃金および福利厚生	E.2. 経営者の説明責任と責任	B.4. 産業衛生
A.5. 人道的待遇	E.3. 法的要件および顧客要求事項	B.5. 身体に負荷のかかる作業
A.6. 差別の排除	E.4. リスク評価とリスク管理	B.6. 機械の安全対策
A.7. 結社の自由	E.5. 改善目標	B.7. 衛生設備，食事，および住居
	E.6. トレーニング	B.8. 安全衛生のコミュニケーション
	E.7. コミュニケーション	
D. 倫理	E.8. 労働者のフィードバック, 参加, 苦情	C. 環境
D.1. ビジネスインテグリティ	E.9. 監査と評価	C.1. 環境許可と報告
D.2. 不適切な利益の排除	E.10. 是正措置プログラム	C.2. 汚染防止と資源削減
D.3. 情報の開示	E.11. 文書化と記録	C.3. 有害物質
D.4. 知的財産	E.12. サプライヤーの責任	C.4. 固形廃棄物
D.5. 公平なビジネス，広告，競争		C.5. 体期への排出
D.6. 身元の保護と報復の排除		C.6. 材料の制限
D.7. 責任在る鉱物調達		C.7. 水の管理
D.8. プライバシー		C.8. エネルギー消費および温室効果ガスの排出

出所）RBA のホームページ（responsiblebusiness.org）2023 年 8 月 10 日閲覧

リーン調達（green procurement）」といい，いわゆる環境物品市場の形成および開発の促進などの波及効果も期待できる。これと関連して自社内での研究開発は勿論，サプライヤーにも要請事項として周知徹底されている。循環型社会を目指すためには，環境への負荷をできるだけ最小限にする再生用品の使用を積極的に推し進めることが求められている。近年では，環境問題だけでなく，人権・労働・腐敗防止などを含む CSR を当該企業や関連グループにも適用する「CSR 調達（CSR procurement）」へとその視野を広める動向を見せている。

　これと関連して，実際に日本では，2001 年に「グリーン購入法（国等による環境物品等の調達の推進等に関する法律）」が制定され，政府機関への制度導入は勿論，民間企業にも大きな影響を及ぼしている。

　一方，CSR の全世界的な拡散とともに，「環境」に関わるイシューだけでなく，「社会」をイシューとし，サプライヤーの調達条件に取り組むことを要請する動向も見られている。米国のアパレル業界の場合，1990 年代にナイキやリーボックなどのようなスポーツ用品メーカーが不祥事を引き起こした後，児童労働の禁止，安全衛生の確保，労働環境の改善など CSR 上に不可欠な課題を詳細に取り上げ，調達条件として積極的に取り組む動向も見られている。

　なお，人権・労働・環境・腐敗防止に関する 10 原則の順守を促す「国連グローバル・コンパクト（The United Nations Global Compact）」，労働条件や労働環境に限定した倫理規準を示している「SA（Social Accountability）8000」，企業が社会倫理に関する報告書を作成する際に，その基準となるプロセスを測定する規格である「AA（Account Ability）1000」などのような国際的に信頼性の高い認証機関が，地域や企業ごとに異なりうる評価基準を統一させるきっかけとなった（文，2022）。これらの認証機関はグローバル企業に対して順守すべき国際標準を提示し，その基準に照し合わせて評価し，その基準を満たす企業を認証する一連の動向もある。これらの動きはグローバルな事業展開を行って当該企業の経営方針に積極的に CSR 調達を取り組ませる主な要

因となり，その浸透に拍車をかけている。

　では実際のグローバルなサプライチェーンを構築する際にはいかなるものが必要なのか。「サプライヤー行動憲章 (Supplier Codes of Conduct)」，それらと関連する外部の第3者機関による調査 (inspection)，内部監査 (audits) という3つの要因が必要である。

　2004 年 6 月から 10 月の間に，電子製品の製造に従事している多くの企業によって策定されたのが EICC (Electronic Industry Code of Conduct) である。この行動憲章の遵守を図り，メンバーとして参加しているのが Celestica, Cisco, DELL, Flextronics, HP, IBM, Intel, Microsoft, ソニーなどである。EICCは，2016 年に参加企業資格を拡大し，当時電子機器メーカーとそのサプライヤーだけに限定していた範囲をさらに拡大することにした。その結果，電子機器の納入先となる自動車，玩具，飛行機，IoT テクノロジー企業も参加が可能になった。このように参加する業界を拡大した背景には，部品納入先とともにアクションを起こすことで，産業全体のサステナビリティの水準を向上していく目的があったといわれている。この EICC は組織改編などの理由で 2017 年に RBA (Responsible Business Alliance，責任ある企業同盟) に名称が変更される。同行動規範 (code of conduct) は最新のものとして 2021 年にパージョン 7.0 が制定されており，現在まで変更はされていない。図表 11-3 が示しているように，RBA スキームは，労働・安全衛生・環境保全・管理の仕組み・倫理という項目で構成されている。

　この RBA は，基本的に ILO 宣言および世界人権宣言，そして主な国際的な人権基準に基づいて制定されたものとして認識されている。同規範は，5つの分野で構成されているが，具体的には，それぞれ A (労働)，B (安全衛生)，C (環境保全)，D (企業倫理)，E (規範の遵守を管理するための適切なマネジメント・システム) について明記されている。

　さらに，同規範では倫理監査が義務づけられている。詳細には「自己調査 (Self-Assessment Questionnaire)」，「第三者機関による監査 (Validated Audit

Process)」，「第二者（サプライヤーの顧客企業）による監査（Customer Managed Audit)」，「RBA 参加企業もしくは第三者監査機関による RBA 参加企業への監査（Auditee Managed Audit)」を義務付けている。

日本ではイオングループは 2003 年に「イオンサプライヤー CoC（AEON Supplier code of Conduct)」を策定した。同年 5 月にイオンの自社ブランドである「トップバリュー」の製造委託先約 400 社に対して説明会を開き，「イオンサプライヤー CoC」の遵守と，製造委託先工場の確認，遵守の宣誓書を提出するように要求している。イオンサプライヤー CoC は 2019 年 3 月にさらに改訂され，安心・安全の商品の製造，人権デュー・ディリジェンスの推進などを通して同社活動と関連するステークホルダーから信頼と安心を得ることを最終目的としている。

同行動規範には，「1 法と規則　2 児童労働　3 強制労働　4 労働時間　5 賃金および福利厚生　6 虐待およびハラスメント　7 差別　8 結社の自由および団体交渉の権利　9 安全衛生　10 環境　11 商取引　12 誠実性および透明性　13 エンゲージメント」という 13 項目の規範が定められている。

さらに，同規範では倫理監査が義務づけられている。詳細には「自己調査（Self-Assessment Questionnaire)」，「第三者機関による監査（Validated Audit Process)」，「第二者（サプライヤーの顧客企業）による監査（Customer Managed Audit)」，「RBA 参加企業もしくは第三者監査機関による RBA 参加企業への監査（Auditee Managed Audit)」を義務付けている。日本では RBA の第三者の認証機関として，ビューローベリタスなどが監査業務に従事していることが知られている。

第 5 節 ｜ CSR と SDGs

SDGs（Sustainable Development Goals：持続可能な開発目標）とは，2015 年 9 月に開催された国連サミットで採択されたものであり，貧困・飢餓・教育・気候変動・生物多様性など環境と開発に関するグローバルな課題への取り組

み目標のことをいう。この SDGs が世界的に注目されているのは，各国の政府，企業，市民，政府機関などを含むマルチ・ステークホルダーの協議で策定された 17 の目標がある点である。現在の SDGs は 2030 年までに達成すべき目標を提示した点が注目に値する。従来の CSR は，世界各国の置かれた経済的・社会的な状況によって各々で異なる取り組みを構築または維持をしていたといえる。これに対し，2015 年に国連という発信力のある機関での協議の上，明確な共通の目標と期限が提示された点は CSR をグローバルな次元で推進できる基盤を備えた点において大きな意義があると評価されている。

　この SDGs は 2000 年 9 月に開催された国連のサミットで採択された目標である MDGs （Millennium Development Goals，ミレニアム開発目標）を受け継いだものである[2]。この MDGs は主に開発途上国に軸を置いた目標であり，8 項目の目標と 21 のターゲットが設定されていた。MDGs の設定により，目標は 15 年間かけて推進されており，一定以上の成果を成し遂げたのではないという評価が多々あった。その具体的な成果とは，貧困や飢餓の減少，初等教育における就学率の向上，男女の教育や労働における格差の解消，予防可能な

図表 11-4　気候変動指数ランキング（2023 年）

ランク	企業名		
1	ソニーグループ	4.05	3.29
2	キーエンス	3.02	2.43
3	三菱 UFJ 金融グループ	2.65	2.56
4	東京エレキトロン	2.04	1.87
5	JR 東海	2.01	0.51
6	第一三共	1.99	1.58
7	東日本	1.96	4.96
8	JR 東日本	1.87	0.48
9	住友三菱銀行フィナンシャルグループ	1.77	1.71
10	日立	1.75	1.71

出所）MSCI 気候変動指数，2023 年 7 月 31 日（https://www.msci.com/documents/）2023 年 8 月 25 日閲覧

疾病による幼児死亡数の減少，妊産婦の健康状態の改善，HIV 感染者の減少，マラリアや結核などの疫病感染者の減少，飲料水へのアクセスの改善，オゾン層破壊物質の消費の大幅な削減，ODA の普及，通信状況の改善といった目標であった。

日本においても，内閣総理大臣を SDGs の推進本部長とし，外務省を中心に 2016 年 12 月から具体的な環境整備を推進している。日本の内閣府では，「3 者以上のステークホルダーが，対等な立場で参加・議論できる会議を通し，単体もしくは 2 者間では解決の難しい課題解決のために，合意形成などの意思疎通を図るプロセス」をマルチステークホルダー・プロセス（multi-stakeholder process）と定義し，① 信頼関係の醸成，② 社会的な正当性，③ 全体最適の追求，④ 主体的行動の促進，⑤ 学習する会議を具体的な運営指針としている。

次に，CSR と SDGs との関連性について探る。SDGs は企業の社会的責任の方向性を示すものであるという見解がある（林，2019）。

イギリスグラスゴーで開催された国連気候変動枠組条約第 26 回締約国会議（COP26）で，世界の国々が気候変動対策について議論した。ドイツの NGO ジャーマンウォッチが主要排出国 60 ヵ国の気候変動政策の評価ランキング「気候変動パフォーマスインデックス 2022」を発表した。日本は温室効果ガスの排出目標などの気候変動対策について評価され，総合 45 位にランクづけられていることが分かった。[3] 前年度と比較すると変わっていないため，気候変動に対する国としての対策体制には相対的に高くない評価を受けていることが明らかになっている。

「気候変動指数 2022 年」（The Climate Chance Performance Index 2022）には，世界各国の気候変動指数の評価値が示されている。図表 11-4 には日本企業における MSCI 気候変動指数が示されており，製造業だけでなく金融業にも気候変動に対する日本企業の関心の高さが明らかになっている。

先述したように，日本では 2016 年 12 月以後 SDGs における取り組みとし

て総理大臣の主導する政策として積極的に取り入れようとしている。その後，2017 年には，ジャパン SDGs アワードを創設するなどの動きがある。2020 年 10 月に，2050 年までにカーボンニュートラルを目指すことを宣言，2021 年 6 月に「経済産業省主導 2050 年カーボンニュートラルに伴うグリーン成長戦略」などが発表され，内閣府の中での関係機関からの具体的な動向が確認できた。

　環境省によれば，SDGs に対する取り組みとして「カーボン・オフセット」と「カーボン・ニュートラル」があるという[4]。前者の場合，「日常生活や経済活動において避けることができない CO_2 等の温室効果ガスの排出について，まずできるだけ排出量が減るよう削減努力を行い，どうしても排出される温室効果ガスについて，排出量に見合った温室効果ガスの削減活動に投資すること等により，排出される温室効果ガスを埋め合わせるという考え方」であるという。これに対し，後者は「従来のカーボン・オフセットの取組を更に進め，排出量の全量をオフセットすること。換言すれば，温室効果ガスの排出量と吸収量を均衡させ，温室効果ガスの排出を全体としてゼロにすること」を意味する。

注）

1) RBA については，RBA のホームページ　https://www.responsiblebusiness.org/）を参照にすること。
2) 「ミレニアム開発目標（MDGs）」　https://www.mofa.go.jp/mofaj/gaiko/oda/doukou/mdgs.html（2023 年 8 月 26 日閲覧）。
3) 「気候変動実績指数 2021 年（THE CLIMATE CHANGE PERFORMANCE INDEX 2021）」　https://newclimate.org/sites/default/files/2020/12/CCPI_2021_Image2.png（2023 年 8 月 25 日に閲覧）。
4) 「J-クレジット制度及びカーボン・オフセットについて」　https://www.env.go.jp/earth/ondanka/mechanism/carbon_offset.html（2023 年 8 月 26 日閲覧）。

◆引用・参考文献

十川廣國（2005）『CSR の本質』中央経済社

田中信弘・木村有里編著（2019）『新版　ストリートで学ぶマネジメント―組織・社会編』文眞堂

林順一（2019）「SDGs に初期の段階から取り組む日本企業の属性分析」『日本経営倫理学会誌』26：25-38

文載皓（2022）「外国人雇用と人権」『サステナビリティ経営研究』2：22-26

谷本寛治編著（2004）『CSR 経営』中央経済社

Andrews, R. Kenneth（1989）*Ethics in Practices, Managing the Moral Corporation*, Harvard Business School Press.

Arevalo, J. A. and Francis T. Fallon（2008）"Assessing corporate responsibility as a contribution to global governance: the case of the UN Global Compact", *Corporate Governance*, 8(4)：465-470.

Carroll, A. B.（2016）"Carroll's pyramid of CSR: taking another Look（2016）", *International Journal of Corporate Social Responsibility*, 1(3)：1-8.

Donaldson, Thomas and Dunfee, Thomas W.（1994）"Toward a Unified Conception of Business Ethics: Integrative Social Contracts Theory", *Academy of Management Review*, 19：252-84.

Fligstein, Neil（1990）*The Transformation of Corporate Control*, Harvard University Press.

Frooman, Jeff（1999）"Stakeholder Influence Strategies", *The Academy of Management Review*, 24(2)：91-205.

Husted, Bryan W. and Allen, David B.（2009）"Strategic Corporate Social Responsibility and Value Creation: A Study of Multinational Enterprises in Mexico", *Management International Review*, 49(6)：781-799.

McWilliams, Abagail and Siegel, Donald（2001）"Corporate Social Responsibility: A Theory of the Firm Perspective", *The Academy of Management Review*, 26(1)：117-127.

Mrrenwijk, Marcel van（2003）"Conceps and Definitions of CSR and Corporate Sustainability: Between Agency and Communication", *Journal of Business Ethics*, 44：100.

Porter, E. Michel and Mark R. Kramer（2006）"Strategy and Society: The Rink Between Competitive Advantage and Corporate Social Responsibility" *Harvard Business Review*, December：78-92.

Welford, Richard and Stephen Frost（2006）"Corporate Social Responsibility in Asian Supply Chains", *Corporate Social Responsibility and Environmental Management*, 13：166-176.

Werther, Jr., William B. and Chandler, D. (2006) *Strategic Corporate Social Responsibility: Stakeholders in a Global Environment*, SAGE Publications.

多国籍企業の異文化マネジメント戦略

第1節 │ 検討の枠組み

　国際ビジネスにおける異文化問題は以下のような視点から考えることが必要である。第一に企業の組織内での異文化である。次に異なった文化的背景をもつカウンターパート，すなわち提携相手との異文化である。さらに自社のサービスや製品を海外市場に展開する際に当該国の文化的背景に合わせてどのように生産，販売を適応させていくかという「市場の異文化」の問題である。それぞれの解決アプローチについて述べるならば，第一の点における対応策としては組織内の異文化をもつメンバー間の相互理解のための教育が重要になってくる。また，第二の点はカウンターパートの企業の歴史や経営体制や経営者の特徴を十分に把握することである。自国企業との提携の実績や過去の自国企業との問題を調べておくことも重要である。第三の点については製品やサービスを現地市場の特性に合わせて修正する「適応化（現地化）」とこれまでに本国市場において成功した考え方を貫いて，現地企業の製品・サービスと差別化する「標準化」とをどう最適にバランスさせるかである。

図表12-1　本章で検討する国際ビジネスにおける主要な異文化問題

企業における異文化問題	課　題
1.　組織内の異文化	異なる社内メンバーとどう円滑に業務を進めるか
2.　提携相手との異文化	提携相手とどのようにうまく協力し合えるか
3.　市場の異文化	自社の製品・サービスの価値を現地市場にうまく受け入れてもらえるか

出所）筆者作成

第2節 │ 組織内での異文化問題

　企業組織内の異文化問題でもっとも問題となるのは，コミュニケーション問題と労働慣行などの違いの問題である。英語を介して異なる文化的背景をもつメンバー間のコミュニケーションを図るとしても，その語学水準には違いがある場合も多く，その使い方においては齟齬を免れない。また，政治的に対立している国同士が同じチームのメンバーになると感情的対立からコミュニケーションをとらないという場合も想定される。従って，語学的熟練度や国際政治上の関係を考慮して配置を決める必要がある。細かい話になると各メンバーの滞在国が異なる場合，どの国の時間帯に合わせてオンラインビデオ会議などを開催すべきか，という問題にまで及ぶ。夜間に残業してまで会議をしたがらない文化もあるからである。また，労働慣行などにおいても価値観が異なる。たとえば，残業を嫌う価値観，短期的な転職を通じてキャリアをアップさせていく文化と長く同一企業にとどまってキャリアを形成していこうとする文化の違いなどである。

　特にグローバルな作業環境が進む昨今では，この視点のような文化的背景に対する配慮は重要である。海外事業に求められる成果物や使命はその都度，異なっているわけであるし，なによりもその構成員が抱えるバックグラウンドや所属組織，ひいては業種や国・地域が異なれば同じ文化的背景というものはないからである。ビジネスにおける異文化研究の N. Adler (1990) は，西欧人は考える人 (Thinker) であり，非西欧人は感じる人 (Feeler) の傾向があるという趣旨のことを述べている。概して国際ビジネス考え方の国際標準化は欧米が主体であり，非西欧の文化を基本形としては想定していない。従って Feeler を想定せず Thinker を前提とした知識体系となっていとも言える。

　アドラーによると Feeler は良いか，悪いかというファクトにもとづく判断よりも「人にどう思われるか」，「自分はどう思うか」にもとづいた判断が大事となる。Thinker はファクトを重視するが，Feeler は想定されるシナリオ

を重視する。西欧では個人のパフォーマンスが重要だが，非西欧では個人よりもチームでパフォーマンスすることを重視する。したがって，仕事を離れた関係性も重要になる。結果として，フォーマルだけでなくインフォーマルな状況も含めたコミュニケーションの累積が信頼につながる。さらに Feeler 文化においてはコミュニケーションの重要性，職業上の信頼だけでなく全人格的な信頼も重要なファクターになる。それぞれの文化的背景や長所を踏まえた実践的な運用を忘れてはならない。初めて組むメンバーが異文化のメンバーであるとき，必要な能力としてカルチュアルウェアネス，状況調整能力，自己調整能力を指摘し，それを身につける教育の重要性を訴える研究もある。それらの研究では，そのために陶冶される中心能力として「感受性」を挙げているのはこの点は非常に興味深い。

　ちなみに同じ国，同じ民族にあっても，異なる社会的な階層や立場によって組織内にある種の「文化的な障壁」が存在する。技術者と労働者，経営者と従業員の考え方の違いである。しかし，出自が違っていても，同じ技術者としての教育，同じ年代として受けた教育，同じ学校で学んだことがあるとこの異文化の壁を乗り越えるきっかけになる。例えば，木本 (1992) は日本建設史上，最難関の工事だった黒部川第四発電所 (黒四ダム) の工事を通して，このような関係性がプロジェクトの遂行過程では非常に重要な役割を果たすことをその記録的ビジネス小説，「黒部の太陽」で描いている。現場の技術者が同じ早稲田大学の土木科出身者で固まっていたことや旧日本軍の同じ部隊にいたことで強い団結が形成され，コミュニケーションが円滑であったことが注目されている[1]。世界共通の専門資格を保有しているなど専門知識が共通であれば，その職業意識で異文化の差を幾分か解消できる可能性を示した例といえよう。

第3節 | 提携相手との異文化問題

(1) アジア企業の特徴

　提携相手との異文化問題において最も重要なのは，相手をよく知ることである。たとえば，地理的に近いアジアのビジネスにおいても日本とは大きく違っている。それは企業を取り巻く歴史や政体が異なるからである。アジアの国々はそれぞれ異なった歴史をもっており，それがゆえに政府の成り立ちや消費者の出自が異なり，「アジアビジネス」とひとくくりにして考えることはできないからである。歴史的な背景によって形成されたビジネスの環境の特殊性の中で，それぞれの国の企業はどのように経営されているのか。また，日本企業はどのように事業を遂行しているのかについて，いくつかの特徴を指摘したい。

　一般的にアジアの日本企業のように，一つのビジネス分野に傾注して大企業になろうとする志向は強くないといえる。一つの分野で成功すると，そこで得た資金で他分野へ展開する。アジアの大企業には大きくなればなるほど，多角化を行い，ついには「コングロマリット」とよばれる複合企業になっていく事例が目立つ。特に東南アジアの華人企業やインドの大企業，韓国の大企業にそうした傾向が見られる。こうした企業は概してオーナーである創業者一族が株式の多くの部分（あるいは影響力のある部分）を保有しており，経営者のポストについて直接経営をコントロールしているという特徴を持っている。

　すなわち，大企業になっても，中小企業であったころとあまり変わらず，同様に経営と所有は必ずしも分離されていない傾向がある。なお，中国等のような社会主義を標榜している国においては国有企業が力を持っている国において所有は政府部門，経営は株主から専任された経営者というように所有と経営は分離されているものの，政府部門の影響力は強く，政府の意向が企業の行動に大きく反映されることが多い。

　また，アジアの企業は国際志向である。これは企業の大小にかかわらず見られる傾向である。これに対して，日本の大企業は海外市場に展開しようとするが，中小企業はあまりそうではない。できれば国内の大企業との取引だけでやっていければそれに越したことはないと思っている。売上債権の回収リスクや異文化におけるコミュニケーションの摩擦のない安心感がそうした志向を生んでいる。海外向けの商品・サービスを製造・提供しなければならなくなっても，取引先の大企業を介して行う間接輸出や商社に任せてしまいたいと思っている企業は，グローバル化が進んだ現在であっても依然として多い。しかし，アジアの企業は違う。大企業であれ，中小企業であれビジネスチャンスがあればどこであろうと取引しようとする。もちろん，海外ビジネスは代金回収が難しいというリスクがあるので信用のおける人としか海外ビジネスは行わない。相手企業の経営者に対する人的な信頼が取引するか否かの分岐点なのである。国籍が異なっても民族や文化が同じであればこの信頼度は高まり，取引するか否かの意志決定がしやすいと考える。

　たとえば，アジアには歴史的に国を超えて多くの中国系の人々（華僑，華人），インド系の人々，そしてアラブ系・イラン系の人々が住み着いている。かれらは故郷を同じくするがゆえに「人脈」でつながっている。宗教的な紐帯もある。こうしたエスニックな環境の中で人的関係を大事にすることは商売上の基礎になってビジネスが動いている。祖先の出身地やその文化，言語（方言）や宗教といったエスニックな共通の価値が国の違いを乗り越えてダイナミックなビジネスを可能にしているのである。一方，あまりに人との紐帯を重視するために，大きな組織制度をルールにもとづいて運営することは苦手という側面も指摘されている。家族や親しい友人は最も強い紐帯をもったビジネスパートナーとなりえる。したがってどんなに大きな企業になっても，ある一定のレベルまでは優秀な社員にまかせるが，それ以上は家族や親せき，あるいは「親友」にしか任せないということになる。こうした典型の例として，東南アジアの華人企業とインドについて，概観してみたい。

(2) タイの華人系大企業グループと経営文化

　華人・華僑は東南アジアのそれぞれの国において有数の大企業グループを形成している。その事業範囲は多岐にわたり，「複合企業」（コングロマリット）と呼ばれるまでになっている場合がある。特にタイは中国からの華人移民に対して戦後の一時期を除いて寛容な政策をとり，華人企業の事業拡大にとって恵まれた環境を提供した。例えば，タイ最大の華人企業グループであるCP（チャロン・ポカパン）のトップ，タニン・チャラワノン氏はその自伝で「1860年に汕頭（スワトウ）が対外貿易港として開港するとたくさんの潮州人が新天

図表12-2　タイにおける華人系大企業グループの沿革と事業概要

財閥名	沿革と事業概要
CP・グループ	中国・潮州系華人。種子・肥料，農畜産物加工から始まって，貿易，小売流通と展開。アグリグループの企業と呼ばれる。現在の同グループの中核企業は小売業のCPオール。グループ全体では11分野にわたる幅広い事業領域に展開している。日本の伊藤忠との戦略提携が有名。
セントラル・グループ	海南島系の華人大企業グループ。タイ最大の小売り・サービスの企業集団。1947年に開業したGMS（総合スーパー）が起源。デパート，SC，SM，CVS等小売業態を中心に事業を拡大。ホテル，外食チェーン，不動産事業も展開。日系企業との提携では小売・飲食チェーン系のビジネス分野が多い。
サハ・グループ	「消費財王」の異名をもち，日用品等消費財製品の製造販売が中核事業。1955年18歳で来日し，雑貨問屋を興した父親に代わり大阪で商品買い付けを行った。これまで主に関西の日用品メーカーと合弁企業を拡大し，成功した。タイに日本の消費文化を持ち込んだ先駆者。
ブンロート・グループ	「シンハー」ブランドを展開する1933年設立のビール醸造会社大手。ビールに特化して事業を拡大。ビール瓶製造のガラス会社，運搬用プラスチック・ケースの製造会社，原料の大麦の栽培農園，モルト工場などを買収や出資によって次々とグループ内に取り込み「垂直統合」を図ってきた。
ラムサム・グループ	広東省梅県出身の客家系華人，1945年にタイ初の客家系銀行として設立したタイ農民銀行が起源。チーク材の取引や精米事業で資産を増やし，保険，IT事業にも展開。中核企業のカシコン銀行の国内支店数は1100店舗以上。このほか国外16ヵ所に拠点。日本の商業銀行とも多く業務提携。
TCC・グループ	潮州系華人企業で設立は1960年。当初は国営ウイスキー醸造所の原材料卸商人であったが，1985年に政府からウイスキー醸造事業のライセンスを取得し，事業拡大。1991年にはデンマークの世界的ビールメーカー，カールスバーグと提携し，ビール製造事業に展開。その後，飲料水事業，外食事業へと事業を多角化している。日本企業との国際提携ではホテルオークラやドラッグストアチェーンのココカラファインとの提携が有名。

出所）小林（2020；2021）

地を求めて英領だった香港，タイなどの東南アジアに雄飛していった（中略）
1919年前後に父は親戚を頼りにタイにわたった。タイは中国人労働者の移民
を積極的に受け入れる政策をとり，多くの潮州人がタイに向かった。現在の
タイの人口の1割強，700万人以上とされるが，その多くは潮州人の子孫だ，
タイは東南アジアで欧米列強の植民地にならなかった唯一の国でもある。外
国の大企業がのさばっておらず，父はチャンスがあると考えた」と述べてい
る。[2)]

　タイにおける最大の華人系企業と言われるCPは先代がタイの首都，バン
コクのチャオプラヤー川の近くで小さな種苗店を営み，種もみを購入しに来
た顧客からの作物の育成についての相談を受けながら次第に顧客を増やして
いった。つまり，種子・肥料，農畜産物加工から始まって，貿易，小売流通
と展開してきたのである。アグリグループの企業と呼ばれるゆえんである。現
在では同グループの中核企業は小売業のCPオールで，タイのセブンイレブ
ンの経営が有名であるが，グループ全体では種子・肥料，農畜産物加工，養
殖えび，貿易，小売流通，石油化学，不動産開発，自動車・機械など，11分
野にわたる幅広い事業領域に展開し，1990年代までには一大コングロマリッ
ト（財閥）になっていた。そして，その後の中国大陸やメコン諸国（ラオス，カ
ンボジア等）をはじめとする海外への積極的な直接投資を通じて本格的な多国
籍企業となり，日本の伊藤忠商事および中国のCITICといった総合商社や政
府系複合企業との戦略的な提携を結ぶなど，さらに多様な事業分野への展開
と全世界の市場を視野においた事業展開を行うに至っている。

　しかし，こうした経営スタイルの華人企業のなかには1997年〜1998年に
タイ，インドネシア，韓国を中心にアジア全域から資本逃避を起こしたアジ
ア通貨危機で国内の深刻な不況に直面すると，過剰債務，金融機関の不良債
権処理と貸し渋りで経営は悪化する例がみられた。事業の多角化によってリ
スク分散を行ってきた，創業家の独断的かつ拙速的な事業拡張スタイルは一
転して不良資産増加の原因となり，これに以前から指摘されていた企業グルー

プが抱える子会社間の不透明な資金循環が外部資金の逃避に拍車をかけた。こ
れを契機にそれまで閉鎖的なファミリービジネスを展開していた華人企業等
の財閥は，専門経営者の登用にも積極的な開放的な企業形態に変わってきて
いるといわれている。CPのタニン氏は今後，一族以外の人材にグループ全
体の統治を任せる可能性もあると語っている。しかし，グループ内の中核企
業にCOO的な位置づけの社長職には有能な外部人材を招聘しているものの，
CEOと位置づける会長職には自らの息子を配置するなど，依然としてファミ
リービジネス的な経営構造が内包するリスク（独断的・恣意的な意志決定）は完
全には払拭されていない。

事例：タイ華人財閥における事業承継—セントラルグループ—

　タイ最大の小売り・サービスの企業集団であるセントラル・グループでは，
一族200人を超える人材がグループ事業に携わり，その多くがバンコクの自
宅で共に暮らし，事業についても家族会議として議論するという典型的な財閥
経営を行ってきた。しかし，少子高齢化などにより，グループが海外へと目を
向け，事業領域も広がると幅広い知識や経験を持つ幹部人材の不足が顕在化し
始めたため，2013年にグループCEOに就いたトッス・チラティワット氏は
創業家と外国人を含む外部人材を融合させる経営のプロ化戦略を推進した。
2014年，グループ資産の約7割を占め，タイ人消費者向けのモールを長く手
掛けるセントラル・パタナ（CPN）のCEO人事では，一族ではなく，かつて買
収した国内百貨店でCEOを務めたプリーチャ・エックナグン氏を抜擢した。ま
た，グループCOOには米大手コンサルティング会社マッキンゼーのコンサル
タントだったイタリア人のニコロ・ガランテ氏を，ベトナム現地法人のCEO
には仏カルフール出身のフランス人，フィリップ・ブロアニーゴ氏を招聘した。
（中略）グループで9つある事業部門のうち，一族がトップを務めるのは3部門
に減り，残り6部門のうち4部門に国外出身者が抜擢されている。
　このようにかつて「家業」として身内だけで経営を行っていたタイの財閥に
おいても，近年のグローバル化の影響を受けて，長期的な視点に立って経営全
体を統括する創業家のもとで外部のプロの人材が実際に事業を行うという混合
型の財閥スタイルが広がりつつあるように見える。今後は「創業家と外部人材
の意見の対立」の際にはどのようにして乗り越えるのか，またプロ経営者がか

つての創業家と同じように権限を付与され，大胆な施策を事業で行えるのか，業績が下向いたときの経営責任について創業家の正統性は確保できるのか，すなわち外部人材から突き上げられないかなど，多くの解決すべき課題が残っている。

参考文献：

飯山辰之介「タイ財閥セントラル，変革期に一族経営究める」，日経ビジネス，2019年2月1日（https://business.nikkei.com/atcl/NBD/19/00114/00003/?P=1）2020年9月30日閲覧

小平龍四郎「タイCPなどアジア財閥に広がる欧米流「資本の論理」」，日経産業新聞，2020年3月27日（https://www.nikkei.com/article/DGXMZO57276680W0A320C2XR1000/）2020年9月30日閲覧

日本経済新聞「タイ最大財閥CP タニン氏「子と孫の4人に継承」」，2019年6月18日（https://www.nikkei.com/article/DGXMZO46217560X10C19A6FFJ000/）2020年9月30日閲覧

出所）小林慧（2021）「コラム―近年のセントラル・グループとCPグループの事業承継と分権化」，上田和勇編著『ビジネスにおける異文化リスクのマネジメント―アジアの事例を中心に』白桃書房：49掲載部分から抜粋・加筆・修正

(3) インド企業と経営文化

　提携相手とどのようにうまく協力し合えるかという問題についての次の事例はインドである。インド大企業グループの発祥地はインド西部に多く，たとえば，グジャラート州のパルシー商人，グジャラーティ商人，ラジャスタン州マルワリ商人などが挙げられる。パルシー商人は歴史をさかのぼれば，イラン系であり，その多くは古代にイランで信仰されていたゾロアスター教の信徒である。その他の大企業グループのその淵源は，西アジアや東アフリカに距離的に近い西インドにある。西インド文化的背景をもっているといえる。いずれにしてもこれらの大企業グループは，インドをイギリスの植民地化しようとしたイギリスの東インド会社（1600年）の現地エージェントとして商売を拡大してきた。1757年にイギリス女王の「特許状」をもって，インドビジネスを特権的に展開する権限を委譲されたイギリスの東インド会社はライバルのフランス東インド会社と現地のベンガル太守軍の連合軍を軍事的に屈服

させ，ベンガル地方の徴税権を奪取した。本格的なインドの植民地化の開始である。しかし，やがて強大になりすぎ，イギリスの新興資本家のインド進出の障害になって，イギリス政府から廃止される（1858年）。こののちインド商人はイギリスの様々なインド進出資本とビジネス関係をむすび，それぞれの祖業を発展させていった。

第二次世界大戦が終わると，イギリスはインドの独立を認め，インド独立運動の主要勢力であった国民会議派が長い間，政権を担当することになる。この政権は外国資本を締め出し，国内企業を発展させようとし，外資規制，独占禁止法強化，商業銀行の国有化を行う。この結果，海外資本は締め出され，インドでは国内の企業が発展し，国内の大資本はあらゆる分野に展開することになった。しかし，外国資本との競争のないビジネスは高コストになり，国際競争力は向上せず，輸出によって外貨を獲得するという経済発展に不可欠な役割を果たせなくなった。そしてインドは海外出稼ぎ者の国内送金に外貨獲得を依存する状態が続いたのである。

しかし，1991年湾岸戦争で海外出稼ぎ者の送金が激減すると，最悪期には外貨準備高は2ヵ月にまで悪化し，インドはIMF緊急融資で救済されるという屈辱を味わった。政権は海外企業への市場開放を主張するインド人民党政権などに交代し，それらの市場経済政策により，保護的貿易が撤廃され，それ以降は外資企業との合弁やIT産業でインドビジネスは発展してきている。近年のインド経済はNRI（海外インド人）からのインドへの投資などで米国企業とのつながりが強くなっている他，日欧米韓中などからの直接投資によって，最も魅力ある国の一つとなっている。

インドの主な大企業（財閥）は図表12-3の通りである。そのほかにキルロスカ（電機・自動車部品），ゴエンカ（マルワリ系：小売り，インフラ），ゴドレジ（パルシー系：電機），ジンダル（鉄鋼），ヒーロー（二輪車－ホンダと提携。その後解消），UB（酒類），ラルバイ（繊維），オベロイ（ホテル王），エッサール（石油，鉄鋼），TVS（二輪車－スズキと提携）などの大企業がある。

図表 12-3　インドの主な大企業グループ（財閥）

財閥名（創業年）	事業
タタ（パルシー系） （1859年頃）	最大の財閥。金融，小売，部品，IT，保険，エネルギー，サービス，通信，鉄鋼，自動車，紡績，不動産，ホテル。10世紀ごろイランからたどり着いたペルシャ系ゾロアスター教徒の商人コミュニティー，「パルシー」出身。棉貿易からスタート。
リライアンス（グジャラティ系：1958年頃）	西部の「グジャラティ」出身。イエメンへの出稼ぎからガンジー政権で成長。現在はリライアンスグループ（兄）（石油化学，繊維，小売り等）とリライアンスコミュニケーション（弟）（通信，金融，電力等）。グジャラーティ系はグローバルなビジネスを展開することを好む。いわゆる印僑である。
バジャージ（マルワリ系：1907年頃）	初期には「東洋綿花」と取引。二輪車や三輪車，鉄鋼などの製造業，旅行業，金融・保険業，製糖など27の企業を展開。オランダのフィリップスと電気製造を行ったこともある。
ビルラ（マルワリ系：1860年頃）	第一次世界大戦で蓄財。貿易→自動車，機械，海運，化学，繊維。保険等。西部の「マルワリ」出身。マハトマ・ガンジーのインド独立運動を支援。国民会議派政権により発展。後継者が3グループに分裂した。
アバンサ（パンジャブ地方：1929年頃）	石炭販売で発展。社会主義的な政府に石炭業を国有化されると。製紙，繊維，化学（米国コーニング社と合弁），砂糖，金融・保険等に進出し，成功。
マヒンドラ（パンジャブ：1945年）	自動車，トラクター，金融，IT，貿易等。マヒンドラ兄弟により1945年設立。07年，ルノーと自動車合弁，08年解消。フォード，三菱，日産と提携を経験。経営破たんした韓国雙龍自動車を買収。

出所）須貝（2011），NHKスペシャル取材班（2009），各社ホームページ，新聞報道より作成

第4節 ｜ 市場の異文化

（1）インド市場の特徴と外国企業の参入

　自社の製品・サービスの価値を現地市場にうまく受け入れてもらえるか，という市場の異文化の問題についてはインドとタイの市場における日系企業（外資企業）の事例を見てみたい。

　最初は今後，ますます注目されるであろうインド市場についてである。この問題については，現地企業と提携してその販売チャネルやブランドを活かす形で自社の製品・サービスを現地の消費者の心理に定着させるといった試みが行われている。特に現地の競合企業が競争力をさほど持っていない場合は，早期に進出して第一の企業としてのステータスを固めてしまえば，自社

の製品・サービスが現地市場の事実上の「標準」(デファクトスタンダード) として有利な地位を占めることになり，マーケティングは非常にやりやすくなる。マーケティング面で異文化の問題を最小化できるのである。この典型的な例がインド市場のスズキ自動車であろう。

　自動車および二輪車について，インドは巨大な人口を背景にいまだ自動車保有率は低く，今後の潜在力は大きい状態である。マルチ・ウドヨク (国有企業) が1980年代に日本のスズキ自動車と組んだマルチ・スズキは小型車で成功し，いまだにインド自動市場の4割を占めている[3]。スズキは市場の50％以上を占有しようとして，中国市場から撤退し，インド市場などに経営資源を集中し，拡大を加速しているが，韓国の現代・起亜グループも急速に追い上げている。一時，最安値の軽自動車を投入し，第二位につけていた現地のタタ自動車は現代・起亜や現地のマヒンドラグループに抜かれている。また，ホンダ (日本)，トヨタ (日本)，ルノー (フランス) や米国勢も参入し，激しい競争が続いている。なお，同じ輸送機械分野の二輪車においては現地企業ヒーロー，日本のホンダ，現地企業 TVS，現地企業バジャージで，すでに合計市場シェアの90％近くを占めて寡占状態となっている[4]。

　インドは戦後，国民会議派政権の下で経済的には社会主義的な計画経済を導入したことがある。外国製品，外国企業に制限をかけていたこともあって，外国企業が早期に進出すればデファクトスタンダード的な地位をとる余地も残されているというところだろうか。現地企業が広いインドに数多く存在しているため，良い企業を選んで外国企業が直接投資をして買収や合弁を通じて素早く市場に参入するといったことも行われている。例えば，インドはジェネリック医薬品 (特許切れの医薬品) で強みがあり，2万社がひしめく乱立市場である。このため，先進国の医薬品メーカーも巻き込んだ企業買収が活発に行われている。例えば，日本の第一三共が2008年に現地大手のランバクシー社を買収した (その後売却) が，その前の2005年にランバクシーは日本ケミファに資本参加を行っているなど資本参加も頻繁に行われている。コロナ禍

図表12-4　インド乗用車市場シェア（％）

メーカー名（本国）	市場シェア
スズキ（日本）	47.4
現代（韓国）	16.7
マヒンドラ＆マヒンドラ（インド）	7.8
タタ（インド）	5.7
ホンダ（日本）	5.2
トヨタ（日本）	4.7
ルノー	4.4
その他合計	8.1

出所）日経産業新聞 2017 年 11 月 6 日

を経て，ジェネリック薬品の大量生産能力を有するインド製薬会社への海外
企業からの提携や資本参加はこれからも続くと思われる。バイオサイエンス
の医薬品メーカーとして著名なのが1978年に設立されたバイオコン社である。
ジェネリック薬品製造が多いインド製薬メーカーにおいて，数少ない新薬開
発技術を持っているとされる。米国のファイザー社が同社にインシュリンの
生産委託をした結果，東アジア最大のインスリンメーカーになったこともあ
る。[5]

　また，IT ソフトウエアはインドの極めて有望な分野である。南部バンガ
ロールのソフトウエア産業の活況で著名であるが，インフォシステクノロジー
ズ社が有名（創始者ナラヤナ・ムルティ氏―「インドのビル・ゲイツ」）である。イ
ンドにおいては貧困でも向学心が強く，幼少の数学教育で IT 人材輩出の潜
在力は大きいといわれる。インド工科大学など理系では世界トップクラスの
大学があり，すべて英語で教育されているので，国際的なビジネスにおける
英語の強みもある。欧米企業からソフトウエア開発やシステムインテグレー
ションのプロジェクトを数多く受注しているのは，こうした IT 人材である。
IT 産業はカーストによる職業制限もない（ヒンドウー教徒8.5億人にこのカース
トによる職業制限がある[6]）といわれ，多くの優秀な人材が集まってゆく潜在性

を秘めている。

　アパレルではH&M，GAP，ウオルマートのPBが生産と輸出の基地としており，ユニクロや紳士服のコナカも委託生産を一部行っていると報道されている。家電では韓国サムスン，LGが徹底的な現地化で優位に立ち，日本の家電メーカーから市場シェアを奪い優位になっているが，日本のソニーは中高所得層をターゲットにした現地化で巻き返している。インドは中国を抜いて世界一の人口大国になった。人口の平均年齢が若いこともあって，主要な家電メーカーを含む消費財メーカーはインドへの投資を拡大させていくことは間違いない。パートナー企業探しはこれからも激しさをましていくであろう。

(2) タイ市場における日本企業のマーケティングミックス

　タイはアジアのデトロイトといわれほとんどの日本の自動車メーカーが現地工場を有している。この他に，日本の百貨店や日本で成功したチェーンストアや日用品メーカーがタイ華人の大企業などと合弁企業を設立している。日本企業の文化的特性を理解している華人経営者の企業と提携して進出した例が多い。特に，日用品のサハ・グループや先に述べたセントラル・グループが有名である。ただ，タイの大企業がすべて華人系であるわけでなく，非華人系の大企業もあり，日本企業との提携事業も多く行われている。たとえば，サイアムセメントグループが代表例である。同社はデンマーク人が創設にかかわり，1913年に国王，ラマ6世の命を受けて，タイ資本のもと設立された，タイ最古の建設資材製造業メーカーといわれている。その名の通り，セメント，建設資材，鉄鋼の製造が中核事業である。所有はタイ王室財産管理局となっているが，王室が経営に関与することはなく，所有と経営が明確に分離されている。こうしたことも，日本企業はじめ外国企業が提携しやすい原因かもしれない。日本企業との国際連携では農業機械のクボタ，自動車のトヨタ，印刷のトッパン，ダンボー製造のレンゴーが知られている。このように

事業多角化とコングロマリット化（複合企業化）するという事業の拡大プロセスは華人系大企業グループに似ている。

　われわれの日常生活に親しみのある消費財の日本企業の進出例としては，江崎グリコの「ポッキー」と「プリッツ」に代表されるお菓子の製造販売がある[7]。同社のタイにおけるマーケティングの特徴を見てみよう。プロダクト（製品）戦略としては日本発の「ポッキー」「プリッツ」を重点に，美味しくて遊び心がある日本らしい可愛さの「こころ」のコンセプトを維持している。そのうえで，甘さなどの「かたち」は現地の味覚に適応させているそうである。他方，製品のイメージを発信するパッケージ・デザインでは，イメージは日本のままに色彩の濃淡や文字は現地の消費者が好む色合いを使っている。価格戦略では現地競合製品の価格よりはやや高めに設定し，製品の「価値の違い」を発信している。狙いは現地の中間層の子弟（中高生，大学生）がすこし背伸びして自分の小遣いで買える価格といえる水準にすることであるという。「モノ」としての「ポッキー」ではなく，「ポッキー」を友人と食べる状況においてシェアして得られる「コト」（絆）の価値を提供することに主眼を置いている。こうしたマーケティング活動は，日本の本社の支援のもとに現地のマーケティング担当が主導して立案・実行している。消費者に対するコミュニケーション戦略はマーケティング活動を考える視点として経営学ではマーケティングミックス（4P）が有名であるが，このグリコのタイにおけるメーケティングを4つのPに即して見れば，製品（product）のコンセプトは標準化しつつも味やパッケージは現地に受け入れられやすいように現地化し，値段（price）もその違いを際立たせるためにやや高めに設定する。販売チャネル（place）は現地の流通業の発展に制約されるため，現地流にし，そして広告宣伝（promotion）はタイの事情に詳しい日本人の専門家を起用したともいわれる。これを現地化（適応化）と標準化に分けて考えるとグリコのタイでのマーケティングは，図表12-5にまとめることができると考える。

図表 12-5　タイにおけるポッキーのマーケティングミックス

マーケティングミックス（4P）	適応化（現地化）/標準化	ポイント
製品（product）	適応化と標準化のミックス	味やパッケージは適応化，コンセプトは標準化
値段（price）	適応化	現地の中産階級の子弟のお小遣いを念頭に置いた値段付け
販売チャネル（place）	適応化	現地の流通業に併せた販売展開
広告宣伝（promotion）	適応化と標準化のミックス	タイ文化に詳しい現地日本人専門家

出所）筆者作成

　適応化と標準化のバランスをどう考えるかについては，実践的に非常に難しい問題であり，試行錯誤が必要となっている。特にサービス業については難しい。様々な困難を乗り越えて，サービス業でこの問題を解決して現地市場に定着した有名な事例としては中国の成都に 1990 年代末に中国・成都市に進出したイトーヨーカドーがある。同社は 1995 年に進出検討，当初は北京への出店を計画していたが，四川省成都市政府から強い要請により，それに従う形で最初に成都市に合弁子会社を設立（1996 年）し，1997 年に 1 号店を開店した。成都市政府は（人口は当時 450 万人）は中心街の一等地を同社に提供してくれた。当時，百貨店はあったものの，総合スーパー（GMS）はなかったので，イトーヨーカドーは日本の最先端のノウハウ（POS システム，単品管理）を持ち込んだが，取引先確保，商品仕入れ（特に生鮮食品），テナント誘致，社員教育，家賃高など多くの点で日本との商習慣等の違いに起因する苦境に陥ったといわれている。そこで，商品の品ぞろえについては現地ニーズの一層の取り込みを図るとともに，社員教育とサービスレベルの全面的な見直しを行った。2005 年には当時，中国にはなかった新聞折り込みチラシを入れたり，イベント仕掛け（クリスマス，バレンタインデー）や中高所得層をターゲットとしたオリジナル商品の開発を行った。この結果，やがて，「イトーヨーカドーに行くと何か面白いものがある」との評判が口コミで広がり地元の成都市民に

親しまれるようになった。その後，2012 年の反日運動の際には店舗の一部が破壊されるなどの試練に逢ったが，市民の変わらない支持があり，また総経理 (社長) になるまで育ってきた中国人スタッフのおかげで，地域に根差した総合スーパーとして安定した営業を続けている。日本で確立した標準的な運営ノウハウを粘り強く現地に定着させる過程において，現地の事情を考慮して修正を加えていった。これも適応化と標準化のある種の融合といえるであろう。中国で成功するには政府の政策に沿った営業を行うことと，成熟した消費者の目にかなうレベルの高い製品・サービスを投入することが求められている。

第 5 節 ┃ 残された検討課題

　本章では，国際ビジネスの異文化の問題を「組織内の異文化」「提携相手との異文化」「市場の異文化」の 3 つの視点に絞って，検討してみた。この他にもヘールト・ホフステードおよびヘールト・ヤン・ホフステードによる長年の企業人の国籍に基づく異文化行動特性研究や，アドラー (1986) が言及する海外駐在員およびその家族の赴任前後における異文化の影響と企業経営の影響等の視点も異文化問題の検討としては忘れてはいけない。前者は，国籍による特徴付けは差別につながるステレオタイプ化であるとの社会人類学的な方面からの否定的な指摘もある。また，後者については家族の心理的な変化や組織の中での疎外感などといった社会学的・心理学的問題を含むため，経営学の見地からだけでは検討しきれない部分がある。これらの点については今後，研究の機会があれば言及することにしたい。

注)
1)　木本正次 (1992)『黒部の太陽』信濃毎日新聞社。
2)　タニン・チャラワノン (2016)「私の履歴書」『日本経済新聞』7 月 1 日〜7 月 31 日掲載。

3) 2018年に中国市場から撤退し，インドに集中。

4) 澤田貴之（2020）『アジア新興国のビジネス―スタートアップから財閥まで』創成社。

5) 近藤伸二（2012）『アジア実力派企業のカリスマ経営者』中公新書

6) たとえば，ジャイナ教0.07億人は一切の殺生を禁じ，動物性食品を食べず，虫を吸い込まないためにマスクをするという。そのため，農業に従事せず，商人特に宝石商に多い。

7) 林廣茂（2018）「第5章食品」マーケティング史研究会「日本企業のマーケティング戦略」同文舘出版。

◆引用・参考文献

NHKスペシャル取材班（2009）『インドの衝撃』文春文庫

木本正次（1992）『黒部の太陽』信濃毎日新聞社

小林慧（2021）「事例1　タイ華人財閥における事業承継―セントラル・グループとCP・グループ」上田和勇編著『復元力と幸福経営を生むリスクマネジメント』同文舘出版

小林守（2020）「東南アジア・インド企業グループの文化的背景と経営スタイル―出身地に由来する同郷的・家族的紐帯の視点から―」『専修大学人文科学研究所月報』307

小林守（2021）「東南アジア華人系企業の文化的背景と企業行動の特徴」上田和勇編著『ビジネスにおける異文化リスクのマネジメント』白桃書房

近藤伸二（2012）『アジア実力派企業のカリスマ経営者』中公新書

澤田貴之（2020）『アジア新興国のビジネス―スタートアップから財閥まで』創成社

末廣昭・南原真（1991）『タイの財閥―ファミリービジネスと経営改革』同文舘出版

須貝信一（2011）『インド財閥のすべて―インド経済の原動力』平凡社

高木桂蔵（2005）『世界を動かす「東洋のユダヤ人」客家の鉄則』ゴマブックス

タニン・チャラワノン（2016）「私の履歴書」『日本経済新聞』7月1日〜31日掲載

土屋勉男・大鹿隆・井上隆一郎（2007）『世界の自動車メーカーどこが一番強いのか』ダイヤモンド社

日本経済新聞社編（2007）『インド―目覚めた経済大国―』

林廣茂（2014）「第5章食品」マーケティング史研究会『日本企業のアジアマーケティング戦略』同文舘出版

村松潤一編著（2012）『中国における日系企業の経営』白桃書房

湯谷昇羊（2010）『巨竜に挑む―中国の流通を変えたイトーヨーカドーのサムライたち―』ダイヤモンド社

吉原英樹・白木三秀・新宅純二郎・浅川和宏編 (2013)『ケースに学ぶ国際経営』有斐閣

飯山辰之介「タイ財閥セントラル，変革期に一族経営究める」『日経ビジネス』2019 年 2 月 1 日．
　https://business.nikkei.com/atcl/NBD/19/00114/00003/?P=1
（2020 年 9 月 30 日閲覧）
小平龍四郎「タイ CP などアジア財閥に広がる欧米流『資本の論理』」『日経産業新聞』2020 年 3 月 27 日．
　https://www.nikkei.com/article/DGXMZO57276680W0A320C2XR1000/
（2020 年 9 月 30 日閲覧）
日本経済新聞「タイ最大財閥 CP タニン氏『子と孫の 4 人に継承』」2019 年 6 月 18 日．
　https://www.nikkei.com/article/DGXMZO46217560X10C19A6FFJ000/
（2020 年 9 月 30 日閲覧）

多国籍企業の BOP 戦略

　近年，多国籍企業は先進国の市場だけでなく，発展途上国においても市場を拡大する方針を散見される。

　2022 年，世界人口は，80 億人に達し，急激に人口増加している。世界銀行は，極度に貧しいとされる人口は 6 億 8,500 万人に上ることを警告している。多国籍企業は，これらの貧困層市場の巨大な潜在力の市場を取り込むことで新たな成長の源を見出す可能性がある。先進諸国の多国籍企業は，BOP（Base of the Pyramid）市場に積極的に進出し，地域での事業拡大を推進することと競争力の維持が求められている。さらに，BOP 市場に参入する企業は，新たなビジネスモデルや製品を開発する必要がある。地域の文化やニーズに合った提案を行うことが新たなビジネスモデルの成功の鍵となる。

　世界人口のうち，低所得者層や所得ピラミッドの底辺に位置する人々を対象としたビジネス，つまり BOP ビジネスへの関心が高まっており，そのために戦略的なアプローチを模索する企業が増えている。

第 1 節 ｜ BOP ビジネスの定義

　プラハラード（Prahalad, C. K.）は，ハート（Hart, S. L.）とともに BOP ビジネス論を，1990 年代に提唱した。貧困地域の低所得者層をビジネス機会として捉え，同時に貧困削減と収益を追求するビジネスモデルを提唱し，BOP ビジネスに関する学術研究を切り開いた[1]。このアプローチは，以下のポイントに焦点を当てている。

　① 貧困地域をビジネスの機会と捉える：BOP ビジネス論は，低所得者層

を新たな市場として捉え，彼らに価値を提供する商品やサービスを開発
し，市場を拡大する機会を探求すること。

② 貧困層のニーズを理解する：このアプローチでは，貧困地域の住民の実
際のニーズを深く理解し，それに合った製品やサービスを提供すること
が強調された。これにより，市場への適切なアプローチが可能になる。

③ 持続可能なビジネスモデルの構築：BOP ビジネスは，貧困地域でのビ
ジネス活動が持続可能であることを重要視し，環境への影響や地域社会
への貢献も考慮された。

④ 社会的な影響と収益のバランス：BOP ビジネスは，社会的な影響を最
大化しながら，同時に利益を追求することを目指している。このアプ
ローチにより，貧困削減とビジネスの成長が両立可能とされている。

　彼らは，世界における富の分配と収入を生み出す能力を経済ピラミッドと
して表し，そのピラミッドの土台にいる低所得層を BOP，すなわち「Base
Of the Pyramid（以下，BOP）」と呼んでいる。この理論は，新たな市場を開
拓し，社会的な問題に取り組むための革新的なアイデアとして広く受け入れ
られており，BOP ビジネスに関する研究や実践が世界中で行われている。以
前は Bottom of Pyramid が一般的に使用された。しかし，最近では Bottom
（最下層）という用語は不敵切であるということで Base of Pyramid が使われ
ていることが多い。

　したがって，BOP ビジネスとは「途上国の低所得層人口のニーズを満たす
とともに，当該地域の持続的発展や彼らの生活レベルの向上に貢献するビジ
ネス」のことである。現在，世界の人口は約 80 億人以上になっており，低所
得者や貧困層がその大多数を占めている。BOP 人口は経済格差を象徴し，年
間所得が 3,000 ドル以下の人々が主要な対象とされている。プラハラードは，
多くの低所得者層が大規模な民間企業からほとんど顧客としてみなされてこ
なかったことを指摘し，彼らにとって新たなビジネス機会が存在することを
強調した。

　BOP ビジネス論は，貧困削減と経済的な収益を同時に追求する方法を提供し，低所得者層へのサービス提供と新たな市場の開拓に関する重要な概念として広く受け入れられている。そして，世界の推計 40 〜 50 億の人々は，多国籍企業を含む大規模な民間企業からはほとんど顧客としてみなされてこなかったとプラハラードは指摘する。[2]

　北海学園大学の菅原秀幸は，BOP ビジネスとは，貧困層を単なる援助の対象としてみるのではなく，新たな市場として認識し，その市場における貧困層固有のニーズを理解し，それに合った製品やサービスを提供することを指す。また，このアプローチは既存市場では考えつかなかった方法でニーズを満たすことを強調し，その結果として企業が利益を追求する一方で，低所得層の生活向上や貧困社会の社会的課題の解決に貢献するという特徴がある。[3]この定義に従って，BOP ビジネスは社会的な課題に対処しながら，企業にとっても持続可能なビジネスモデルとして機能することを目指す。

　さらに，経済開発の視点からみると，BOP ビジネスは，貧困ピラミッドを富めるペンタゴン五角形へと変えることを目指すことがある。(図表13-1)。この視点は，貧困層に新たなビジネス機会を提供し，経済的な発展を促進することで，貧困削減を実現することである。

　BOP 市場においては，現地の人々を積極的に雇用し，そのコミュニティと協力して新商品の開発や事業拡大することが不可欠である。BOP ビジネスは，特に途上国における低所得者層のニーズを満たしながら，現地の雇用は，地域経済に直接貢献でき，BOP の人々の所得水準や生活水準の向上をもたらすことになる。

　加えて，所得水準と生活水準の向上は，企業にとっても顧客の創造という市場拡大のメリットがある。この一連の流れは国外からのさらなる投資を呼び込み，そして成長をもたらすポジティブな循環が生まれる。つまり，BOP ビジネスは，企業と貧困層が同時に成長できるビジネス・モデルであり，企業にとって負担しかないボランティアよりも，「持続可能性」[4]が非常に高いの

図表13-1　BOPビジネスの目的：貧困ピラミッドから富めるペンタゴンへ

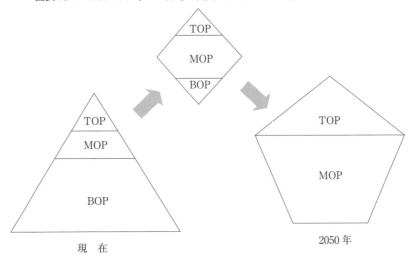

注：TOP-Top of the Pyramid, MOP-Middle of the Pyramid, BOP-Bottom of the Pyramid
出所）注3)

である。さらに，BOPビジネスは，ボランティアと同様に，「社会貢献[5]」という側面が大きいCSR（Corporate Social Responsibility：企業の社会的責任）活動にもプラスの影響を与えると思われる[6]。

第2節 ┃ BOPビジネスの特徴

　BOPビジネスには，以下の3つの特徴がある。第1の特徴は，BOPビジネスは慈善事業とは異なり，収益のある中核事業として長期的に持続可能なものでなければならないことである。次に，第2の特徴は，BOP層のかかえる社会的課題（貧困削減，環境改善，生活向上）を，革新的，効率的，持続的なビジネスの手法で解決することである。貧困層を支援の対象としてではなく，顧客とみなし，彼らのニーズを発掘し，市場を創造していくことが重要である。

　第3に，現地の人々を知識の源泉や労働力などを提供するパートナーとして，積極的に活用していくことである。BOPビジネスの成功には，場合に

よっては先進国でのビジネスでは想像もつかなかったような方法が必要になることがある。このような新しい方法を考案する上でも，BOP の人々は重要な知識の源泉である[7]。

　BOP ビジネスの大きな魅力は，民間企業が利益を追求することと同時に貧困者の生活水準の向上と貧困社会にある可能性を追求することによって，Win-Win の関係を築こうとする点である。BOP ビジネスは，基本的な理念として，低所得者向けのビジネスを通じて社会に根強く存在する貧困問題に取り組むことを目指している。

　しかし，一部の多国籍企業が BOP ビジネス市場拡大を優先し，その過程で社会的な貢献や貧困層の利益に対する期待を過大評価している場合もある

図表 13-2　BOP 市場への期待と実際

BOP 市場への期待	BOP 市場の実態
BOP 市場の規模は 13 〜 15 兆ドルである。	BOP の市場規模は 3,600 億ドルしかない。
BOP 層の多大な購買力が未開拓である。	貧困層は低貯蓄率であり，低購買力である。
高い利益率の BOP 市場。	BOP の人びとは価格に敏感であり，劣悪なインフラや小規模の取引のため，取引コストが高くなる。結果として利益率が低い。
貧困層の人びとは豪華なものも頻繁に購入する。	貧困層の人びとは収入の約 8 割が食糧，衣料や燃料などのようなベーシック・ニーズに使用するため，豪華なものを購入することができない。
企業が低価格で高品質の製品を提供する。	パソコンや電化製品の場合は，優れた技術によってある程度の高品質の製品を低価格で提供することができるが，その他のほとんどの製品においては，低価格で低品質の製品しか提供することができない。つまり，品質と価格のトレード・オフは貧困層にも実現する。
使い捨てパックの製品が貧困層にとって手頃な値段となる。	使い捨てパックの製品は便利で，貧困層の人びとにとってキャッシュ・フローの管理もしやすくなるが，手頃な値段にするためには値段を下げるしかない。
多くの多国籍企業が BOP 市場に進出し，先頭に立って活動をする必要がある。	貧困層向けのビジネスに大規模な企業の活動は適切ではない。貧困層の需要を満たすためには，現地の中小企業が適切で，十分である。

出所）Karnani（2009：10）

ことは否定できない。このような企業は，利益最大化を主要な目標としており，社会的貢献を後回しにすることが否めない。BOPビジネスの成功には，利益を追求しながらも，持続可能なビジネスモデルを構築することが不可欠である（図表13-2）。

第3節 | BOPの市場規模

　世界銀行が国際貧困ラインとして定める1日1.90米ドル未満で生活する人，貧困層の数は1990年に18億9,500万人，2012年で8億9,600万人と2015年に7億3,400万人とされている。貧困者比率とは所得または支出の水準が貧困ラインに達しない層（＝貧困者）が全人口に占める割合を示す。国際貧困ラインとは，その国でそれ以下の収入では，最低限の栄養，衣類，住居などのニーズを満たしていない人口を国別貧困ラインと定めている。世界銀行は2015年10月，国際貧困ラインを2011年の年間所得が購買力平価（PPP）に基づき1日1.90ドルに設定している。また，各国の国内購買力で見て年間所得が3,000ドル以下の低所得層はBOP層と呼び，世界人口の約7割を占めるともいわれる（図表13-3）。

　しかし，貧困率は，貧困ラインをどのように設定するかで，異なった数値が算出されることに注意する必要がある。国連開発計画（UNDP）とオックスフォード大学のオックスフォード貧困・人間開発イニシアチブ（Oxford Poverty and Human Development Initiative：OPHI）によって2023年の世界多次元貧困指数（Global multidimensional poverty index：MPI）[8]報告書が公表され，多面的な貧困の状況に関する最新情報を提供するために，110の発展途上国のデータを総合的に分析し，発展途上国の61億人の人口の内11億人が貧困の中で生活しているとした。また，地方地域の貧困が最も激しいとされ，特に，11億人の貧困層の半数である約5億6,600万人は18歳未満の子供で構成されている。もう一つは，農村部の貧困であり，全貧困層の84％が農村部に住んでいる。

図表 13-3　世界の所得階層別の人口構成

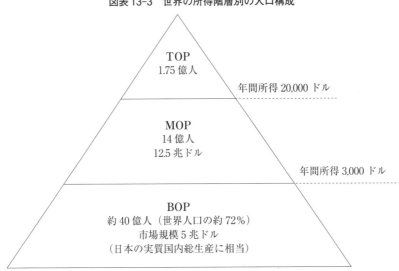

出所）稲葉公彦（2011）「BOP ビジネスのフロンティア開発市場の潜在的可能性と官民連携」日本貿易振興機構（ジェトロ）海外調査部

　　BOP 世帯所得の規模は総額年間 5 兆ドルに達し，潜在的に重要な世界市場の 1 つである。たとえば，アジアと中東は世界最大の BOP 市場であり，28 億 6,000 万人（19 ヵ国）が 3 兆 4,700 億ドルの所得を得ている。この BOP 市場は，アジアと中東の人口全体の 83 ％を占め，その購買力は急成長するアジアの消費者市場の 42 ％という大きなシェアを占めている。特に，インドおよびインドネシアの農村部では，全人口に占める BOP の人びとの比率は事実上 100 ％を占めている。[9] 図表 13-4 をみると，貧しい人々のほぼ半分はサハラ以南アフリカに住んでおり，そして 3 分の 1 以上は南アジアに住んでいる。

　　他方，1 人当たりの所得が 3,000 ～ 20,000 ドルの比較的富裕な中所得層区分に属する 14 億人は，世界的には 12 兆 5,000 億ドルの市場を作っている。中所得層の市場は都市に集中し，ある程度供給が満たされた競争の激しい市場ともいえるだろう。

　　さらに，世界銀行は，2022 年末までに極度の貧困状態に陥る人口を 6 億

206

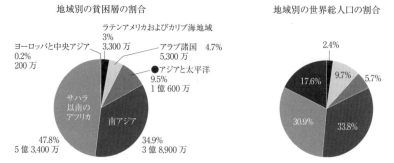

図表13-4　世界の貧困層

地域別の貧困層の割合　　　　　　　　　　地域別の世界総人口の割合

ラテンアメリカおよびカリブ海地域
3%
ヨーロッパと中央アジア　3,300 万　　アラブ諸国　4.7%
0.2%　　　　　　　　　　　　　　　5,300 万
200 万
　　　　　　　　　　　　　●アジアと太平洋
サハラ　　　　　　　　　　9.5%
以南の　　　　　　　　　　1 億 600 万
アフリカ
　　　　　　　南アジア
47.8%
5 億 3,400 万　　　　34.9%
　　　　　　　　3 億 8,900 万

2.4%
9.7%　5.7%
17.6%
30.9%　33.8%

出所）UNDP・OPHI, "GLOBAL MULTIDIMENSIONAL POVERTY INDEX 2023, Unstacking global poverty:
Data for high impact action" : 6.

8,500 万人としている。世界人口を約 80 億人とした場合の貧困率は，およそ
8.51 ％であると想定している。特に，コロナ禍やウクライナ紛争の影響によ
る世界的な物価上昇が，特に低・中所得国に大きな打撃を与えている。[10]

第４節　BOP の成功条件

　プラハラードは，BOP 市場で成功するための条件として，以下の 12 原則
を提示する。[11]

　1. 価格，2. 過酷な環境での展開に向けた技術の交配，3. 製品のアクセス改
善のための革新の拡張性，4. 持続的な開発：環境にやさしいこと，資源保護
への注目，5. 機能性の特定：BOP は先進国市場と異なるのか，6. コスト削減
および事業規模拡大に向けたプロセスの革新，7. 教育を受けていない人や才
能に恵まれていない人に対応した単純作業，8. 新たな経済的可能性に関する
消費者の教育，9. 不利な状況に向けたロバスト設計の開発，10. BOP 層によ
る技術へのアクセスを可能にするインターフェース設計の創造，11. 低コスト
製品向けの新しい流通システムの革新，12. BOP 市場は，製品およびサービ
スの配送における社会通念を本質的に覆すものである。

　このようにプラハラードは BOP モデルを説明し，一部で高く評価され，

BOP ビジネスで成功する鍵として製品の拡張性にあることが主張している。しかし，近年，彼のモデルには様々な見解が見受けられるが，批判されていることも多い。特に，一元的なアプローチ：貧困層や BOP ビジネスの問題を単一のアプローチで扱っているという点である。しかし，実際には，貧困層は多様であり，地域，文化，社会の状況によって異なるニーズを持っている。

第5節 | 多国籍企業の BOP 戦略

　ここでは，BOP ビジネスの事例を通して，BOP ビジネスの具体的な方法についてみていく。

(1) ICICI 銀行のマイクロ・ファイナンス

　まず，最も知られている BOP ビジネスの方法の1つとして，「マイクロ・ファイナンス[12)]」がある。マイクロ・ファイナンスは，貧しい人々に小規模の融資や貯蓄などのサービスを提供し，彼らの零細事業の運営に役立て，自立し，貧困から脱出することを目指す金融サービスである。BOP で生活する人々は，融資の返済に対する信用が乏しいため，大手の銀行から十分な融資を受けられないケースが少なくなかった。マイクロ・ファイナンスは，BOP の人々に資金提供の機会を与えることで，BOP の人々の経済的自立を促す効果が期待されている。

　インドのムンバイに本拠を置くインド最大の民間金融機関である ICICI 銀行は，BOP 層に向けて，融資や預金，保険などのサービスを提供するマイクロ・ファイナンス・サービスを行っている。ICICI 銀行とグラミン財団 USA (Grameen Foundation USA) は，グラミン・キャピタル・インディア (Grameen Capital India) を創設し，インドで低所得者向けに資金調達支援するマイクロ・ファイナンス機関としての活動をしている。このジョイント・ベンチャーのマイクロ・ファイナンス機関は「プライマリー及びセカンダリー債権市場[13)]」の査定，小口融資ポートフォリオ[14)]を他の銀行に売ることを支援している。さ

らに必要に応じポートフォリオへの担保提供，信用強化も行っている。

　さらに，ICICI 銀行は，2001 年から低所得者向けに「SELF HELP GROUP」を支援し，多くの収益を上げている。「SELF HELP GROUP」とは，主に 10-20 人程度の女性で構成されるグループであり，グループの全員が借入金額に責任を負う仕組みになっている。グループのメンバーの誰かが返済できなかった場合には，その返済責任はその他のメンバーに課せられることになる。そのため，グループ・メンバーの間で相互監視機能が作用することになり，その結果，高い返済率が達成されている。ICICI 銀行は，各「SELF HELP GROUP」に対して，最大で 35 万ルピー（約 65 万円）の資金を，最大 10 ％の低い金利で融資している。マイクロ・ファイナンスは，高い返済率の達成と BOP 層の人々の経済的自立の促進という点で，銀行と BOP 層の人々両者にとって Win-Win なビジネス・モデルであるといえる。

　その一方，中小金融機関が高金利で，同じ借入者に複数機関が貸す等の課題が増加したことや，資金回収が悪く，財務状況が逼迫し，強引な資金回収方法に踏み込んだ金融機関が目立ちはじめた。そのことで，債務者の自殺までに発展した社会問題も明らかになった。インド政府によるマイクロファイナンス機関に対する 2011 年 7 月に「マイクロファイナンス機関（発展と規制）法案」「Micro Finance Institutions（Development and Regulation）Bill 2012」を公表し，規制を強化している。[15] しかし，その法案が不十分であるから政府は，インド準備銀行（RBI）にすべてのマイクロファイナンス機関を規制する権限を与える法案を可決した。

② 住友化学の「オリセットネット」

　日本企業の中にも，BOP ビジネスに参入する企業が多く見られる。これらの日本企業は，自社がこれまで培ってきた高い技術力やノウハウを活かした製品を提供してきた。

　住友化学は，マラリア蚊防除用蚊帳「オリセットネット」[16] を開発し，アフリカでのマラリアの撲滅に貢献してきた。住友化学は，独自技術により，マ

ラリア予防用に殺虫剤を練り込んだ樹脂でできた糸を使った蚊帳「オリセットネット」を開発した。殺虫剤を塗布した蚊帳の殺虫効果はすぐになくなってしまうのに対して，殺虫剤を練り込んだ「オリセットネット」の殺虫効果は 5 年以上持続する。殺虫効果が長期的に持続すれば，蚊帳を買い換えるまでの期間も長くなるため，蚊帳の普及に当たっての経済的な負担が少なくなる。

　「オリセットネット」は，2001 年に，世界保健機関（WHO）から，持続的な殺虫効果の高さと経済的負担の少なさから，世界で初めて「長期残効型蚊帳」として高く評価された。そして，「オリセットネット」は，UNICEF（国連児童基金）などの国際機関を通じて，マラリアが多く発生するアフリカの 50 以上の国々に無料で供給された。加えて，住友化学は，この「オリセットネット」の生産工場をタンザニアに設置し，約 4,000 人もの現地雇用の創出にも貢献している。

③　日本ポリグルの水質浄化剤

　高度な技術を活用した日本の BOP ビジネスの事例としては，日本ポリグルによる水質浄化剤事業も広く知られている。日本では，高度な水道設備などを背景に飲み水を容易に確保することができる。しかしながら，途上国では日本のような高度な水道網は整備されておらず，BOP の人々のほとんどは井戸や河川，湖などの生水を飲み水として使用している。これらの生水には，泥や目に見えないバクテリアなどが混ざっている場合が多いため，途上国では，下痢などの健康被害が深刻な社会問題となっているケースが少なくない。また，工場排水などを通して有害な化学物質などが混入していれば，下痢以上の深刻な健康被害をもたらされる可能性もある。

　このような中で，水質浄化剤メーカーの日本ポリグルは「世界の人々が安心して生水を飲めるようにする」という理念を掲げ，世界 30 ヵ国以上で水質浄化剤 PGα21Ca を販売している。この PGα21Ca は，汚れた水に入れてかき混ぜるという（水 1,000 リットル当たり PGα21Ca 100 g），極めて簡便な手順で汚濁水を浄化できるのである。さらに，PGα21Ca は 100 g 当たり約 100 円

図表 13-5　日本ポリグルの仕組み

出所）日本ポリグルのホームページ（http://www.poly-glusb.jp/pdf/First_Step_Bop_b.pdf）
2024 年 1 月 23 日閲覧

と，非常に安価である。

　日本ポリグルは，当初 PGα21Ca を無償で提供していた。初の海外進出は，2004 年のメキシコであり，その後，中国，タイ，バングラデシュへと至ったが，いずれの国でも，PGα21Ca の提供は，最初は，ビジネスとしてではなく，ボランティアとして展開されてきた。しかし，ボランティアでは，事業を継続させていく上で不可欠な収益を得られないため，事業を持続させていくことは困難であった。このことから，日本ポリグルは，PGα21Ca を安価であるが有償で提供し，事業を展開している。図表 13-6 は，多国籍企業によって開発された BOP 市場向けの商品である。

第 6 節 ｜ BOP ビジネスの意義と課題

　途上国の急速な経済成長に伴って BOP 層の所得向上が期待されることから，BOP 層は新たな有望市場「ネクスト・ボリュームゾーン」として，世界的に関心が高まり，現在 40 億人の BOP 層が 2050 年までには全世界人口の 85 ％を占め，将来的にはその多くが中間所得層に上昇するといわれている。

　2010 年頃，インド大手家電メーカーのゴドレジ＆ボイス社が手頃な価格の冷蔵庫「ChotuKool」を発売した。それは「破壊的イノベーション」として最も優れた商品の例であった。破壊的イノベーションは，1997 年にハーバードビジネススクールの教授であった故クレイトン・M・クリステンセン氏が著書「イノベーションのジレンマ」で提唱したイノベーションモデルの一つである。このモデルは，長らく，より裕福な人々の特権とされてきた製品に対し，新たな消費者がアクセスできるように技術革新や新しいアイディアに

図表 13-6　BOP ビジネス向けの開発商品の一覧

企業名	国・地域	事業活動
Unilever（英国）	インド	低価格のシャンプーや洗剤を販売
P&G（米国）	アフリカ，アジア，中東などの国々	浄水粉末の販売
Danone（フランス）	バングラデシュ	子ども向けヨーグルトを低価格で提供
Yamaha Motor（日本）	インドネシアなど	小型浄水装置の導入
Nissin Foods India（日本）	インド	インスタント食品を個食単位で販売
Wal-Mart（米国）	バングラデシュ	縫製工場を設立し，これまで農村で孤立していた女性たちに雇用を提供
Grameen Bank（バングラデシュ）	バングラデシュ	貧困層への融資を可能にするマイクロクレジットサービスの提供
Galanz（中国）	中国	小型電子レンジの販売
KickStart（ケニア）	ケニア	給水ポンプを低価格で販売
Philips（オランダ）	インド	農村向けに無煙ストーブを販売

出所）宮崎慎吾（2015）BOP "business in developing countries" 日立研究所（https://www.hitachi-hri.com/english/journal/_icsFiles/afieldfile/2015/11/04/vol05_02.pdf）2023 年 1 月 23 日閲覧

よって，既存の市場を変化させることである。ゴドレジ社は，販売代理店チェーンの従来のマーケティングモデルを廃止し，インド郵便，自助グループ（Self-help groups）や NGO と提携して冷蔵庫を販売した。これは BOP 市場の低所得者を狙って，販売した商品である。

　しかし，その結果は，最下位の手頃な価格レベルが予想よりはるかに低いことに気づいたため，ゴドレジ社が期待していたものとはまったく異なった。「『次の 10 億人』が世界中で BOP 層の消費者を指すのに一般的に使われているというのは単なるマーケティング用語にすぎない」と，ゴドレジ＆ボイス社の企業開発担当副社長の G・サンダーラマン氏は言う。

　BOP ビジネスに対して，水尾順一によれば，「企業にとって BOP ビジネスは，自社の持続可能な発展を目指す成長戦略としてはもちろんのこと，途上国のソーシャル・ニーズ（社会的課題）を解決する CSR の実践につながることから，戦略的 CSR の重要領域としても捉えることができる」と述べている。[17]これは，企業が BOP ビジネスに積極的に貢献した場合，従業員のエンパワー

メントや組織のイノベーション，さらには社会からのレピュテーションの高まりなど様々な効果をもたらし，最終的には企業業績の向上に結びつくからである[18]。

　一方でBOPビジネスの大きな課題として挙げられるのは人材である。BOPビジネスの市場の急速な拡大に対応していくには，十分な人材の確保が不可欠である。しかしながら，従来の多国籍企業の多くは先進国を対象としたビジネスを展開してきたため，現地のニーズや最適な販売方法などを把握した人材が不足しているのが実態である。

　このような背景の下，一部の多国籍企業は，BOPビジネスの人材確保に積極的に乗り出している。途上国に研修センターを設立し，現地の高学歴の人々に対して，職務に必要な知識や技能などを習得させることに積極的に取り組んでいる。さらに，これらの人材を，別の国のBOP市場の子会社や本社に転属させることで，グローバル戦略に基づいたBOPビジネスの展開に努めている。

　今後，多くの企業にとって，BOPビジネスは企業の成長戦略として欠かせない重要な市場になることは明らかである。そうであるならば，多国籍企業は現地での研修と雇用を通して，持続可能なBOPビジネスの展開に努めていくことが必要不可欠となる。

　このように，現地社会の関心および潮流は，CSRやBOPビジネスである。P&G，HULなどの多国籍企業は1960年代から先行的に発展途上の貧困社会を対象とする小規模マーケティングを展開してきたが，必ずしも現在社会の要求するCSR・BOPビジネスが反映されているとは言いがたい。だからこそ，積極的にBOPビジネスに力を入れる必要がある。

注)

　1）C. K. プラハラードはインドに生まれ，1975年ハーバード大学大学院で経営
　　学博士号を取得後，元ミシガン大学ビジネススクール教授である。彼は2002年

に『ネクスト・マーケット』で BOP では世界の貧困層が年間 13 兆ドルもの価値を持つ未開拓市場であること主張し，世界から注目を浴びた。『ビジネス・ウィーク』誌は，2005 年プラハラードを『世界最高のビジネス指導者』の 1 人に挙げた。2010 年に 68 歳で亡くなった。

2) C. K. Prahalad,（2010 = 2010）*The Fortune at The Bottom of The Pyramid 5th edition*, Wharton School Publishing.（スカイライトコンサルティング訳『ネクスト・マーケット』英治出版）。

3) 菅原秀幸（2009）「日本発の BOP ビジネスの可能性と課題」Working Paper, Version2, 北海学園大学，12 月 5 日：2。

4) 持続可能性とは，自然資源消費や環境汚染を適正に管理し，経済活動や福祉の水準が長期的に維持可能な社会を作ること。国連に設置されたブルントラント委員会は，1987 年に発表した「地球の未来を守るために（Our Common Future）」において，「将来世代のニーズを損なうことなく現在の世代のニーズを満たす開発」の概念を打ち出し，持続可能な社会を創造することとした。

5) 企業が営利を追求する経済的な側面のみならず，社会の一員として，環境保全や震災復興支援など，社会の抱える問題に積極的に取り組み，利益の一部を社会に還元すること。

6) 菅原，前掲論文，注 3）。

7) 同上論文：2-4。

8) MPI は，UNDP と OPHI が 2010 年人間開発報告書において導入した。通常の貧困指標とは異なり，金銭的な観点だけでなく，教育，健康，生活水準の 3 つの次元に含まれる具体的な指標項目に重み付けをして算出された点数が基準値よりも高い場合に貧困と定義される。白鳥佐紀子「2023 年世界多次元貧困指数（MPI）報告書」情報広報室　国際農研　https://www.jircas.go.jp/ja/program/proc/blog/20230720,（2024 年 1 月 15 日閲覧）。

9) 同上書：26。

10) 日本経済新聞電子版「極度の貧困人口，コロナ禍で 7000 万人増　世銀試算」2022 年 10 月 6 日，https://www.nikkei.com/article/DGXZQOGN05DN50V01C22A0000000/（2023 年 1 月 23 日閲覧）。

11) C. K. プラハラード（2010）『ネクスト・マーケット』98-130。

12) マイクロ・ファイナンスとは，ある一定の基準を満たした貧困層に行う小規模融資のことである。貧困問題解決の有力な手段として近年世界中から注目を集めている。特に，発展途上国における貧困層の女性を経済的に自立させるための効果的手段とされている。最近では，マイクロ・ファイナンスを行う金融機関が融資者に向けて預金，送金または保険等のサービスを提供している。

13) プライマリー・マーケットとは，株式や債券などの有価証券が新たに発行され，発行者が資金調達を図る市場であり，投資家にとってはそれらを購入す

るための市場である。一方，セカンダリー・マーケットとは，既に発行されている株式や債券などの有価証券を取引する市場のことである。

14) 小口融資ポートフォリオは，投資家，銀行はリスク管理の改善策として，融資を小口化することでリスク分散させ投資する。その金融商品の組み合わせのことを小口融資ポートフォリオという。

15) The Hindu Newspaper, "Parliamentary panel asks govt to bring fresh Micro Finance Bill", 17 Feb, 2014 https://www.thehindu.com/business/Industry/parliamentary-panel-asks-govt-to-bring-fresh-micro-finance-bill/article5699350.ece（2024年1月25日閲覧）。

16) 「オリセットネット」は，ポリエチレン製で耐久性が高く，繊維にピレスロイド系の薬剤が練り込まれているため，洗濯しても一般的な防虫剤処理蚊帳より効果が長く持続することができる。

17) 水尾順一（2010）「戦略的CSRの価値を内包したBOPビジネスの実践に関する一考察：組織の持続可能性の視点から」『駿河台経済論集』第20巻第1号，駿河台大学，9月，1。

18) 水尾順一，同上：8。

◆引用・参考文献

勝間田実三・当麻哲哉・小木哲朗（2009）「途上国での遠隔医療導入は可能か：インドの医療情報システムを中心に」日本遠隔医療学会学術大会，10月

亀川雅人・高岡美佳編著（2007）『CSRと企業経営』学文社

金堅敏（2012）『BOPビジネスの戦略的展開』研究レポート，FRI経済研究所，382

経済産業省貿易経済協力局通商金融・経済協力局編（2010）『BOPビジネスのフロンティア』経済産業調査会

佐久間信夫・大平義隆編著（2008）『改訂版　現代経営学』学文社

白木聡一郎（2007）「BOPビジネスの展望」世界銀行第1回CSRセミナー，3月7日

菅原秀幸（2009）「日本企業によるBOPマーケットの開拓」JAIBS国際ビジネス研究学会，1月29日

菅原秀幸（2010）「日本発BOPビジネスの可能性と課題」経済産業省BOPセミナー2010　JETRO BOP Seminar

ハートスチュアート，L.（2008）『未来をつくる資本主義』英治出版

BOPビジネス政策研究会（2010）『BOPビジネス政策研究会報告書―途上国における官民連携の新たなビジネスモデルの構築―』

三上敦史（2008）「インドのタタ財閥の社会貢献活動」『大阪学院大学経済論集』22(1)，大阪学院大学

水尾順一（2010）「戦略的 CSR の価値を内包した BOP ビジネスの実践に関する一
　考察：組織の持続可能性の視点から」『駿河台経済論集』20(1)，駿河台大学
みずほ総合研究所（2011）『インド企業による BOP ビジネスの展開—日本企業か
　ら見た BOP ビジネスとの「違い」—』政策調査部
Brugmann, J. and Prahalad, C. K.（2007）"New Social Compact", *Harvard Business Review*, February：80-90.
Hammond, A. L., et al.（2007）*The Next 4 Billion: Market Size and Business Strategy at the Base of the Pyramid*, World Resource Institute.
Karnani, Aneel（2009）"The Bottom of the Pyramid Strategy for Reducing Poverty: A Failed Promise", *UN Department of Economic & Social Affairs Working Paper, 80*, August.
Porter, M. E. and Kramer, M. R.（2006）"Strategy & Society: The Link Between Competitive Advantage and Corporate Social Responsibility," *Harvard Business Review*, 84(12)：78-92.
Prahalad, C. K.（2002 = 2010）*The Fortune at the Bottom of the Pyramid: Eradicating Poverty Through Profits*, Wharton School Publishing.（スカイライトコンサルト訳『ネクスト・マーケット』英治出版）
Prahalad, C. K. & Hammond, A.（2002）"Serving the World's Poor, Profitably", *Harvard Business Review*, Reprint R0209C.
Saith, A. & Vijayabaskar, M.（2005）*ICTs AND INDIAN ECONOMIC DEVELOPMENT: Economy, Work, Regulation*, SAGE Publications.
Singhal, A. & Rogers, E. M.（2001）*INDIA'S COMMUNICATION REVOLUTION: FROM BULLOCK CARTS TO CYBER MARTS*, Sage Publications.
UNDP（2009）Human Development Report.
Yunus, Muhammad（2007 = 2008）*Creating a World Without Poverty: Social Business and the Future of Capitalism*, Public Affairs.（猪熊弘子訳『貧困のない世界を創る』早川書房）

世界資源研究所（2007）「The Next 4 Billion 次なる 40 億人」：18　http://pdf.wri.org/n4b_full_text_lowrez.pdf（2016 年 5 月 3 日閲覧）
日本経済新聞電子版　https://www.nikkei.com/（2023 年 1 月 23 日閲覧）
日本ポリグルホームページ　http://www.poly-glusb.jp/（2024 年 1 月 3 日閲覧）
日立研究所　https://www.hitachi.co.jp/rd/index.html（2024 年 1 月 23 日閲覧）
ゆうちょ財団，インド　https://www.yu-cho-f.jp/wp-content/uploads/India-1.pdf，（2023 年 1 月 23 日閲覧）
JETRO ホームページ　https://www.jetro.go.jp/jetro/（2023 年 1 月 23 日閲覧）
The Economic Times　https://economictimes.indiatimes.com/opinion/et-editorial/

microfinance-bill-will-regulate-the-sector-to-death-to-the-joy-of-moneylenders/
articleshow/13239721.cms/（2023 年 1 月 23 日閲覧）

UNDP ホームページ "Human Development Report 2021-22".
https://hdr.undp.org/content/human-development-report-2021-22（2024 年 1
月 20 日閲覧）

EU 統合と多国籍企業の戦略

第 1 節 │ EU 統合の理念と現実

　ヨーロッパから戦争をなくそうという平和主義を基礎に置く EU 統合は，紆余曲折を経ながらも拡大と深化を続けてきた。本章では，「人類の壮大な実験」と呼ばれる EU 統合の歴史をたどり，統合が持つ経済的・政治的な意味について考える。さらに統合によって巨大な市場が創設されたことにより，EU の域内，域外の企業活動がどのように変化したのかを見ていく。加えて，EU 統合によってもたらされた EU 共通の政策や規制に対して域内，域外の企業がどのような対応をしているのかについて考えていくことにする。

　1950 年代から始まった統合への動きは，時には大きな困難を経験しながらも，着実に進められてきたように思われるが，2000 年代以降は加盟国間に大きな主張の対立も見られるようになってきている。2016 年 6 月にイギリスが国民投票において EU 離脱を決定したことはその最たるものである。EU の将来は，求心力を失い分裂の可能性をもはらむものであることが示されたという点で，イギリスの EU 離脱決定はきわめて重要な意味を持つものであるといえる。イギリス離脱が域内・域外の企業の活動をどのように変えたのかについても考察する。

　さらに，2020 年から世界を襲った新型コロナウィルスによるパンデミック，2022 年のロシアによるウクライナ侵攻は世界の政治・経済を大混乱に陥れた。これらの危機に対する EU の対応と結束についても考えていく。

第2節 EU統合の歴史

(1) ECSC から EC までの歩み

　ヨーロッパ統合運動はリヒャルト・クーデンホーフ・カレルギー伯爵の「汎ヨーロッパ」構想にさかのぼることができる。カレルギー伯は第一次世界大戦後の欧州の地位低下を阻止し，欧州が再び世界の政治経済の中心となるべきであるとする「汎ヨーロッパ綱領」を発表した。1923年にウィーンで発表された「汎ヨーロッパ綱領」は，当時の各国の政治家，経済人，学者らから広範な支持を得たものの，欧州統合運動は，1929年の大恐慌やドイツにおけるナチスの台頭，第二次世界大戦などによって衰退していった（田中友義，2001：2-3)。

　欧州統合への動きは第二次世界大戦が終了すると再び始まった（久保，1989：16-17）。まず，ベルギー，オランダ，ルクセンブルクの3ヵ国が関係強化策を打ち出し，1948年にベネルックス関税同盟が成立した。次に，ドイツを国際的な管理下に置くことによって大戦の再発を防止すべきであるとの考えに基づき，ドイツの主要な産業である鉄鋼業と石炭産業を欧州諸国が共同で管理する構想が生まれ，欧州石炭鉄鋼共同体（European Coal and Steel Community，略称ECSC）が設立された。ECSCは西ドイツ，フランス，イタリアとベネルックス諸国の6ヵ国が参加し，1952年に発足した。

　しかし，欧州諸国は植民地が次々に独立したことなどによって再び国際的な地位の低下に直面することになった。そこで，欧州諸国は経済力を回復させるために，石炭・鉄鋼産業以外の分野でも統合する必要があると考えるようになった。このような考えに基づいて設立されたのが欧州経済共同体（European Economic Community，略称EEC）である。ECSCを構成する6ヵ国は1957年にローマ条約（Treaty of Rome）を締結し，また原子力分野でも協力を推進することを目指して欧州原子力共同体（European Atomic Energy Community，略称EURATOM）を設立する条約も締結したのである。このようにして

EEC と EURATOM が 1958 年に発足した。

　EEC は欧州に共同市場を創設することを目的としているが，具体的には以下のような内容から構成されている（久保，1989：16-18）。

　① 加盟国間の関税や輸入数量割り当てを撤廃すること。

　② 第三国には共通の関税と通商政策を適用すること。

　③ 加盟国の人・サービス・資本の移動の障壁を除去すること。

　④ 農業部門と運輸部門に共通の政策を実施すること。

　EEC 域内の貿易はこれらの措置により，1960 年代には大きく増加した。そして，1965 年に調印された「ブリュッセル融合条約」に基づき，1967 年に EEC，EURATOM，ECSC の 3 つの組織が統合され，欧州共同体（European Community，略称 EC）が発足することになった。

　1970 年代には 2 度の石油危機により加盟国の経済成長は停滞し，失業率は高どまりしたため各国は自国の経済問題の解決に目を奪われ，統合への機運は萎縮した。また，1973 年にイギリス，アイルランド，デンマークの 3 ヵ国が EC に加盟し，加盟国は 9 ヵ国になったが，加盟国の増加は全会一致方式の意思決定の下での統合をより困難にした。

(2) 市場統合と通貨統合

　1980 年代には欧州経済は日本やアメリカと比べ一層遅れたものとなった。産業部門での技術革新の遅れが顕著になり，失業率も 2 ケタ台を記録するようになった。経済の停滞は統合の遅れから来るものであるという認識が強まったため，統合を促進しようという機運が高まることになった。

　このような背景の中で，1985 年のミラノ EC 首脳会議で EC 委員会により「域内市場統合白書」が EC 閣僚理事会に提出され，1987 年には「単一欧州議定書（Single European Act）」が発効した。「域内市場統合白書」は企業や人の活動を妨げている 3 つの分野の障壁，すなわち，物理的障壁，技術的障壁，財政的障壁を除去し，加盟国間の人・物・サービス・資本の移動を自由にし

て経済を活性化することを目的としている（久保，1989：23-26）。

　物理的障壁の除去とは，物・人の移動を自由にし，動植物の検疫の撤廃などにより，国境に設けられている規制を取り除くことである。

　技術的障壁の除去とは，製品の技術基準や会社法の統一化，労働の移動自由化，政府調達の開放，資本移動の規制の緩和などのことであり，これまで域内の人や企業の自由な活動を妨げていた規制を取り除く（あるいは緩和する）ことである。

　財政的障壁の除去とは，税制や税率の違いによる障壁を取り除くことである。しかし，税制や税率は各国の国家政策によって差が生じていることも多いため，統一することが極めて困難であることから調和化（ハーモナイゼーション）を目ざすことになった。

　「単一欧州議定書」はローマ条約を最初に改正した修正条約であり，市場統合の完成時期を1992年12月31日と定めた。また，この議定書において，閣僚理事会の意思決定を全会一致から特定多数決制に変更した。特定多数決制は，人口の大きさに応じて各加盟国に議決権を割り当て，可決に加盟国の過半数（2014年11月以降55％），加盟国人口の62％（同65％）を必要とする意思決定制度である。[1]特定多数決制の目的はその後の加盟国の増加を想定し，加盟国が増加して意思決定が困難になることを回避しようしたことにある。ただし，重要な決定については全会一致によるものとした。

　市場統合後のEUが目指したのは通貨統合であった。通貨統合を実現するためには再びローマ条約を改正する必要があった。そこで，1992年にマーストリヒト条約が調印され，この条約に基づいて1993年にEU（European Union）が発足した。マーストリヒト条約には3つの内容が含まれていた（藤井，2013：151-153）。第1は欧州共同体（EC）条約であり，第2は共通外交安全保障政策，第3は司法内務協力である。このうち，通貨統合を目ざすためのEMU（Economic and Monetary Union，経済通貨同盟）はEC条約の中で規定された。

　通貨統合は3段階に分けて実施された（田中友義，2001：111）。まず，1998

年に，EU 理事会において通貨統合参加国が決定され，ヨーロッパ中央銀行（European Central Bank, 略称：ECB）が設立された（第 1 段階）。1999 年には EMU が発足し，金融・資本・為替市場などはユーロで決済が行われることになった（第 2 段階）。しかし，この時点ではユーロ紙幣や硬貨は発行されなかった。そして，2002 年 1 月 1 日から共通通貨が一般市民の間に流通することになったのである（第 3 段階）。当時 EU 加盟国は 15 ヵ国であったが，通貨統合に参加したのは 11 ヵ国であった。通貨統合参加国 11 ヵ国は「ユーロ圏」と呼ばれている。

　共通通貨を導入することの経済的利点は，① 両替手数料が必要なくなること，② 為替相場変動リスクがなくなること，③ スペイン，ポルトガル，ギリシャのような金融市場が未整備の国は，統合市場からの低利の借入れが可能になること，などである。さらに，当初は，異なる国の市民がユーロという共通通貨を使用することで，EU 市民という国境を超えた一体感が生まれるといった，精神面での利点が強調された。

　しかし，EU において大きな経済規模をもつイギリスは統一通過ユーロに参加しなかった。国民が通貨ポンドに特別の愛着をもち，また欧州大陸諸国とも一定の距離を置いて行動してきたことも不参加の要因といわれている。

(3) 中・東欧諸国の加盟

　1957 年に 6 ヵ国でスタートした EU は数段階に分けて加盟国を増やし（EU の拡大），2013 年に 28 ヵ国に増加したが，2020 年にイギリスが離脱して 27 ヵ国となった。

　　1973 年　第一次拡大　イギリス，デンマーク，アイルランドが加盟（9 ヵ国）
　　1981 年　第二次拡大　ギリシャ（10 ヵ国）
　　1986 年　第三次拡大　スペイン，ポルトガル（12 ヵ国）
　　1995 年　第四次拡大　フィンランド，スウェーデン，オーストリア（15 ヵ国）

2004年　第五次拡大　キプロス，チェコ，エストニア，ラトビア，リトア
　　　　　　　　　　ニア，ハンガリー，マルタ，ポーランド，スロベニ
　　　　　　　　　　ア，スロバキア（25ヵ国）

2007年　第六次拡大　ルーマニア，ブルガリア（27ヵ国）

2013年　第七次拡大　クロアチア（28ヵ国）

2020年　イギリスが離脱（27ヵ国）

　このようにEUは拡大（加盟国の増加）と深化（統合の強化）を進めてきたが，
EU拡大のうち，とりわけ重要な意味を持つのは2004年の第五次拡大以降の
加盟国の増加である。2004年に10ヵ国が同時に新規加盟を果たし，総人口
が5億人を超える巨大経済圏が生まれたが，旧社会主義国である東欧諸国は
経済発展が遅れ西欧諸国との経済格差はきわめて大きなものであった（図表
14-1）。そのため，安価な労働力を求め西欧の企業が東欧諸国への投資を急増
させると同時に，高い賃金を求めて東欧諸国の労働者が西欧先進国に流入し
たため，西欧諸国において雇用環境が悪化することになった。東からの移民

図表14-1　欧州主要国における工場労働者の月額賃金

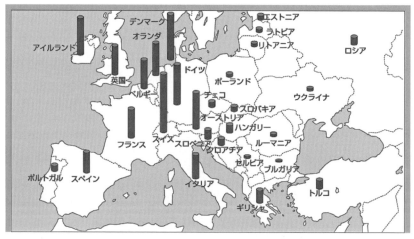

出所）岩垂好彦（2007）「大欧州の要としての中東欧の躍進」，『知的資産創造』3月：43

が西欧諸国の失業率を高めていると主張する西欧の労働者の間に移民排斥運動が激しくなっていった。

西欧先進国の企業にとって，中東欧諸国は安価な労働力の確保というだけでなく，ロシアやウクライナへ進出するための拠点としての意味も持っていた。さらに西欧諸国から中東欧に進出した企業は，安価な労働力によって生産された価格競争力の高い製品を自国に輸入する一方，所得水準が上昇を続ける進出先の中東欧諸国も将来の有望市場ととらえた。

ところで，EU統合の深化を求めた動きは「欧州憲法条約」として結実したかに見えた。しかし，「欧州憲法条約」は2004年に加盟国によって調印されたものの，翌2005年のフランスの国民投票，オランダの国民投票で相次いで批准が拒否されたことによって暗礁に乗り上げた。その理由は，EUが超国家になるのではないかという危惧，同条約が膨大な内容で一般市民に理解が難しかったためなどと考えられている（小久保，2016：20）。EUの共通の外交・防衛，EU大統領の創設などを盛り込んだ「欧州憲法条約」は内容と名称を変更し，リスボン条約として調印され，ようやく2009年12月に発効した。リスボン条約は現在のEUの基本条約として，EUが経済から政治まで総合的に政策を形成し実施するための拠り所となっている。

第3節 ┃ EUの亀裂とブレグジット（Brexit）

EU加盟諸国では，市場統合の結果，労働者の移動が自由になったため，賃金水準の低い中東欧から賃金水準の高い西欧への移民が急増した。西欧諸国に流入した移民は流入先の市民との間で文化的・経済的摩擦を引き起こすことが多くなった。ドイツの産業界などはこれらの移民を貴重な労働力として評価する一方，若者の失業率が高いフランスやイギリスなどでは移民排斥運動が激しくなった。フランスやオーストリア，オランダなどにおいては移民排斥を強く主張する極右政党が次々と台頭した。これらの極右政党は移民に仕事を奪われるという人々の不安心理をあおり，一般市民からの支持を次第

に広く集めるようになってきた。さらに，シリア内戦にともなう大量の難民やアフリカ諸国など EU 域外からの難民が EU に流入するようになると，移民敗斥運動はますます激しくなっていった。

　これらの人々の不満は EU 域内の自由移動を保障している EU にも向けられることになる。そしてこのような不満は，EU 官僚が自国の政府の頭越しに細かなルールまですべて決めているという不満と相まって，「EU 懐疑派」と呼ばれる集団を形成していった。EU 統合に不満を持つ「EU 懐疑派」は極右政党勢力拡大と同様に加盟国の政治的安定を脅かす存在となってきた。イギリスでは国家の主権が EU に奪われていくことに対する不満が高まり，「EU 懐疑派」の声が高まってきたため，2013 年 1 月，当時のキャメロン首相は EU 離脱について国民投票を実施することを公約に掲げた。

　EU 離脱か残留かを問うイギリス国民投票はこのような状況の中で行われたが，イギリス国民は EU 離脱を選択したのである。すなわち 2016 年 6 月 23 日の国民投票で離脱が過半数となり，イギリス政府は 2 年以内に EU と離脱に向けた交渉をしなければならなくなった。

　国民投票の結果を受けてキャメロン首相は辞任し，後任のメイ首相が EU からの離脱協定と，離脱後の EU とイギリスの関係について，EU との交渉に当たったが，交渉結果がイギリス議会で何度も否決され，2019 年 7 月に辞任した。その後，首相に選出されたのが離脱強硬派のボリス・ジョンソンであるが，ジョンソン首相の下でイギリスが関税同盟や単一市場から完全に離脱する「ハード・ブレグジット」の形での EU 離脱が正式に合意された（神江，2023：186）。すなわちイギリスは 2020 年 1 月に EU から離脱することが決定され，移行期間が終了する 2020 年末に EU から完全に離脱した。

　イギリスの EU からの離脱はブレグジット（Brexit）と呼ばれ，その世界経済に及ぼす打撃が早くから指摘されてきた。たとえば，イギリス財務省は離脱後 2 年間でイギリス経済が 3.6 ％縮小するとの予測を，また OECD はイギリスを除く EU の GDP が 1 ％減るとの予測を公表し，離脱がイギリスと EU

の双方に大きな打撃を与えることを警告していた。

　国民投票の結果は世界経済にきわめて大きな衝撃を与えた。イギリスのEU
離脱が世界経済の成長を低下させるとの懸念から世界中の証券市場で株式が
売られ，投票翌日の 24 日だけで全世界の株式時価総額の 5 ％に相当する 330
兆円が消失した[2]。なかでも特に大きな打撃を受けたのはイギリスの銀行株と
通貨ポンドであった。イギリスの大手銀行株は軒並み 3 割前後急落し，通貨
も 12 ％下落した結果，ポンドは 31 年ぶりの歴史的安値となった[3]。

　金融市場は長い間混乱が続いたが，イギリスの貿易や経済についてはより
長期的な影響が懸念された。イギリスが EU から離脱すれば，EU 域内企業
に認められている恩恵が受けられなくなる。たとえば，これまで単一市場内
で免除されていた医薬品の安全性の審査などを別途受けなければならなくなる。

　イギリスの EU 離脱で最も大きな影響を受けたのはイギリスの金融業であ
る。金融市場として長い歴史をもつロンドンはこれまで世界中の金融機関が
拠点を置き，高度な取引のノウハウや人材をもつ世界の金融センターとして
機能してきた。イギリスは非ユーロ圏であるにもかかわらず，ユーロ立て取
引きやユーロ決済の最大の拠点となってきたが，離脱によってこれを維持す
ることができなくなった[4]。EU 市場統合以前は，銀行が複数の国で営業する
場合には，国ごとに銀行免許を取得しなければならなかった。しかし，市場
統合後は，銀行は域内の 1 ヵ国で免許を取得すれば，各国に拠点を置かなく
とも，域内すべてで金融サービスを提供することができる。これは「単一パ
スポート」と呼ばれる制度であるが，離脱後はイギリスにこの制度が適用さ
れないため，金融機関がイギリスから EU 市場へアクセスすることが困難に
なった。このような懸念からイギリスの金融機関の中にもイギリス外に拠点
を移すものが多く見られた。

　2020 年 1 月の離脱直後に直面したのは，通関手続きが煩雑になり，イギリ
スと EU との貿易が伸び悩んだことである。また，東欧からの低賃金の労働
者の流入が途絶えた結果，農業やトラック運転手などを中心に深刻な労働力

226

不足に陥った。その結果，物価の急上昇とそれに見合った賃上げを求める労働者の激しいストライキが頻発するという結果をもたらした。

　ブレグジットはこれ以外のイギリスの多くの産業にも深刻な打撃を与えた。自動車産業は 2016 年から自動車生産台数の減少が続き，2022 年には 77 万 5,000 台と 1956 年以来の低水準に落ち込んだ[5]。自動車は完成までに何度もイギリスと EU のサプライチェーンを部品が行き来し組み立てられるが，通関手続きが煩雑になった結果コスト上昇を招き，イギリスの競争力が著しく低下した。

　ロンドン証券取引所 (LSE) の国際的な地位低下にも歯止めがかからない[6]。建材大手の CRH（アイルランド）や豪英 BHP グループなどイギリス国外の企業はもちろん，イギリス企業でさえ主要上場市場をロンドンからアメリカ等に移す企業が絶えない。イギリスの半導体設計企業で，スマートフォン用半導体の設計において世界シェア 9 割を占めるアームは，イギリス政府の再三の要請にも関わらず，2023 年 9 月にアメリカ・ナスダック市場に上場した。

　イギリス株式市場の株式時価総額シェアは，2000 年代前半には世界第 3 位であったが，2022 年にはインドに抜かれ，2023 年 1 月にはフランスにも抜かれて世界第 6 位にまで低下した[7]。イギリスの拠点からでは EU の株式取引が制限されるため，イギリスから EU 域内に人員や機能を移転する企業の動きも止まらない。弁護士，会計士，金融のスペシャリストなどの専門人材の流出がイギリス経済に，長期に渡って悪影響を及ぼすことが懸念されている。

第4節 │ EU の危機と結束のゆらぎ

　2013 年には EU 加盟国は 28 ヵ国となり，EU 域内の人口はアメリカの約 3 億人を上回る約 5 億人，名目 GDP，貿易輸出額ではアメリカを上回る存在となった[8]。また，統一通貨ユーロの地位も向上し，2001 年から 2006 年の間にユーロの対ドル為替レートは約 40 ％上昇した。

　しかし，2008 年のリーマン危機とそれに続く世界金融危機以降，EU は幾

度も危機に見舞われることになった。すなわち，2010 年にはユーロ危機が発生した。これは欧州債務危機，欧州経済危機などとも呼ばれる。2009 年 10 月にギリシャ国家財政の粉飾が明らかになったのをきっかけに，ギリシャ国債の格付けが引き下げられ，ギリシャは国債の借り換えが困難になった。国家財政の粉飾はスペイン，ポルトガルなどの南欧諸国や東欧諸国でも行われていたことがわかり，欧州発の金融不安から世界的に株価が急落した。ECB やIMF がギリシャをはじめとする南欧諸国の支援を行ったが，高い失業率や低い GDP 成長率，高金利と銀行経営の脆弱性などの問題は今なお，一部の国を除いて解消されていない。ECB，IMF，ドイツなどの支援を受けながらデフォルトの危機を回避してきたギリシャの実質的な国内総生産は 2009 年から2012 年の間に 17 ％減少した。

　2014 年には，クリミア危機が勃発した。ロシアがウクライナのクリミアに侵攻し，クリミアを一方的にロシアに編入した。アメリカとヨーロッパ諸国はロシアを非難し，対ロシア制裁を発動した。その結果，ロシアと EU の政治的・経済的な関係は冷え込むことになった。

　2015 年には欧州難民危機が発生した。アフリカや中東からヨーロッパに流入する難民は 2013 年以降増加していたが，2014 年にシリアで内戦が激化するとシリアだけで新たに 390 万人の難民が発生した。中東・アフリカなどからの難民は，地中海（地中海ルート）やギリシャ（バルカンルート）などを経由して，難民保護の制度が整ったスウェーデンやドイツを目指して移動していくことになった。

　ドイツには，2015 年だけで 110 万人の難民が流入したが，ドイツ政府は難民に対し手厚い保護政策を実施して大量の難民を受け入れた。しかし，難民とドイツ市民の間で摩擦が見られるようになると，一般市民の間に反移民の声が沸きあがることになり，こうした一部国民の声を代弁する形で反移民を標榜するペギーダのような極右集団や AfD（「ドイツのための選択肢」）のような極右政党の勢力が増大するようになった。反移民を掲げる極右政党は，ド

イツに先んじてフランスやオランダでも勢力を増大させていたが，2015年の難民危機以降極右政党が各国の選挙で勢力を拡大し，EUの結束に亀裂を生じさせた。

2016年には，イギリスが国民投票でEUから離脱することが決まり，EUはもちろん世界に衝撃が走った。EU加盟国ではEU統合に批判的な「EU懐疑派」と呼ばれる集団が増加していたが，EUにおいてドイツ，フランスに並ぶ大国であり，これまでEUのリーダーの一角をなしてきたイギリスの離脱はEUにおける亀裂を象徴するような出来事であった。

2020年冬には新型コロナウイルスによるパンデミックが世界を襲った（コロナ危機）。欧州においても都市封鎖，医療崩壊などによって経済活動と市民生活が大混乱となった。パンデミックは，2020年冬の第1波は南欧諸国，10月の第2波はフランス，ドイツなどのEU主要国に，2021年初めの第3波ではヨーロッパ全体に広がった。その結果，2020年のユーロ圏の経済成長率は－6.4％に落ち込んだ（経済産業省，2022：142）。EU加盟国は緊急の財政出動を発動し，生活に困窮した市民の生活を支援した。欧州委員会は2020年3月に「財政赤字3％以下」のルールを一時停止して各国政府を後押ししたため，各国は国債を増発したが，それが国債価格の急落を招いた。これに対しECBは国債を事実上，無制限に購入する政策を打ち出し，この事態の沈静化をはかった（田中素香，2022a：231）。EUも「危機対応の経済対策パッケージ」，「欧州復興基金」などの支援策を矢継ぎ早に打ち出した。

EUでは毎年の財政赤字をGDP比で3％以下に，政府債務をGDPの60％以下にするルール（安定・成長協定）があるが，各国ではコロナ危機で財政赤字，政府債務ともに悪化し続けた。とくに政府債務はイタリアとギリシャでGDPの160％に達するなど，イタリア，ギリシャ，スペイン，フランスなどの南欧諸国で深刻化したのに対し，ドイツや北欧においてはほぼ基準の範囲内に収まっており，2極化が見られた（田中素香，2022a：234）。コロナ禍において，各国は入国者を厳しく規制するなどの措置を取ったため，航空業界や

観光業界は壊滅的な打撃を受けた。経済の観光産業への依存度が高い南欧諸国では，コロナ禍による経済への打撃は一層深刻なものとなったのである。

　コロナ禍という未曾有の危機に直面し，EU 各国は結束して対応する必要に迫られた。ワクチン供給や医療サービス分野での協力などに加え，加盟国の必要に応じて補助金や低利での融資の支給が合意され，2021 年 6 月に「次世代 EU」債も発行されることになった（神江，2023：200）。

　コロナ危機で各国の経済の疲弊や国民生活の混乱が続く中で勃発したのがウクライナ戦争の危機である。2022 年 2 月 24 日，ロシアはウクライナ東部に居住するロシア住民を救済するという名目でウクライナに侵攻した。これに対して G7 を中心とする欧米諸国は，結束してロシアに対する厳しい経済制裁を実施した。欧米諸国は，石油・ガスなどのエネルギー輸入規制や国際的な資金決済網（SWIFT）からのロシア排除などによってロシア企業の活動を制約するとともにロシアに進出している各国企業の撤退などの行動で対応した。

　地理的にロシアに近いポーランドやバルト 3 国などはロシアに対する恐怖心をあらわにし，ウクライナへの支援を積極的に行った。また，スウェーデンやフィンランドなどのような，これまで中立を保ってきた国も，ロシアの脅威に備えるために一斉に NATO への加盟を決めた。EU 諸国はウクライナからの難民受け入れとウクライナに対する人道・財政・軍事支援で結束した。EU から離脱したイギリスも，アメリカとともに武器・弾薬の供与や情報技術等において，ウクライナを全面的に支援し，ロシアと対峙した。

第5節 ｜ EU のリーダーとしてのドイツの役割

　2008 年以降，EU は相次いで危機に見舞われ，南欧諸国や中東欧諸国の一部は，国家財政がきわめて困難な状況に陥ることになった。そのような中で，ドイツは健全な国家財政，伸び続ける貿易黒字，低失業率などを背景に，ギリシャの救済などにおいて政治的・経済的なリーダーとしての役割を果たした。まず，ドイツが躍進した要因についてみていくことにする。

　ドイツ経済躍進の要因は，第1に輸出額の増加であり，自動車をはじめとする機械類の輸出が急増したことである。リーマンショック後の2008年から2012年の5年間でユーロの為替レートは対ドルで8.6％，対円で32.8％も下落したため，ドイツの輸出急増はユーロ安によるところが大きいと思われる。ドイツはEU域内への輸出を相対的に減少させ，EU域外のブリックス諸国への輸出を増大させたため，ユーロ安の恩恵を享受することができた。

　ドイツ経済躍進の第2の要因と指摘されるのが，ドイツの「単位労働費用」の低さである。「単位労働費用とは，一定の製品やサービスを生み出すのに必要なコストのことで，労働者の報酬をGDPで割って算出」されるものであるが，ドイツはこの「単位労働費用」を，ユーロ誕生（1999年）から2007年までの間に16％低下させた（熊谷，2012：64）。他のEU加盟国が「単位労働費用」を増加（平均12％増加）させた中で，ドイツは価格競争力を格段に向上させたことになる。

　「単位労働費用」を低下させ，労働コストの引き下げに取り組んだのは，1998年にドイツの首相に就任したゲアハルト・シュレーダーである（熊谷，2012：65）。シュレーダーは，公的健康保険における患者自己負担の導入，失業手当の支給期間短縮，公的年金給付の実質的な削減などの改革を断行した。シュレーダーの改革がドイツの労働コストを低下させ，ドイツ製品の価格競争力を高め，ドイツ経済の躍進をもたらしたということができる。

　さらに第3の要因は金利の低さである。ユーロ危機に際して，投資家は，リスクの高いギリシャやスペインなどの南欧諸国から資金を引き上げ，安全な投資先であるドイツ国債に回避させた。その結果，ドイツの金利が下がり，ドイツの国民と企業は低金利の恩恵にあずかった。ユーロ危機によってドイツが利益を享受したことになる。

　第4の要因はロシアとの緊密な関係である。シュレーダー首相は，ロシアのプーチン大統領との家族ぐるみの親密な関係が指摘されていた（岩間，2023：78-81）が，この関係を背景に，ドイツはロシアから天然ガスの安定的な供給

を受けることができた。従来，ロシアのガスはパイプラインでウクライナを経由してヨーロッパに供給されていたが，ウクライナに親欧米・反ロシアの政権が樹立されるとロシアとウクライナの間にたびたび摩擦が生じ，ロシアがパイプラインのガス供給量を絞るなどしたため，ヨーロッパへのガス供給に支障をきたすことが多くなった。そこで，ドイツははウクライナを回避して，バルト海を経由するガス・パイプライン，ノルドストリームの構想を進めた。「ノルドストリームを支える会社の基本が，ガスブロム，BASF と E.ON により作られた」（岩間，2023：84）ことからわかるようにノルドストリームは，ロシアとドイツの共通の利益を追求することを目指していた。シュレーダーは首相の任期が終了すると，ロシアの国営ガスブロム系列の子会社の要職についたが，さらにロシアのウクライナ侵攻のさなかにガスブロムの取締役に就任しようとし，社会の厳しい批判を浴び断念した（岩間，2023：82）。シュレーダーのロシアへの接近は自身の利益追求の手段でもあった。

　シベリアのガスを西ドイツの資金と技術を用いてヨーロッパに供給しようとする構想はソ連時代からの西ドイツの国家プロジェクトでもあったが，それはエネルギーの過度な中東依存を回避するためにも必要であった。ノルドストリームは 2005 年にガスブロムによって着工され，メルケル政権の 2011 年に完成した。ノルドストリームによってドイツは安価なガスを安定的に入

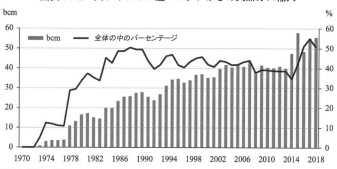

図表 14-2　西ドイツのソ連・ロシアからの天然ガス輸入

出所）岩間陽子（2023：78）

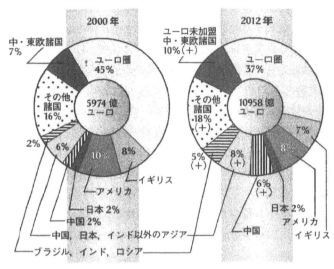

図表 14-3　ドイツの商品輸出の相手国（地域）

出所）田中素香（2022：303）

手することができるようになると同時に，ドイツのロシア産ガスへの依存度もますます高くなっていった（図表14-2）。そればかりでなく，メルケルはノルドストリーム2の建設にも着手し，ロシア産ガスへの依存をさらに高めようとした。

　ところが，ウクライナ戦争が始まると，ドイツを含む欧米諸国はロシアに対する厳しい経済制裁を行ったため，これに反発するロシアは，2022年8月にノルドストリームのガス供給を停止した。その結果，ドイツは深刻なエネルギー不足に陥いることになり，ロシア以外の地域からのガスの調達に奔走することになった。

　第5の要因は，ドイツの中国との関係の緊密化である。2005年に首相に就任したメルケルは，シュレーダーの路線を継承発展させたが，彼女の在任期間中の16年間にドイツの経済は飛躍的な発展を遂げ，国内政治も安定したため，EUにおけるドイツの地位は盤石となった。ドイツ経済の成長と国内政

治の安定を背景にメルケルは度重なる EU 危機の沈静化においてリーダーの役割を演じ，その発言力は大きくなっていった。ユーロ危機では，ドイツは「EU の盟主」となって危機を収束させた。

　ドイツは EU の中で唯一，巨額の貿易黒字と経済成長を達成したが，それに大きく寄与したのがドイツ企業の大規模な海外展開であった。ドイツ企業はとくに EU 域外の，ブリックス（ブラジル，ロシア，インド，中国，南アフリカ）といわれる成長が著しい新興国に積極的に進出し，これらの諸国の成長力を取り込むのに成功した。「ドイツの商品輸出の相手国（地域）シェアを 2000 年と 2012 年で比較すると中国 3 倍，ブラジル・インド・ロシア 2.5 倍，輸出総額はほぼ倍増しているので，輸出額は 5 〜 6 倍に増大した」（田中素香，2022b：303）（図表 14-3）。

　ドイツの EU 域内への輸出比率は減少する一方で，ブリックス諸国への輸出比率は増加を続けたが，とりわけ中国への輸出の伸びが大きかった。メルケルの中国重視の姿勢は，彼女が在任中に，大勢のドイツ財界人を伴い，12 回も中国を訪問したことにも表れている。中国には自動車，機械，化学などのドイツ企業 5,000 社以上が進出し，2010 年代なかばからはドイツ自動車企業 4 社の生産台数は，2020 年に中国で 480 万台，本国で 350 万台と，本国より多くなった（田中素香，2022b：307）。

　中国に対しては，人権問題，南シナ海や台湾問題などで国際的に批判が続けられていたが，このような批判の中でもメルケルは中国への傾斜の姿勢を変えなかった。しかし，コロナ危機以降の中国の急速な成長率の低下や，米中対立の深刻化によって，ドイツ経済の中国依存の大きさが，逆に大きなリスクに変わる可能性が出てきた。米国の中国に対するデカップリング政策や台湾有事の際の中国における外資の資産凍結などのリスクが現実味を帯びてきている。また，東欧諸国を含めたドイツと中国の複雑なサプライチェーンも寸断される可能性がある。ドイツ企業が重要産業のサプライチェーンの上流を中国に押さえられていることを危惧する声も大きくなっている。

　メルケル政権において高く評価されているのはドイツの雇用増加と一人あたり GDP の増大である。とくに GDP の伸びは EU で最大であった。また，ドイツには大量の難民が流入したが，これらの難民を労働力に組み入れ，労働力人口を増大させることによって経済成長を支えたのである。ドイツの人口は 2002 年の 8,158 万人をピークに減少を続けていたが，大量の難民受け入れによって 2020 年には 8,317 万人まで増加した（田中素香，2022b：307-309）。

第6節 ┃ 危機の中での EU 統合のゆくえ

　欧州石炭鉄鋼共同体（ECSC）から始まった第2次世界大戦後の EU 統合は，これまで拡大と深化を続けてきた。しかし，21 世紀に入るとこれまでの結束を揺るがしかねない，相次ぐ危機に見舞われた。

　金融危機においては，ドイツが主導する解決策によって危機を乗り切ることができた。ドイツが提示する厳しい緊縮財政策を強要された南欧諸国では，反ドイツ的な感情が高まったものの，EU の金融システムは安定を取り戻すことができた。

　難民危機においては，各国内に極右勢力が台頭し，各国国民の間に EU 統合に疑念を抱く集団が増大し，それはブレグジットの一因にもなった。また，ドイツのように難民を国内の労働力不足や人口減少の解決策として利用できた国とできなかった国の間に経済成長の格差を生じさせた。

　コロナ危機においては，医療や財政支援，EU の金融政策において統合のメリットが認識された。しかし，コロナ危機は，観光産業への依存度が大きい南欧諸国に大きな打撃を与え，コロナ危機から比較的早く立ち直りつつあるドイツや北欧諸国との経済格差を拡大させた。

　ロシアのウクライナ侵攻は，第2次世界対戦以降の国際秩序についての人々の観念を覆すような衝撃的な出来事であった。先進国として位置づけられていたロシアが，理由もなく隣国に武力侵攻するなどということは，21 世紀の先進国の市民にとって思いもよらない出来事であり，平和な国家の市民が突

然戦争の犠牲者になる可能性があることを認識させ，世界の安全保障についての意識が大きく変わった。

　ウクライナ戦争は，これまでの安定した国家間の関係のもとに，国境をまたいで網の目のように張り巡らされた産業のサプライチェーンを寸断し，ロシアは一部の国を除き，世界の経済枠組みから孤立する道を進んだ。欧米諸国が一丸となった制裁によって，ロシアの通貨ルーブルは下落し，ロシアのエネルギー輸出額は急減し，ロシアに進出していた欧米企業は撤退し，ロシアの国家財政は逼迫した。

　そして，さらに，米中対立の激化という新しいファクターがこれに加わることになり，多国籍企業にとって地政学リスクはこの上もなく高まることになった。中国の台湾への軍事侵攻の威嚇や南シナ海での領土拡張，人権侵害などに嫌悪感を抱く日・韓・欧・米などの国々は，中国との距離を広げつつある。ロシアのウクライナ侵攻は中国の台湾侵攻の可能性を強く想起させることになり，日・韓・欧・米などの国々は，フレンドショアリングと呼ばれる，中国を回避するサプライチェーンの構築を模索することになった。

　コロナ危機，ウクライナ戦争，そして米中対立は，改めて EU 各国の協調の必要性を認識させ，EU 各国の結束を強める方向に作用しているように思われる。

　注）
1)　外務省「EU 関連用語集」http://www.mofa.go.jp/mofaj/area/eu/keyword. html（2016 年 8 月 3 日閲覧）。
2)　『日本経済新聞』2016 年 6 月 26 日。
3)　『日本経済新聞』2016 年 7 月 1 日。
4)　星野郁「EU 離脱後の英国の行方」『日本経済新聞』2016 年 8 月 4 日。
5)　『日本経済新聞』2023 年 4 月 3 日。
6)　『日本経済新聞』2023 年 5 月 1 日。
7)　『日本経済新聞』2023 年 5 月 1 日。
8)　『週刊ダイヤモンド』2007 年 11 月 3 日号：50。

236

◆引用・参考文献

岩間陽子 (2023)「ドイツとポスト 1989 リベラル国際秩序」臼井陽一郎・中村英俊編『EU の世界戦略と「リベラル国際秩序」のゆくえ』明石書店

神江紗蘭 (2023)「複合危機下の EU 資本市場政策」臼井陽一郎・中村英俊編『EU の世界戦略と「リベラル国際秩序」のゆくえ』明石書店

久保広正 (1989)『EC 市場統合のすべて』日本経済新聞社

久保広正・海道ノブチカ編著 (2013)『EU 経済の進展と企業・経営』勁草書房

熊谷徹 (2012)「危機下でも絶好調の独経済」『日経ビジネス』2012 年 5 月 14 日号

経済産業省 (2022)『通商白書　2022』

小久保康之 (2016)「EU 統合の概要」小久保康之編著『EU 統合を読む』春風社

田中友義 (2001)『EU の経済統合』中央経済社

田中素香 (2022a)「ユーロ圏の金融危機と金融政策」田中素香・長部重康・久保広正・岩田健治『現代ヨーロッパ経済』(第 6 版) 有斐閣

田中素香 (2022b)「ドイツと EU 経済」田中素香・長部重康・久保広正・岩田健治『現代ヨーロッパ経済』(第 6 版)，有斐閣

藤井良広 (2013)『EU の知識 (第 16 版)』日本経済新聞社

USMCA（NAFTA）と多国籍企業の戦略

　USMCA（米国・メキシコ・カナダ協定）は，米国，メキシコ，カナダの3国による地域経済統合である。3国間の貿易・投資障壁を撤廃することで，物品やサービス，資本の移動を円滑にし，経済を活性化することを主目的とする。NAFTA（北米自由貿易協定）はその前身である。本章では，NAFTAからUSMCAへ至る北米経済環境の下での多国籍企業の行動について考察する。

第1節 | NAFTA とは

　USMCA の前身である NAFTA（North American Free Trade Agreement：北米自由貿易協定）は，1994年に発効した米国，カナダ，メキシコの3国からなる地域経済統合である。同時期，欧州ではすでに EU（European Union：欧州連合，当時12ヵ国）による単一市場が発足していたが，NAFTA は構成国のGNP（国民総生産）総額が EU のそれに匹敵する当時世界最大規模の地域経済統合であった。また，当時 EU のほかにも途上国を中心にいくつかの地域経済統合が誕生していたが，NAFTA は先進国と途上国の間で締結された初の地域経済統合でもあった。

　NAFTA 第1章にはその目的が次のようにまとめられている[1]。

　（a）当事国の領域間の商品とサービスの貿易の障壁を取り除き，その国境を越えての移動を促進すること

　（b）自由貿易地域における公正な競争の条件を促進すること

　（c）当事国の領域内での投資の機会を大きく増大させること

　（d）各当事国の領域における知的財産権の適切かつ効果的な保護と執行を

238

提供すること

(e) 本協定の履行と適用，その共同での管理，紛争の解決のための効果的な手続を創設すること

(f) 本協定によって得られる利益を拡大し高めるための更なる三者間，地域的および多国間の枠組を創設すること

このように，NAFTA は「FTA」と銘打っているものの，域内の関税や非関税障壁を撤廃し，物品の貿易自由化を推進することを目的とするにとどまらず，金融などサービスの自由化，投資の自由化，知的財産権の保護，紛争処理ルールなどを含み，さらには補完協定として労働および環境問題にまで踏み込んだ包括的な協定である。同じ1994年には，同様の内容を世界で話し合う GATT (General Agreement of Tariffs and Trade：関税と貿易に関する一般協定) のウルグアイ・ラウンド（締約国による多角的交渉）も合意決着しているが，NAFTA の内容は結果としてこのウルグアイ・ラウンド合意をはるかに超える範囲の先進的なものであり，その後の地域経済統合の在り方に大きな影響を与えるものであった。

米国，カナダ，メキシコによる市場統合といっても経済規模は米国が群を抜いており，推進の中心は米国であった。NAFTA によって米国企業はカナダやメキシコへの販路を拡大できるとともに，石油をはじめとするカナダの豊富な資源やメキシコの低廉な労働力を有効に活用することができるようになる。もちろん米国経済への依存度が高いカナダやメキシコにとっても米国市場の開放は NAFTA 締結への動機の一つになったであろうが，NAFTA の実相は米国による「拡大アメリカ経済圏」(所，2017：228) であったと言ってよい。

NAFTA がどのような経緯で成立したか，米国の通商戦略の変遷とともに触れておこう。第二次世界大戦後の1947年，米国ほか23ヵ国によってGATTが調印された。これは，1930年代の大恐慌に端を発した各国の関税引上げの応酬による保護貿易への潮流が，世界経済のブロック化を招き世界大戦の一

因ともなったことの反省から，無差別で自由な世界貿易を実現することを意図してつくられた協定である。戦後の世界経済はこの GATT のもとで関税引き下げ交渉を重ね，無差別で自由な貿易を推進してきた。その主導的な役割を果たしたのがまさしく米国である。米国にとっては自国の利益はもとより，自由主義西側諸国の盟主として，同盟国全体の利益を擁護するためにも GATT における多角的な交渉を，積極的に推し進める必要があった。しかし，欧州経済の復興や日本の台頭等に伴い世界における米国の経済的地位が低下するにつれて，また冷戦が終結し米国と同盟国の利益が必ずしも合致しなくなると，米国の通商戦略は，世界経済のリーダー的な役割から米国経済を重視する方向に舵が切られていくことになる。

　1985 年，レーガン政権は「新通商政策」として三つの方法を用いることを表明した。それは，それまでの基本路線である GATT を通じた多角的交渉を継続しつつ，二国間あるいは地域間交渉を手段として加え，さらに一方的措置をも積極的に活用するというものである。この地域主義，一方主義を加えた新構想は，1986 年から始まった GATT ウルグアイ・ラウンドが予想以上に難航するや，88 年の包括通商法スーパー 301 条[2]や 89 年のカナダとの二国間自由貿易協定として早速に具体化した。翌 90 年には，米国とメキシコの間にも協定締結の動きが生じ，91 年に NAFTA 創設の合意が成立，ブッシュ（父）政権時の 92 年に NAFTA は調印され，94 年 1 月からの発効が決定した。

　その後米国は，地域主義を中軸に通商戦略を展開していくことになる[3]。1993 年に経済重視の政策を掲げて登場し，対外貿易を米国再生の要と位置付けたクリントン政権は，議会の批准を取り付け予定通り NAFTA を発効させ[4]，巨額の貿易赤字を計上していた日本との間では日米包括協議を開始した。その後，ブッシュ（子），オバマ政権下において，米国は中南米諸国やシンガポール，オーストラリア，韓国などとたて続けに二国間あるいは地域間協定を締結し，2023 年現在発効した地域経済統合は 14 に及ぶ。

　米国が求めていたのは，米国経済の再生と発展を担う米国企業のグローバ

ルな活動に必須の対外市場の開放であった。その一つは，輸出の促進やサービスの進出のための関税引き下げや非関税障壁撤廃など市場アクセスであり，いま一つは企業の現地進出を可能にするための対外投資ルールの構築である。もともと GATT は物品の貿易を取り扱う協定であり，米国が競争力をもつ金融サービスの自由化や知的財産権（著作権や特許など）の保護，そして多国籍企業のための投資ルール作り等は締約国の同意がなければ GATT で取り扱うことはできなかった。発足当初は少数国で始まった GATT 多角的交渉もウルグアイ・ラウンドの頃には 120 以上の国と地域が参加する大所帯となっていた。ウルグアイ・ラウンド自体，合意に至るまで 8 年の歳月を要したことからも明らかなように，加盟国が多くなれば利害が対立し合意形成は当然に難しくなる。先に NAFTA の内容は同時期の GATT ウルグアイ・ラウンド合意を凌駕すると述べたが，これは自国経済を優先し始めた米国が GATT による多国間交渉の限界に失望し，共通の利害をもつ少数国との間で自身の理想とする国際市場を実現しようとした最初の試みであったといえる。

第 2 節 │ 貿易と投資の自由化

先に紹介した通り NAFTA は包括的な協定でありその内容は広範囲に及ぶ。ここでは財・サービス貿易と投資の自由化のためのルールを具体的にみていこう。

(1) 財・サービス貿易の自由化

貿易の自由化とは差別的取扱いの禁止と市場アクセスである。まず差別的取扱いの禁止については，物品の貿易には内国民待遇が付与される。内国民待遇とは自国に与えた待遇よりも不利ではない待遇を外国にも与える義務である。たとえば米国はカナダやメキシコからの輸入品と米国内産品を内国税の適用などで差別してはならない。一方，サービス貿易については最恵国待遇と内国民待遇が付与される。最恵国待遇とは，ある国に与えた最も有利な

待遇を他の国にも与える義務である。たとえばあるサービスについて，米国が域外の第三国に与えている最も良い条件と同等の条件をカナダやメキシコからのサービスにも与えなければならない。⁵⁾

　次に市場アクセスについては，大部分の物品貿易の関税を直ちに撤廃し，その他の品目についても 5 年または 10 年で段階的に撤廃する。ただし，センシティブ品目⁶⁾については原則 15 年で撤廃する。とくにセンシティブ品目の多い農産物については，3 国共通のルールは設けず 2 国間で個別に自由化への道筋をつける。たとえば，米国とメキシコの間では，農産物輸入の数量制限は関税割当枠⁷⁾の設定や関税に置き換えられ，15 年ですべての関税を撤廃する。以上の市場アクセスの内容は，自由貿易協定としてはかなり高いレベルでの自由化であるといえる。

　このように NAFTA 発足後 10 年ないし 15 年のうちに米国，カナダ，メキシコ間の貿易は無関税となるが，それは域内原産品と認められる物品についてのみ適用される。そのためには，以下の原産地ルール（ROO：Rules of Origin）をみたさなければならない。域内で産出された材料や部品を用いて域内で生産される場合は当然として，域外から材料や部品を輸入して生産する場合には，その関税分類が加工過程によって変更される⁸⁾か，材料や部品の域内原産割合（RVC：Regional Value Content）が取引価格方式で 60 ％以上，あるいは純費用方式で 50 ％以上であることが必要となる。⁹⁾日本などの域外国との競争が激しい自動車についてはとくに厳しく，たとえば乗用車は純費用方式でRVC が 62.5 ％以上でなければならない。米国は NAFTA 域外国からの乗用車の輸入には関税をかけているが，日本企業が米国の関税を避けるためにメキシコやカナダで乗用車を現地生産し NAFTA を利用して無関税で米国へ輸出しようとしても，ROO によって部品の 62.5 ％以上は NAFTA 域内で調達しなければならず，高品質の日本製品や低価格のアジア産品を部材として用いることは制限される。

(2) 投資の自由化

NAFTA 域内では，ネガティブ・リストに留保された 11 の分野（電力など主に国家の安全保障にかかわる基幹産業）を除く全分野に投資が可能であり，以下のようなルールによって外国投資家およびその投資財産は保護され，かつ自由な投資活動が保証される。

1) 最恵国待遇と内国民待遇

財やサービスの貿易と同様に，投資にも最恵国待遇と内国民待遇が付与される。投資受け入れ国は域内の外国投資家あるいは投資財産に，その国が第三国に対して与えている最も有利な条件と同等の条件を与えなければならないし，外国投資家を自国内投資家と同等に扱われなければならない。これは投資後（経営，遂行，活動，売却）だけではなく投資前（設立，取得，拡大）にも義務付けられる。

2) 公正かつ衡平な待遇

投資受け入れ国は投資財産に対して，国際慣習法上の最低基準（最恵国待遇や内国民待遇のような相対基準ではなく絶対基準）の待遇を付与しなければならない。国の恣意的，不公正，差別的な措置や，不適正な手続から外国投資家および投資財産は保護される。

3) パフォーマンス要求の禁止

外国投資家の投資およびその後の事業活動の条件として，特定措置の履行要求（パフォーマンス要求）を課してはならない。たとえば，原材料調達，輸出入均衡，国内販売制限，技術移転などの要求の禁止である。

4) 送金の自由

本国から投資受け入れ国への送金および投資受け入れ国から本国への送金は自由に行える。

5) 収容補償

投資受け入れ国による投資財産の収容から外国投資家を保護するために，収容の要件やその補償の条件が規定されている。

6) ISDS (Investor-State Dispute Settlement) 条項

　ISDS とは外国投資家と国家の間の紛争解決手続である。投資受け入れ国の協定違反により損害を受けた外国投資家は当該国と直接交渉を行うことができ，解決を見ない場合には，国際仲裁に付託することができる。

第3節 ┃ NAFTA と多国籍企業

　NAFTA 下の多国籍企業の行動について，NAFTA 域内の最大貿易品目である自動車および同部品を例にみていこう。

　メキシコでは NAFTA が成立する以前より，メキシコ北部を中心に米国企業の進出が行われていた。自動車については，当初いわゆるノックダウン生産（完成車を輸出する代わりに部品を輸出して現地で組み立てること）によるものであったが，メキシコの対外開放政策が始まると，やがて生産拠点の移転へと変容していく。これは米国という巨大市場に地理的に近くまた低労働賃金であったことに加え，メキシコ政府が外資導入のために制度化したマキドーラ（生産したものを輸出することを条件に，そのための部品や材料の輸入を無税にできる保税加工制度）の利用による。一方，米国側においても，付加価値関税条項（米国産の部品や材料を用いて他国で生産されたものが米国へ輸出される場合，他国における付加価値分だけに課税がなされる制度）があったため，米国企業はメキシコに現地子会社を設立し，米国から中間生産物（部材）を輸入して加工し最終生産物（完成品）を米国へ輸出するという工程間分業体制，いわゆる「ツイン・プラント」を形成することにより生産の効率化を図っていた。

　NAFTA 成立後，域内貿易障壁が撤廃されると，それに合わせてメキシコ国内の自動車および部品に関する規制（最低国内付加価値率義務や貿易収支均衡義務など）が撤廃されたため，米国企業のメキシコ進出は一挙に加速した。所は，マキドーラの直接投資受入れ額が NAFTA 後に急増したことを紹介した上で，米国の直接投資について，全世界向けと NAFTA 向けの違いを次のように指摘している。近年では米国の世界全体への直接投資は，税務上の優遇

措置のある国などへの持株会社設立投資が半数を占め中心となっている。対外事業活動向けについても製造業と金融・保険業がほぼ同規模となっており，米国多国籍企業の海外戦略の主軸は製造業など生産部門からサービスや金融部門への転換を果たしている。一方，NAFTA 域内のカナダ，メキシコに対しては，製造業向け直接投資が最も多く，従前どおり製造業が主軸のままである。(所，2017：54-56)

　自動車はメキシコの基幹産業に成長したが，完成車についてはほぼ外資系企業に依存している。GM，フォード，クライスラーなど米国大手自動車メーカーがメキシコ北部や中部高原地帯に進出しており，それら在メキシコ米国企業で生産された自動車の 80 ％は米国へ輸出されている[10]。このような米国とメキシコの間の工程間分業体制の発展は，米国の貿易構造の変化にも如実にみて取れる。NAFTA 成立後，米国とカナダ，メキシコ間の貿易額は顕著に増加するが，対カナダ，対メキシコとも輸入額の増加のほうが輸出額の増加を大きく上回り，米国の NAFTA 域内貿易赤字は増加の一途を辿った。とくにメキシコからの輸入の増加は目覚ましく，対メキシコ貿易赤字は急増した。NAFTA 成立当時，米国の最大貿易赤字国は日本であったが，現在（2022 年）では，あらたに「世界の工場」として台頭した中国が米国貿易赤字の約 30 ％を占めて最も多いものの，ついでメキシコ，カナダの順になっており[11]，両国合わせて米国貿易赤字の約 20 ％を占めるに至っている。

　米国の対メキシコ貿易赤字は，自動車だけではなく自動車部品によるところも大きい。米国完成車メーカーに伴い関連下請企業もメキシコに進出しており，それらが NAFTA の追い風を受けて主要輸出産業へと成長した。高度な技術力が必要な付加価値の高い部材は米国で生産しメキシコに輸出されるが，労働集約的で付加価値の低い部材はメキシコで生産し現地生産過程に投入されるとともに，米国へも輸出が行われる。メキシコは，米国にとって完成車の組み立て加工拠点であると同時に部品の調達拠点ともなっていた。

　NAFTA 域内には日本の自動車メーカーも進出している。米国で現地生産

が行われるようになったのは 1980 年代に入ってからであるが，きっかけは当時の日米貿易摩擦と円高であった。日本から米国への集中的な自動車輸出の結果，米国の対日貿易赤字が拡大したことが政治問題化し，1981 年には自動車の輸出自主規制が開始された。それを回避するためにトヨタ等の自動車メーカーは米国総括会社の設立に踏み切ったのである。また，1985 年のプラザ合意に端を発した急速な円高により収益が悪化したことも現地生産を押し進める誘因となった。

　一方，メキシコへの本格的な進出は 2000 年代に入ってからである。日産はすでに 1960 年代からメキシコで操業を開始し，2018 年に米国 GM に抜かれるまでは，生産台数メキシコ第 1 位の完成車メーカーとして君臨していた。しかし，多くの日本の自動車メーカーは 1990 年代後半から 2000 年代に相次いで進出した。メキシコへ目が向けられたのは，人件費の安さはもとより，米州地域への戦略的拠点としてメキシコが期待されたからである。[12)]

　まず，自動車最大の市場である米国およびカナダについては，NAFTA が発効した。日本から直接米国へ輸出すれば，たとえば乗用車には 2.5 ％の関税がかかるが，メキシコで生産し NAFTA を利用して輸出すれば無税であり，地理的に輸送費も節約できる。ただし，先に述べたように現地調達 62.5 ％をクリアしなければならないが，北米には完成車メーカーのみならず部品メーカーや鉄鋼業種など自動車関連日系企業も数多く進出した。

　次に，中南米の自動車市場の成長がある。地理的にも遠い中南米国における日本車販売台数シェアは当時 15 ～ 30％程度であり（メキシコを除く），日本車メーカーにとっては，次なる未開拓の大市場として大きな期待がもてる地域であった。メキシコは NAFTA 以外にも中南米の多くの国と二国間協定を締結していることから，中南米向け自動車生産・販売拠点としてメキシコは最適であった。

　また，2005 年には日本・メキシコ EPA（Economic Partnership Agreement：経済協力連携協定）が発効し，日本・メキシコ間の貿易の自由化および投資の

自由化が押し進められたことも，日本企業のメキシコ進出を後押しした。

　2020年時点での，日系メーカーのメキシコにおける自動車生産台数シェアは 35 ％に及ぶ。そのうち，トヨタは生産台数のほぼ 100 ％を輸出に，ホンダは 90 ％，マツダは 85 ％近くが輸出に向けられている。古参で生産台数が最も多い日産はメキシコ国内への販売最大手でもあるが，それでも生産台数の約 65 ％が輸出されている。[13]

第4節 ｜ NAFTA から USMCA へ

　2017年1月，米国トランプ大統領は，就任早々，NAFTA「再交渉もしくは離脱」を正式に表明した。氏は選挙活動中から，自動車メーカーをはじめとする米国企業のメキシコ進出が米国内の雇用を奪い，[14]また対メキシコ貿易赤字の原因になっているとして NAFTA に批判的であった。これを受けて，8月には3国による再交渉が開始され，2018年9月に合意，トランプ大統領は協定の名称を USMCA (United States-Mexico-Canada Agreement：米国・メキシコ・カナダ協定) に改めることを発表した。その後3国の批准を経て，USMCA は 2020 年7月に発効，同時に NAFTA は 1994 年の発効以来 26 年に及ぶ役目を終えた。

　USMCA は NAFTA の各章や条項を刷新・強化するとともに，NAFTA にはない新章や条項もいくつか追加されている。前者の例として，米国にとって NAFTA 再交渉の最大の目的であったともいえる自動車の原産地ルール (ROO) の見直しがある。後者の例としては，NAFTA 設立当時には存在しなかったデジタル貿易についてのルールや，NAFTA では補完協定であった労働と環境問題が本協定に格上げされたこと，また，地域経済統合としては異例の為替条項 (輸出競争力を高める為の為替介入の防止)，非市場経済国条項 (中国など非市場経済国との安易な FTA 締結を防止する取り決め)，サンセット条項 (協定の有効期限を 16 年とし，発効6年後に合意がなされれば延長可能) などがあげられるが，いずれも米国の強い要望が反映した結果である。

自動車の原産地ルール（ROO）は以下のように強化された。[15)]乗用車が域内原産品と認められるためには，以下の4条件をすべてみたさなければならない。

1) 域内原産割合（RVC）が純費用方式で75％以上[16)]
2) エンジンなど重要部品（コア・パーツ）はすべて域内原産品[17)]
3) 時給16ドル以上の地域での付加価値割合（LVC：Labor Value Content）が40％以上[18)]
4) 完成車メーカーが購入する鉄鋼，アルミニウムの70％以上が域内原産材料

米国の狙いは，自動車産業の国内回帰である。メキシコに進出した米国企業が今後も USMCA を用いて米国へ無関税で輸出をしたければ，ROO を満たすためにサプライ・チェーンを再編する必要が生じる。RVC 75％へのアップによって低価格・良品質の域外製品（主にアジア製品）の一部は域内製品に転換しなければならなくなる。LVC をみたすためには部材調達や組み立て工程の一部を低賃金のメキシコから米国やカナダに移転するか，賃金を引き上げる必要がある。また，自動車用鋼板についても調達先を日本などから北米域内に変更しなければならなくなるかもしれない。

これに対応するには，① 厳しい ROO をなんとかクリアしこれまで同様 USMCA を利用して無関税で米国へ輸出する，② USMCA を利用せず（ROO に縛られず）一般の関税（乗用車2.5％，トラック25％）を負担して米国へ輸出する，③ 米国政府の思惑通り米国国内へ生産拠点を回帰する，の三つの方法がある。問題は，いずれが将来的に最もコスト・パファーマンスが良いかであるが，いずれにせよ当面のコストアップは避けられず，米国企業の国際競争力の低下を招くことが懸念される。

本稿執筆時点では，USMCA 発効からまだ3年しか経過しておらず，ROO が完全な形では施行されていない（たとえば，RVC は発効時66％，以後1年ごとに69％→72％→75％）ことから，その効果や影響を論じることは尚早で困難でもあろうが，米国 ITC（International Trade Commission：国際貿易委員会）

は2023年6月，ROOによる米国経済への影響について興味深い報告を行っている[19]。同報告は，調査対象期間（2020年7月～2022年12月）における米国，カナダ，メキシコの自動車および部品産業の詳細なデータとシミュレーション・モデルを用いて，ROOの強化が米国内の同産業に与えた影響について，当該期間における生産量や輸入量，雇用者数，賃金，収益などの変化を推計している。それによると，

- 部品については，USMCA域外国から米国へのエンジンやトランスミッションの輸入は減少し，一方でそれらの部品の米国での生産における雇用数，賃金，収益は増加した。
- 自動車については，カナダ・メキシコから米国への輸入は減少し，一方で米国の自動車生産は増加，雇用者・賃金・収益はわずかではあるが増加した。また，USMCA域外国から米国への輸入が増加した。

　以上の結果から，エンジンなど重要部品が域外から域内（米国）での調達に代わり，それに伴い米国内でそれらの生産の雇用や賃金が増加し，米国の自動車生産も増加するという，ROO強化の一定の効果が確認される。一方で，カナダ・メキシコからの自動車輸入は減少しても，それがすべて米国内での自動車生産に転換されたわけではなく，一部がUSMCA域外国からの輸入に置き換わったことも示されている。このことはカナダやメキシコからの自動車の輸入価格が上昇し，USMCA域外国との競争で不利になった可能性を示唆する。

　その理由としては，ROOを満たすため生産コストが上昇したか，ROOを満たすことができずUSMCAの無関税が適用されなかったことが考えられる。JETRO（日本貿易振興機構）によれば，USMCA発効後，カナダよりも特にメキシコから米国への輸入はUSMCA無関税を利用せず一般関税で行われる割合が増加している。つまり，カナダはもともと域内調達割合が高かったが，メキシコは旧ROO基準を満たしていても域外輸入割合が大きく，サプライ・チェーンの再編がうまくいっていないことが考えられるという[20]。

　日系企業についても，JETRO「2022 年度海外進出日系企業実態調査（中南米編）」のアンケートによれば，調達先について「見直す計画がある」と回答した在メキシコ日系企業 42 社の現状（変更前）調達先は日本が 45.2 ％で最も多く，変更後の予定調達先はメキシコが 54.8 ％で最も多かった。このことは，ROO の強化を受けて日本から現地への調達先変更を考えている日系自動車および部品メーカーが数多くあることを示しているとみられる[21]。低労働賃金や地の利，政治的な安定性など現地進出先としてのメキシコのメリットは大きい。日本企業の今後の動向が注視される。

注）

1) 特許庁ホームページ「北米自由貿易協定　目次」（2023 年 11 月 9 日閲覧）
2) USTR（アメリカ通商代表部）が不公正な貿易政策を行っている国を特定化して交渉し，改善が見られないときには一方的に報復措置をとることを認める。
3) これは EU や NAFTA 成立以後の世界の潮流でもある。たとえばわが国は 2002 年の日・シンガポール EPA を皮切りに現在まで 20 に及ぶ 2 国間あるいは地域間協定を発効させている。
4) 共和党のレーガン，ブッシュ（父）政権が押し進めた NAFTA に対して，民主党は，貿易の自由化がもたらす労働・環境の悪化への不配慮などを問題としていたが，それらを補完協定として NAFTA に盛り込むことで批准に賛成した。
5) NAFTA は域内関税を撤廃（ゼロ）にする協定であるから，物品の貿易については自ずから最恵国待遇が付与される。
6) 輸入増加が国内の経済や社会に大きな影響を及ぼすため，自由化交渉において慎重な取り扱いを求める重要品目。たとえば日本におけるコメなどの農産物。
7) 関税割当とは，一定の輸入数量までは無税または低率関税を適用し，それを超える輸入分については通常関税を適用する制度。
8) すべての品目には関税分類番号が付けられており，域外国からの輸入品であっても加工後に関税分類番号が一定基準以上異なる製品に変化する場合は，その製品を域内原産品と認める制度。
9) 取引価格方式 RVC ＝（FOB 取引価額－非原産材料価額）／ FOB 取引価額
　　純費用方式 RVC ＝（純費用－非原産材料価額）／純費用
ここで純費用とは，FOB 取引価額から利益を除いた総費用から，販売促進費，マーケティングおよびアフターサービス関連費用，使用料，輸送費および梱包費ならびに不当な利子を減じたものと定義される（ジェトロ，2021：56, 60）。

10)　ライトハイザー（R. E. Lighthizer）USTR 代表による。Lighthizer (2020)。

11)　2022 年の米国の財貿易赤字は 1 兆 1,910 億ドル，うち対中国 3,818 億ドル，対メキシコ 1,385 億ドル，対カナダ 902 億ドル，対日本 679 億ドル。JETRO (2023a)。

12)　メキシコへの日系自動車メーカー進出について詳しくは以下を参照のこと。（在メキシコ日本国大使館，2013：1-15）。

13)　JETRO (2021)。

14)　ライトハイザー USTR 代表によれば，米国企業のメキシコ進出によって米国自動車産業全体の 3 割にあたる 35 万人の雇用がメキシコに奪われた。(Lighthizer, 2020)。

15)　自動車 ROO について詳しくは以下を参照のこと。（ジェトロ，2021：56-62）。

16)　NAFTA ではトレーシング対象リストに掲載された自動車部品のみが，ROO計算において非原産材料価額の計上対象となっていたが，それが廃止され全部品が対象となったので，実質的にはさらに厳しくなる。

17)　エンジン，トランスミッション，車体・シャシー，車軸，サスペンション，ステアリング，電気自動車用先端バッテリー（リチウム電池）の 7 種。

18)　LVC はいくつかの要素を複合して計算する。そのうちたとえば「高賃金原材料組立て支出」は，純費用に対する，時給 16 ドル以上の地域で生産された部品・原材料調達額と同地域での組立て人件費の割合で計算する。

19)　ITC (2023)。

20)　メキシコの一般関税利用率は USMCA 前（2019 ～ 2020 年）の 4.4 ％から USMCA 後（2022 ～ 2023 年）は 19.8 ％に上昇している。(JETRO, 2023c)。

21)　JETRO (2023b)。

◆引用・参考文献

ジェトロ (2021)『NAFTA から USMCA へ』日本貿易振興機構

所康弘 (2017)『米州の貿易・開発と地域統合』法律文化社

在メキシコ日本国大使館 (2013)「メキシコ経済・自動車産業概観―相次ぐ日系企業の進出―」 https://www.mx.emb-japan.go.jp/keizai/kigyo5.pdf（2023 年 8 月 8 日閲覧）

特許庁「北米自由貿易協定　目次」 https://www.jpo.go.jp/system/laws/gaikoku/nafta/nafta/index.html（2023 年 11 月 9 日閲覧）

JETRO (2021)「新型コロナの影響で生産と輸出が 2 割減，国内販売は 3 割減 2020 年のメキシコ自動車産業 (1)」（2023 年 8 月 3 日閲覧） https://www.jetro.go.jp/biz/areareports/2021/cf823c6930babdd.html

JETRO（2023a）「2022 年の米国貿易赤字は輸入増加で過去最大に　2023 年に懸念されるインフレの影響」　https://www.jetro.go.jp/biz/areareports/2023/4c84e12f823e7278.html（2023 年 12 月 5 日閲覧）

JETRO（2023b）「部品産業好調の要因と課題を探る 2022 年のメキシコ自動車産業（2）」　https://www.jetro.go.jp/biz/areareports/2023/d4c1dde7ae78adb4.html（2023 年 12 月 5 日閲覧）

JETRO（2023c）「自動車原産地規則が与えた影響（米国）USMCA 発効から 3 年（前編）」　https://www.jetro.go.jp/biz/areareports/2023/c0bad189c0a10c85.html（2023 年 8 月 14 日閲覧）

Lighthizer, R. E.（2020）"How to Make Trade Work for Workers", *Foreign Affairs*, July/August 2020　https://www.foreignaffairs.com/articles/united-states/2020-06-09/how-make-trade-work-（2023 年 8 月 3 日閲覧）

United States International Trade Commission（2023）"USMCA Automotive Rules of Origin: Economic Impact and Operation, 2023 report", PN:5443 IN:332-592, June 2023　https://www.usitc.gov/publications/332/pub5443.pdf（2023 年 8 月 3 日閲覧）

AEC と多国籍企業の戦略

　本章では，東南アジアで進む経済統合，またこれと多国籍企業の戦略との関係について検討する。経済統合とは，異なる国でも同じ環境下で経済活動ができるようにしていく取り組みのことである。具体的には，国家間で経済活動のルールを共通化する，モノやヒトの往来を自由にするといった取り組みである。

　経済統合は，多国籍企業の経営戦略にとって大きな意味をもつ。企業がグローバル競争で競争優位を維持していくためには，最小限の費用で最大限の価値を生み出すべく，最大限の経営合理化を図っていかなければならない。国ごとにばらばらのルールが適用され，また自由な活動が制限されているのであれば，実現可能な合理化の選択肢は大幅に制限されてしまう。グローバル戦略上の要衝である東南アジアの経済統合は，多国籍企業，そしてこの地域と既に経済的に深い関係を築いている日本企業にとって，とても重要なテーマである。

第 1 節 ｜ AEC の概要と特徴

(1) AEC の背景

　「ASEAN 経済共同体」（ASEAN Economic Community，略称：AEC）は，東南アジアの国々の国際協力機構である東南アジア諸国連合（Association of Southeast Asian Nations，略称：ASEAN）が進める経済統合への取り組みである。2023 年末現在，ASEAN 加盟国は，タイ，インドネシア，マレーシア，シンガポール，フィリピン，ブルネイ，ベトナム，ラオス，ミャンマー，カ

ンボジアの10ヵ国である。これらのうち，冷戦終結後の1990年代後半に相次いで加盟したカンボジア，ラオス，ミャンマー，ベトナムは，それぞれのイニシャルから"CLMV（諸国）"とも呼ばれる。他方で，そのほかの先進加盟6ヵ国は，"ASEAN6"とも呼ばれる[1]。

　ASEANは，対内直接投資を呼び込み，域内の雇用の創出，所得の向上，技術の習得などを図る外資依存型の工業化政策を長年推し進めてきた。外資を誘致するには，域内全体で外資が活動しやすいようにするための環境整備をする必要がある。つまり，経済統合である。1990年代以降，経済のグローバル化が加速する中で，とくに急速に推し進められたのが，ASEAN域内をモノが自由に移動できるようにするための取り組みである。これは，「ASEAN自由貿易地域」（ASEAN Free Trade Area，略称：AFTA）と呼ばれ，1992年からその実現に向けての取り組みが開始された。

　その後，ASEANは，AFTAへの取り組み開始から5年後には，AECのビジョンを打ち出し，投資効率や管理効率など，貿易以外の面にも目を向けた，より包括的な経済統合への取り組みに乗り出す。こうした思い切った取り組みが急速に進められた背景には，1997年のアジア通貨危機[2]，2001年の中国のWTO加盟などを受けて，ASEANの生産拠点・投資先としての魅力の相対的低下が懸念されたこともある（福永・磯野，2015：4）。

　AECは，2003年のASEAN首脳会議において2020年までの創設が合意された。2007年にはその創設期限が2015年へと前倒しされ，AECの内容や実現への工程も具体的に示された。AECは，2015年末に創設はされたものの，残された課題も多かった。そのため，2015年のAECは創設直前に"AEC2015"と呼ばれるようになり，2015年以降はAEC2015をさらに拡充した"AEC2025"の2025年までの実現が目指されることとなった。こうして2023年末現在は，AEC2025の実現への取り組みが進められているという状況にある。

(2) AEC2025 の概要

　AEC2025 の前身の AEC2015 は，① 単一の市場と生産拠点，② 競争力の高い経済地域，③ 公平な経済発展，④ グローバル経済への統合を 4 つの柱としていた。AEC2025 では，柱（戦略目標）が新たに 1 本加わり 5 本柱となり，また旧 4 本の柱も名称と内容が変更・拡充されている（図表 16-1）。AEC2025 の柱は，A.　高度に統合され結合した経済（旧① 単一の市場と生産拠点），B.　競争力のある革新的でダイナミックな ASEAN（旧② 競争力の高い経済地域），C. 高度化した連結性と分野別協力（新設），D.　強靭で包摂的，人間本位・人間中心の ASEAN（旧③ 公平な経済発展），E.　グローバル ASEAN」（旧④ グローバル経済への統合）の 5 つである。

　AEC2025 の統合の範囲やレベルは AEC2015 を踏襲しており，また新設さ

図表 16-1　AEC2025 の戦略目標とコアエレメント

A.　高度に統合され結合した経済
A1.　物品貿易，A2.　サービス貿易，A3.　投資環境，A4.　金融統合・金融包摂・金融安定化，A5.　熟練労働者・商用訪問者の移動円滑化，A6.　グローバル・バリュー・チェーンへの参画強化
B.　競争力のある革新的でダイナミックな ASEAN
B1.　効果的な競争政策，B2.　消費者保護，B3.　知的財産権協力の強化，B4.　生産性向上による成長，革新，研究開発など，B5.　税制協力，B6.　良い統治（ガバナンス），B7.　効率的・効果的・整合的な規制，B8.　持続可能な経済開発，B9.　グローバルメガトレンド，通商に関する新たな課題
C.　高度化した連結性と分野別協力
C1.　交通運輸，C2.　情報通信技術（ICT），C3.　電子商取引，C4.　エネルギー，C5.　食糧・農業・林業，C6.　観光，C7.　保健医療（ヘルスケア），C8.　鉱物資源，C9.　科学技術
D.　強靭で包摂的，人間本位・人間中心の ASEAN
D1.　中小企業強化，D2.　民間セクターの役割強化，D3.　官民連携（PPP），D4.　格差是正，D5.　地域統合に向けた努力へのステークホルダーによる貢献
E.　グローバル ASEAN
E1.　域外国との経済連携協定の改善，協定未締結の対話国との経済連携の強化など

初出：The ASEAN Secretariat（2015）*ASEAN2025 Forging Ahead Together*
出所）石川（2017：2-3）

れた柱 (C. 高度化した連結性と分野別協力) の内容も旧4つのその他の柱から移されたものが大半である (石川，2017：2)。なお，AEC は，ASEAN 政治・安全保障共同体 (ASEAN Political-Security Community，略称：APSC)，ASEAN 社会・文化共同体 (ASEAN Socio-Cultural Community，略称：ASCC) と並ぶ，ASEAN 共同体 (ASEAN Community) を構成する要素の1つという位置づけである。AEC2025 では，ASCC (2015) からも多くの分野が移されている (石川，2017：13)。

(3) AEC の特徴

経済統合には，貿易の自由化に特化した「自由貿易協定」(Free Trade Agreement，略称：FTA) と貿易以外のテーマにも対象を拡げたより高度な経済統合である「経済連携協定」(Economic Partnership Agreement，略称：EPA) がある。ASEAN においては，1992 年以降急速に進展した AFTA は FTA であり，広範な領域を対象とする AEC は EPA であるといえよう。

ただし，一言で EPA といっても，EPA ごとに経済統合の水準には差がある。たとえば，AEC の経済統合の水準は EU ほど高くはない。EU の場合には，立法権や通貨発行権といった各国の主権の EU 機関への移譲が進められ，対外共通関税も設定され，共通通貨のユーロも発行され，非熟練労働者の移動も自由化され，さらには政府調達の外資への開放も進んでいる。だが，これらは，AEC では対象テーマに含まれていない。このことは，AEC2015 から指摘されていたことであるが，AEC2025 においても変わっていない (石川，2017：2)。

なお，関税とは，輸入品にかかる税金のことである。加盟国が非加盟国に同一の関税を求める対外共通関税を定めていない AEC の場合には，非加盟国の商品が，関税が低い加盟国経由で ASEAN 全体に流通することを防ぐ措置が必要である。とくに外資を誘致し，雇用を生み出すという ASEAN の狙いとしては，製品生産工程の大部分が ASEAN 域内で行われるようにするの

が望ましい。

　こうした観点から，製品がどこの国（or 地域）で生産されたものであるかについて定めたルールを，「原産地規則」（rules of origin）という。AEC では，厳密には細かな違いがあるが，付加価値を基準に ASEAN 産であるとみなす場合には，製品の付加価値の 40 ％以上を ASEAN 域内で付加することが概ね基準とされてきた。[3]

第 2 節　AEC の進捗状況

(1) AEC2015 創設時点での進捗状況

　ASEAN 事務局は，AEC2015 の創設直前の 2015 年 10 月時点で，AEC の全目標（611 項目）の 79.5 ％が達成され，とくに主要優先目標 506 項目に限ると 92.7 ％（469 項目）が達成された，とのレポートを公表している（The ASEAN Secretariat, 2015：9-10）。しかしながら，この数値は，加盟国の自己申告に基づいており，AEC2025 では ASEAN 事務局を主体とするより客観的な評価手法が取り入れられることとなった（石川，2017：14）。

　石川は，AEC2015 創設時点での AEC の進捗状況を，図表 16-2 のようにま

図表 16-2　AEC2015 主要分野の評価（2015 年末時点）

関税撤廃	◎	100 ％近い自由化を実現
非関税障壁撤廃	×	進展は極めて限定されている
貿易円滑化	△	ASEAN シングルウィンドウなど遅れ
サービス貿易自由化	○	最後の第 10 パッケージ交渉中，例外を容認
金融・資本市場統合	△	2020 年が目標，実質的な取り組みを始めたところ
投資自由化	○	最低限の規制を残し自由化
熟練労働者の移動	△	熟練労働者のみが対象，8 職種の資格の相互承認取決め，実効性は今後
交通運輸	△	2020 年目標，ASEAN 高速道路網，シンガポール昆明鉄道の遅れ
域内格差縮小	○	着実に格差は縮小したが，依然として大きい
域外との FTA	◎	5 つの ASEAN ＋ 1FTA を締結，香港と FTA 交渉，RCEP 交渉中

引用者補注：図表にある「ASEAN シングルウィンドウ」は，貿易関係手続きを 1 回の作業で完了できる仕組みを ASEAN レベルで構築する取り組みである。構築の前段階として，手続きの電子化・オンライン化，そして国レベルでの導入（ナショナル・シングル・ウィンドウ）が必要である。
出所）石川（2019：3）

とめている。AEC 構想が打ち出される前から取り組まれてきた関税の撤廃は，AEC2015 の「最大の成果」と評されている（石川，2019：2；福永・磯野，2015：5）。総品目数に占める関税が撤廃された品目の割合は，ASEAN6 では 2010 年には既に 99 ％を超えており，CLMV でも 2015 年には 90 ％を超え，同 2015 年時点で ASEAN 全体では 96 ％にも上り（伊藤，2015：1），関税撤廃は実質的に完了した状況にある。

AEC2025 では，AEC2015 での未達成目標の達成が目標とされ，また従来の経済活動の「自由化」に加えて，経済活動の「円滑化」にも比重が置かれることとなった（石川，2017）。とくに，非関税障壁（non-tariff barriers）の撤廃は遅れていた。非関税障壁とは，関税以外の貿易の障壁のことである。国家間の異なる制度，複雑な手続き，時間がかかる審査，数量制限，関税以外の各費用負担（設備使用料，手続き・審査料など）などは，貿易の負担を重くするため，これらはすべて非関税障壁である。

(2) AEC2025 に向けての現在の進捗状況

AEC2025 は，2015 年発表の AEC ブループリント 2025（青写真）と 2017 年発表の総合戦略的行動計画（行動計画，2018 年改訂）に基づいて取り組みが進められている。ASEAN は，2021 年 4 月に，取り組みの中間報告を発表している（図表 16-3）。

図表 16-3　5 つの柱の行動計画の進捗状況

戦略目標（5 つの柱）	計画数	計画進捗状況（単位%）			
		完了	実施中	未実施	撤回
全体	1686	54.1	34.2	9.2	2.5
A．高度に統合され結合した経済	517	60.3	32.1	6.8	0.8
B．競争力のある革新的でダイナミックな ASEAN	274	47.8	31.3	12.6	8.3
C．高度化した連結性と分野別協力	731	52.0	34.9	10.8	2.3
D．強靭で包摂的，人間本位・人間中心の ASEAN	131	43.5	48.1	8.4	0
E．グローバル ASEAN	33	54.5	45.5	0	0

注：計画数以外は下記資料の p.11 にまとめられている。
出所）The ASEAN Secretariat（2021）を基に筆者作成

　紙幅の関係上，広範に渡る行動計画の全てを取り上げることはできないため，ここでは AEC2015 で大幅に遅れていた非関税障壁に関する前進を取り上げることとする。政府機関ではなく認定を受けた輸出業者が自ら原産地証明を発行できる制度や「ASEAN シングルウィンドウ」（図表16-2 の引用者補注に既出）の導入などが進められている。2023 年 11 月時点で，原産地証明の電子的交換は加盟 10 ヵ国での運用が既に開始されており，ASEAN 税関申告書類の電子的交換もラオスを除く 9 ヵ国で導入されている。[4] 多岐にわたる項目からなる非関税障壁であるが，その緩和に向けた取り組みは以前よりも進展している。

　また，2000 年代以降は，グローバル分業ネットワークの拠点としての環境を向上させるべく，ASEAN は域外との FTA・EPA の締結を急いできた。2023 年時点で，中国（発効年（以下同じ）2005 年），韓国（2007 年），日本（2008 年），インド（2010 年），オーストラリア・ニュージーランド（2010 年），香港（2019 年）との FTA・EPA が，また多国間でも環太平洋の 11 ヵ国が参加する CPTPP（2018 年），アジア・太平洋地域の 15 ヵ国が参加する RCEP（2022 年）がすでに発効している状況にある。

　今後は，達成目標年である 2025 年までにできるだけ多くの計画を完了させることが目指される。最も完了が遅れている D. 強靭で包摂的，人間本位・人間中心の ASEAN については，東南アジアはもともと強大な財閥が多く，またもともとの域内格差[5]も大きい。しかし，人権保護は，SDGs でも求められ，また取引先の人権侵害さえも処罰対象となるまでに高リスク化が進むテーマであり，外資誘致や経営戦略という視点からも重要なキーワードである。

第３節　生産拠点・市場としての ASEAN の成長

(1) ASEAN 経済の成長とその背景

　ASEAN は，AEC を急速に進展させてきた自らの取り組みに加えて，1985 年のプラザ合意後の円高に苦しむ日本，1990 年代以降の経済のグローバル化

の加速，またグローバル競争が激化する中での効率的な国際分業ネットワーク構築の必要性の高まり，2000年代以降の中国経済の成長といった，域外からの追い風が強く吹き続けてきた。こうした状況下で，ASEANは1980年代半ば以降，経済が急速に成長してきた。

図表16-4はこれまでのASEANの成長の推移と直近の状況を数値で示したものである。ASEANの名目GDPは1984年の2,155億ドルから2019年の3兆1,707億ドルへと，35年間で約15倍にまで増加している。同期間にASEANの1人当たり名目GDPも765ドルから4,842ドルへと6倍以上にまで増加している。コロナ感染拡大に直面した2020年は，GDP成長率はマイナスとなったもののその翌年にはプラスに持ち直している。

先進国の企業にとって，人件費が比較的安価な途上国は，労働集約型（人

図表16-4　生産拠点・市場としてのASEANの成長の推移（（　）内は単位）

	1967	1984	1995	2005	2010	2016	2019	2020	2021
名目GDP（100万米ドル）	22,542	215,522	647,596	936,162	1,926,264	2,548,538	3,170,685	3,002,060	3,348,177
GDP成長率（％）	4.3	4.4	8.1	5.8	7.5	4.8	4.7	-3.2	3.4
1人当たり名目GDP（米ドル）	122	765	1,556	1,701	3,268	4,021	4,842	4,536	5,024
ASEANからの輸出（100万米ドル）	4,451	76,478	302,068	647,970	1,051,614	1,141,832	1,423,830	1,396,747	1,713,047
うちASEANへの輸出の比率（％）	na	na	23.1	25.3	28.1	24.7	23.3	21.3	21.7
世界全体に占めるASEANからの輸出の比率（％）	2.0	3.9	5.8	6.2	6.9	7.2	na	na	na
ASEANへの輸入（100万米ドル）	5,256	72,852	323,897	576,608	957,502	1,076,702	1,392,602	1,273,105	1,627,075
うちASEANからの輸入の比率（％）	na	na	16.5	24.5	26.4	22.2	21.6	21.1	20.9
世界全体に占めるASEANへの輸入の比率（％）	2.3	3.6	6.1	5.3	6.2	6.6	na	na	na
対内直接投資（100万米ドル）	na	3,041	28,164	41,878	108,174	95,732	174,896	122,289	179,215

注：2021年の対内直接投資の値は暫定数値
出所）2016年までのデータはThe ASEAN Secretariat（2017），2019年以降のデータはThe ASEAN Secretariat（2022）を基に筆者作成

手が必要なタイプ）の工程の拠点としてとても魅力的である。また，個々の拠点をつなぎ合わせる管理コストの面でも，ASEAN は，域内での連携（AEC の多くの目標）と域外との連携（域外との EPA）を軸に，グローバル・ネットワーク構築の重要拠点としての魅力を高めてきた。

　図表 16-4 を見ると，ASEAN への対内直接投資は，1984 年の 30 億ドルから 1995 年の 282 億ドルへと約 10 倍に増加し，2019 年と 2021 年は 1,700 億ドルを上回っている。投資は各国から集まっており，2021 年の ASEAN への対内直接投資に占める投資元の割合の上位は，1 位がアメリカ（22.5 ％），2 位が EU（14.8 ％），3 位が ASEAN（13.1 ％），4 位が中国（7.7 ％），5 位が日本（6.6 ％）である（The ASEAN Secretariat, 2022：143）。

　図表 16-4 より，ASEAN 貿易は，ASEAN からの輸出が 1984 年の 765 億ドルから 2021 年の 1 兆 7,130 億ドルへと大幅に増加し，ASEAN への輸入も同期間に 729 億ドルから 1 兆 6,271 億ドルへと同様に大幅に増加している。世界全体に占める ASEAN の貿易の比率も輸出入ともに 1984 年の 3 ％台後半から 1990 年代以降はこれより約 2 〜 3 ポイント高い数値を維持してきた。グローバル経済の中で ASEAN を基点とした活動の比重は大きくなっている。

(2) 戦略上の重要拠点としての ASEAN

　1990 年代以降，多国籍企業は，ASEAN における国際分業体制の構築を進めてきた。とくに，素材⇒中間財（部品，加工品）⇒最終財（資本財，消費財）へと価値を付け加えていく工程を ASEAN 域内で分担する，生産面での国際分業ネットワークの構築が顕著である（図表 16-5）。ASEAN からの輸出品に占める製品（あるいは加工品，原文では "manufactured products"）の比率は，1984 年には 29 ％であったが 1995 年には 72 ％にまで急増し，その後も全輸出の 3 分の 2 以上を占めながら推移している（The ASEAN Secretariat, 2017：21-22）。工程間分業は，2000 年代初頭には域内貿易額全体の 5 割以上を占めていた一般・電子機器（集積回路やパソコンなど）および輸送機器（自動車など）にお

図表16-5　生産工程別に見た ASEAN 域内貿易額の推移（単位：100万ドル）

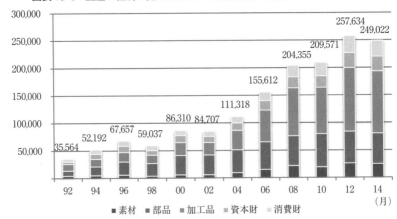

注：ASEAN から ASEAN への輸出のデータ
出所）RIETI-TID のデータを基に筆者作成（旧初版から転載）

いてとくに盛んに行われてきた（岡部，2015：49-57）。

　無論今では，ASEAN は市場としての重要性も以前よりはるかに高まっている。JETRO が日系企業を対象に 2023 年に行った調査では，「市場規模／成長性」を当該国の投資環境上のメリットとしてあげた企業は，インドネシア（有効回答数 474）では 82.5 %，タイ（同 563）では 51.2 %，ベトナム（同 808）では 70.2 %，マレーシア（同 309）では 38.2 %，フィリピン（同 162）では 45.7 %，カンボジア（同 112）では 44.6 %，ラオス（同 28）では 25.0 %，ミャンマー（同 99）では 39.4 %となっている。これらのうち，回答率で「市場規模／成長性」がメリットのトップ 3 に入っていない国はマレーシア（それでも 4 位に入っている）だけであり，インドネシアとベトナムでは「市場規模／成長性」はメリットの 1 位である（JETRO 調査部，2023：26-27）。[6]

第4節 ┃ ASEAN に進出する日本企業の課題

(1) チャイナプラスワン戦略

　2000 年代以降の人件費の高騰といった中国の事業環境に係るリスクの高ま

りを受けて，多国籍企業の間では，中国に加えてもう一つの重要拠点を模索する「チャイナプラスワン」(戦略)と呼ばれる動きが目立つようになってきている。中国に代わる投資先としても，ASEAN への注目度は高い。

　JETRO が日本企業に実施した 2014 年度のアンケート調査 (有効回収数 2,995 社，有効回答率 32.6 ％) では，国内外拠点の再編を「過去 2 ～ 3 年の間に行った」あるいは「今後 2 ～ 3 年以内に行う予定」と回答した 798 社のうち，中国を移管元とする比率は 27.8 ％と，日本 (49.1 ％) に次いで最も高かった。他方で，移管先については，ASEAN を移管先とする比率が 47.9 ％と全体で最も高かった。とくに，「中国から ASEAN への移管」は 16.2 ％であり，最高値の「日本から ASEAN への移管 (22.7 ％)」に次いで高かった。(JETRO 海外調査部　国際経済研究課，2015：58)

　近年は，中国とアメリカの対立による分断 (「デカップリング」と呼ばれる) の影響が懸念されているが，両国とも日本企業の主な進出先であることに変わりはない。直近の 2022 年度のアンケート調査結果では，日本企業の今後の海外での事業拡大先は，上位から順に，アメリカ (29.6 ％)，ベトナム (26.5 ％)，中国 (26.4 ％)，EU (20.7 ％)，タイ (18.0 ％)，インドネシア (13.3 ％)，インド (12.7 ％)，台湾 (12.3 ％)，シンガポール (9.9 ％)，マレーシア (7.6 ％) であった (JETRO 海外調査部，2023：27)[7]。

　このように上位 10 ヵ国・地域のうち 8 ヵ国・地域が，アジアの国・地域で占められており，日本企業にとってアジアは今も経営戦略上の最重要地域である。とくに 5 ヵ国が ASEAN 加盟国であり，なかでもベトナムは僅差だが中国を上回る 3 位に位置している。チャイナプラスワンの進行に加えて，ASEAN がアジア戦略という次元を超えて世界戦略という視点からも，中国と同等あるいはそれ以上に重要な拠点として注目されていることが窺える。

(2) タイ・プラス・ワン戦略

インドシナ半島，そして中国の雲南省と広西チワン自治区を含む一帯は，真

ん中をメコン川が流れることから「大メコン圏」(Greater Mekong Subregion,
略称：GMS) と呼ばれる。現在この地域では，AEC の下での制度整備に加え
て，交通インフラの整備が急速に進められている。「経済回廊」と呼ばれる，
インドシナ半島を縦横断する3つの国際幹線道路が開通し，その沿線では，各
所に経済特区 (たとえばカンボジアのコッコンやプノンペン，バベットなど) が置
かれている (図表16-6)。また，中国の昆明とラオスのビエンチャンの間では
国際鉄道 (中国ラオス鉄道) も 2021 年 12 月に開通している。

　周辺国との交通インフラの整備に加えて，タイでの人件費の上昇，2011 年
の大洪水の発生などもあり，2010 年頃から，タイから賃金水準が低い周辺国
に労働集約的な工程を移管する動きが見られるようになった。これを，「タ

図表 16-6　インドシナ半島を縦・横断する 3 つの経済回廊

注：南部経済回廊の沿岸部を走る国際回廊は，「南部沿岸回廊」と呼ばれ，内陸部を走る主回廊の副回廊とし
　　て位置づけられている。
出所）各種資料を基に筆者作成

イ・プラス・ワン」（戦略）という。2011 年末にミネベア（小型モーター生産大手）が先陣を切ると，その後住友電装，矢崎総業，MIKASA（スポーツ用品大手），日本電産，DENSO といった名だたる企業が相次いでカンボジアに進出した（小野澤，2016：278)[8]。交通インフラの整備が急速に進む中で，今後は，政情安定や AEC の進展などの面でも，さらなる事業環境の向上が注目されるだろう。

(3) 現地市場での競争の激化への対応

　現地企業の成長，また中国企業の進出の加速もあり，ASEAN 現地での競争は激化している。とくに，ASEAN 各国の対内直接投資の投資元上位の内訳をみると，CLMV 諸国では中国からの投資比率が高く，カンボジア，ラオス（国内資本除く）ではトップであり，さらにそのなかでもカンボジアでは 61.2 ％もの投資が中国からのものである（図表 16-7)。

　1985 年のプラザ合意以降多くの日本企業が進出してきたタイにおいても，日本（15.6 ％）はかろうじてトップであるが，中国（13.0 ％）は僅差の 3 位に迫っている状況にある。中国企業は，米中摩擦のほか，人件費上昇や規制強化といった中国国内事情も背景に，ASEAN への生産移管を進めており，さらにタイを地域のサプライ・チェーンの中核に据えている[9]。バンコク商工会議所が 2022 年 11 ～ 12 月にかけて行った同所会員を対象とした調査でも，「経営上の問題点」として最も多くの企業が挙げた項目は，「他社との競争激化」であり，回答企業 492 社の 64 ％が挙げていた（盤谷日本人商工会議所経済調査会，2023：4)[10]。

　とくに，タイでは，自動車市場シェアの 8 割が日系メーカーであるといわれているが，今後の電気自動車の普及次第では，自動車産業でさえ大きく状況が変わる可能性もある。JETRO バンコク事務所からの提供資料によれば，タイでは，BEV（Battery Electric Vehicle，電気のみで走る車）の登録台数が，2023 年 1 ～ 8 月時点で 4 万 3,000 台にも上り，前年同期間の 5,000 台程度と比

図表 16-7　ASEAN 各国の対内直接投資の上位投資元と投資全体に占める比率（単位：％）

順位	タイ (2022年)		カンボジア (2021年)		ラオス (2022年)		ミャンマー (2022年度)		ベトナム (2022年)	
	国名	比率	国名	比率	国名	比率	国名	比率	国名	比率
1位	日本	15.6	中国	61.2	ラオス	43.6	シンガポール	70.6	シンガポール	20.3
2位	台湾	14.2	イギリス領	10.8	中国	36.1	香港	10.4	日本	20.1
3位	中国	13.0	アメリカ	8.7	ベトナム	6.1	中国	7.4	韓国	17.0
4位	アメリカ	11.9	シンガポール	7.2	タイ	5.1	タイ	6.0	中国	10.2
5位	シンガポール	10.7	日本	3.3	フランス	3.2	韓国	3.2	香港	9.0

順位	マレーシア (2022年)		シンガポール (2022年)		インドネシア (2022年)		フィリピン (2022年)	
	国名	比率	国名	比率	国名	比率	国名	比率
1位	アメリカ	50.8	アメリカ	50.6	シンガポール	29.1	シンガポール	54.0
2位	シンガポール	15.2	ヨーロッパ	21.2	中国	18.0	日本	21.5
3位	日本	12.9	その他	19.2	香港	12.1	オランダ	8.5
4位	中国	4.8	国内資本	8.8	日本	7.8	イギリス	4.7
5位	韓国	2.8	日本	0.3	マレーシア	7.3	アメリカ	2.1

注：シンガポールのデータは対内固定資産投資のデータ。また，ブルネイはデータの掲載がされていなかった。
出所）JETRO ウェブサイト「主要国・地域の貿易と投資」に掲載されている 2023 年 12 月 19 日時点での各国
　　の最新データを基に筆者作成

べて激増している。2023 年 1 ～ 8 月時点での BEV の市場シェアの上位 10 社はテスラ（14.4 %）とボルボ（1.7 %）を除けば，全て中国系企業であり，トップの BYD と 2 位の NETA の 2 社だけで全体の 5 割を超える市場シェアを獲得している状況にある。[11]

　多国籍企業にとって，ASEAN は，グローバル競争における戦略的要衝であり，各国の企業が拠点を置き，競争優位を獲得すべく効率的な国際分業ネットワークの構築に努めている。以前は域内での効率的な工程間分業という生産能率に比重が置かれていたが，近年は市場シェア獲得競争も重要な課題となっている。現地の経済成長，AEC による事業環境の整備，グローバル・バ

リュー・チェーンとの連結といった様々な点から見るに，ASEAN は今後も
しばらくは多国籍企業の経営戦略において重要な地域であり続けるだろう。

　日系企業の場合には，「競争力を高めてきた現地企業や急速に台頭する中国
に対していかに競争力を維持し続けられるか」が，戦略課題として重要なテー
マとなってきている。今後は，AEC の発展がさらに進んでいく中で，その利
点を最大限に活かすための努力が一層求められる。また，日本企業単独では
なく，商工会議所や日本政府などと連携し，日本連合として ASEAN の信頼
できるパートナーとしての地位を守り，そして向上させていくことも大切で
あるだろう。

注)

1)　ASEAN6 のうち，ブルネイのみ加盟したのは 1984 年だが，その他の 5 ヵ国
　は 1967 年の創設時から加盟しているメンバーである。

2)　アジア通貨危機により，日系企業は現地子会社の資金繰りの悪化，市場の
　縮小，為替リスクの増大といった，大きな打撃を受けた（大木，2019：6）。

3)　AEC では，非原産品の加工前と加工後の関税分類番号の変更を基準とする
　方法も選択することができる。磯野（2016：123）に一覧表がある。

4)　この文の情報は，石川（2023）の 2023 年 11 月 27 日付の記事による。なお，
　この資料では，ラオスも 2023 年中に導入見込みであるとされているが，同年
　12 月半ば時点では，そうしたニュースは調べても出てこなかった。

5)　2014 年時点で，ASEAN 域内において，各指標の最も低い国と最も高い国
　の間での最大格差は，1 人当たり GDP では 50.9 倍，賃金では 14.3 倍，名目
　GDP では 83.5 倍，人口では 610.6 倍にも上る（梅﨑，2016：72）。

6)　シンガポールはデータのある上位 5 項目のランク外のため，またブルネイ
　はランクのデータそのものがないため，データは不明であった。

7)　データは，「現在，海外に拠点があり，今後さらに拡大を図る」，「現在，海
　外に拠点はないが，今後新たに進出したい」と回答し，かつ事業拡大先（最大
　3 つまで複数回答）につき選択理由と合わせて回答した企業 1,230 社（内中小企
　業 1,031 社）の回答データである（JETRO 海外調査部，2023：27）。

8)　タイ・プラス・ワン戦略として，ラオスにも，NIKON，トヨタ紡織，アデ
　ランス，三菱マテリアルが進出した（小野澤，2016：278）。

9)　この文は，JETRO バンコク事務所の提供資料からの引用である。

10)　引用資料は，盤谷日本人商工会議所から直接提供を受けたものである。

11) 提供資料（注9と同一資料）には，タイの EV 市場に関するデータについて
は，タイ工業連盟，陸上輸送局が情報源（出所）であるとの記載がある。

◆引用・参考文献

岡部美砂（2015）「第2章 ASEAN 域内貿易の進展―担い手が多様化，さらなる
規模拡大へ」浦田秀次郎・牛山隆一・可部繁三郎『ASEAN 経済統合の実態』
文眞堂

小野澤麻衣（2016）「ASEAN の格差是正」石川幸一・清水一史・助川成也編著
『ASEAN 経済共同体の創設と日本』文眞堂：269-288

盤谷日本人商工会議所経済調査会（2023）「JCC 2022 年下期 日系企業景気動向
調査（概要）」

The ASEAN Secretariat（2015）*A Blueprint for Growth ASEAN Economic
Community 2015: Progress and Key Achievements*, https://asean.org/
wp-content/uploads/2021/09/1.-AEC-2015-Progress-and-Key-Achievements_
04.11.2015.pdf（2023 年 12 月 17 日閲覧）

The ASEAN Secretariat（2017）*Celebrating ASEAN: 50 Years of Evolution
and Progress*, https://www.aseanstats.org/wp-content/uploads/2017/08/
ASEAN50_Master_Publication.pdf（2023 年 12 月 16 日閲覧）

The ASEAN Secretariat（2021）*MID-TERM REVIEW: ASEAN Economic
Community Blueprint 2025*, https://asean.org/wp-content/uploads/2021/04/
mid-term-review-report.pdf（2023 年 12 月 16 日閲覧）

The ASEAN Secretariat（2022）*ASEAN Statistical Yearbook 2022*, https://
www.aseanstats.org/wp-content/uploads/2023/04/ASYB_2022_423.pdf（2023
年 12 月 16 日閲覧）

石川幸一（2017）「AEC2025 と ASEAN の新たな挑戦」（ITI 調査研究シリーズ
No.61）https://www.iti.or.jp/report_61.pdf（2023 年 12 月 16 日閲覧）

石川幸一（2019）「ASEAN 経済共同体 2025 の概要と方向性」国際貿易投資研究
所（ITI）『深化する ASEAN 経済共同体2025の基本構成と実施状況』（ITI 調
査研究シリーズ No.86）：1-18　https://www.iti.or.jp/report_86.pdf（2023 年 12
月 16 日閲覧）

石川幸一（2021）「ASEAN 経済共同体ブループリント 2025 の中間評価」（ITI 調
査研究シリーズ No.120）https://www.iti.or.jp/report_120.pdf（2023 年 12 月
16 日閲覧）

石川幸一（2023）「ASEANの税関統合の進展状況」http://world-economic-review.
jp/impact/article3204.html（2023 年 12 月 17 日閲覧）

磯野生茂 (2016)「ASEAN 経済共同体の効果」鈴木早苗『ASEAN 共同体—政治
　安全保障・経済・社会文化—』アジア経済研究所：105-134　http://ir.ide.go.
　jp/records/49404 (2023 年 12 月 17 日閲覧)

伊藤博敏 (2015)「利用率が拡大も，異なる規則の混在により手続き負担が増大
　(ASEAN，中国，インド)」JETRO 海外調査部 アジア大洋州課『アジアにお
　ける日系企業の FTA 活用実態と運用上の課題』：1-4　https://www.jetro.go.
　jp/ext_images/_Reports/01/174116460e2ed730/20150031.pdf (2023 年 12 月
　16 日閲覧)

梅﨑創 (2016)「ASEAN 経済共同体の到達点と展望」鈴木早苗『ASEAN 共同体
　—政治安全保障・経済・社会文化—』アジア経済研究所：71-104　http://
　ir.ide.go.jp/records/49403 (2023 年 12 月 17 日閲覧)

大木博巳 (2019)「日本企業と ASEAN」『グローバル経営』2019 年 6 月号：6
　https://joea.or.jp/wp-content/uploads/2019_06_006.pdf (2023 年 12 月 17 日 閲
　覧)

JETRO ウェブサイト「主要国・地域の貿易と投資」https://www.jetro.go.jp/
　world/gtirs/ (2023 年 12 月 19 日閲覧)

JETRO 海外調査部 (2023)「2022 年度日本企業の海外事業展開に関するアンケー
　ト調査〜ジェトロ海外ビジネス調査〜」https://www.jetro.go.jp/ext_images/
　_Reports/01/d3add687bd7a74cc/20220061_01rev2.pdf (2023 年 12 月 19 日閲覧)

JETRO 海外調査部 国際経済研究課 (2015)「2014 年度日本企業の海外事業展開
　に関するアンケート調査〜ジェトロ海外ビジネス調査〜」https://www.jetro.
　go.jp/ext_images/jfile/report/07001962/07001962.pdf (2023 年 12 月 19 日閲覧)

JETRO 調査部 (2023)「2023 年度 海外進出日系企業実態調査—アジア・オセア
　ニア編」https://www.jetro.go.jp/ext_images/_Reports/01/a261e38b2e86c8d5/
　20230023rev1.pdf (2023 年 12 月 20 日閲覧)

福永佳史・磯野生茂 (2015)「AEC 創設とは何か」『アジ研ワールド・トレンド』
　242：4-7　http://ir.ide.go.jp/records/39693 (2023 年 12 月 17 日閲覧)

索　引

272

編著者紹介

佐久間　信夫（さくま　のぶお）

　　　　　明治大学大学院商学研究科博士後期課程修了

現　　職　松蔭大学経営文化学部教授　創価大学名誉教授　博士（経済学）

専　　攻　経営学，企業論

主要著書　『企業集団研究の方法』文眞堂 1996 年（共編著），『企業支配と企業統治』白桃書房
　　　　　2003 年，『企業統治構造の国際比較』ミネルヴァ書房 2003 年（編著），『経営戦略論』
　　　　　創成社 2004 年（編著），『増補　現代経営用語の基礎知識』学文社 2005 年（編集代
　　　　　表），『アジアのコーポレート・ガバナンス』学文社 2005 年（編著），『現代経営戦略論
　　　　　の基礎』学文社 2006 年（共編著），『コーポレート・ガバナンスの国際比較』税務経理
　　　　　協会 2007 年（編著），『コーポレート・ガバナンスと企業倫理の国際比較』ミネルヴァ
　　　　　書房 2010 年（共編著），『経営学原理』創成社 2014 年（編著），『新　現代経営学』学
　　　　　文社 2016 年（共編著），『改訂版　CSR 経営要論』創成社 2019 年（共編著），『現代環
　　　　　境経営要論』創成社 2021 年（共編著）など

小林　守（こばやし　まもる）

　　　　　一橋大学社会学部卒業，早稲田大学大学院商学研究科博士後期課程満期単位取得
　　　　　国際大学 MBA

現　　職　専修大学商学部・大学院商学研究科教授（海外経済協力基金（現・国際協力機構）職
　　　　　員，株式会社三菱総合研究所アジア研究室長，同社香港駐在員事務所首席駐在員（所長
　　　　　代理），同社主席研究員を経て現職）

専　　攻　国際経営論，比較経営論，プロジェクトマネジメント

主要著書　『香港返還─97 年問題と今後の香港シナリオ』日本能率協会マネジメントセンター
　　　　　1996 年（編著），『アジアの投資環境・企業・産業─現状と展望』白桃書房 2013 年（編
　　　　　著），『中国ビジネス・戦略発想ノート─ケーススタディに学ぶ』PHP 2004 年（共著），
　　　　　『なんとかする力＝プロジェクトマネジメントを学ぶ』同文舘出版 2021 年（単著），
　　　　　『わかりあえる経営力＝異文化マネジメントを学ぶ』同文舘出版 2022 年（共編著），
　　　　　『リスクマネジメント視点のグローバル経営─日本とアジアの関係から』同文舘出版
　　　　　2023 年（共著）など

改訂版
多国籍企業の理論と戦略

2024 年 4 月 10 日　第一版第一刷発行

編著者　佐久間　信夫
　　　　小　林　　守

発行者　田中　千津子

発行所　株式会社　学文社

〒153-0064　東京都目黒区下目黒 3-6-1
電話　03(3715)1501(代)
FAX　03(3715)2012
https://www.gakubunsha.com

©SAKUMA Nobuo and KOBAYASHI Mamoru 2024
乱丁・落丁の場合は本社でお取替します。
定価はカバーに表示。

Printed in Japan
印刷所　新灯印刷株式会社

ISBN 978-4-7620-3326-1